U0519990

研究生教材

北京师范大学中国社会管理研究院
社会学院学科建设项目

民俗研究十讲

张举文 ⊙ 著

商务印书馆
The Commercial Press

图书在版编目(CIP)数据

民俗研究十讲/(美)张举文著.—北京:商务印书馆,2022
ISBN 978-7-100-21088-1

Ⅰ.①民… Ⅱ.①张… Ⅲ.①民俗学—研究—中国 Ⅳ.①K892

中国版本图书馆 CIP 数据核字(2022)第 079433 号

权利保留,侵权必究。

民俗研究十讲
张举文 著

商 务 印 书 馆 出 版
(北京王府井大街36号 邮政编码100710)
商 务 印 书 馆 发 行
涿州市星河印刷有限公司印刷
ISBN 978-7-100-21088-1

| 2022年8月第1版 | 开本 787×1092 1/16 |
| 2022年8月第1次印刷 | 印张 19¼ |

定价:96.00元

自 序

《民俗研究十讲》主要是基于近些年我在北京师范大学社会学院所做的"民俗学前沿问题研究"的系列讲座的文稿而成，该系列讲座面对的多是民俗学硕士生和博士生。现在，作为研究生教材，这十讲在结构上做了合理的调整，在内容上做了很大更新，以便在介绍学科基本理论与方法时，提供一些新的思路与思考。

一般来说，传统或正统的民俗学研究理论与方法都体现在流行或"权威"的教材中。但是，教材往往是落后于现实社会变化与民俗实践以及学术发展的，尽管个别教材偶尔有机会更新扩充。例如，目前仍在美国使用的几本主要教材中，最新的距今也有二十多年了。[①] 鉴于此，也有人试图编写新教材，做出新的表述，但都因未能包含足够多的新内容而难以令人满意。[②] 在中国，民俗学教材至少

[①] 例如，邓迪斯（Alan Dundes）主编的《民俗研究》(*The Study of Folklore*) 出版于 1965 年。道尔逊（Richard Dorson）主编的《民俗与民间生活导论》(*Folklore and Folklife: An Introduction*) 出版于 1972 年，另外他主编的《美国民俗手册》(*Handbook of American Folklore*) 出版于 1983 年。托尔肯（Barre Toelken）写的《民俗动力学》(*The Dynamics of Folklore*)，首版于 1979 年，再版于 1996 年。乔治斯和琼斯（Robert Georges and Michael Owen Jones）编写的《民俗学概论》(*Folkloristics: An Introduction*) 出版于 1995 年。布鲁范德（Jan Harold Brunvand）编写的《美国民俗研究》(*The Study of American Folklore*) 首版于 1968 年，第四版于 1998 年。

[②] 例如，麦克尼尔（Lynne McNeil）编写的《民俗规则》(*Folklore Rules*) 出版于 2013 年，不足 100 页，是普及民俗学的入门书。布朗纳（Simon Bronner）编写的《民俗基础》(*Folklore: The Basics*) 出版于 2016 年，是介绍美国民俗学研究历程和普及民俗知识的，针对的主要是非民俗学的学生和学者。这两者都不适合做民俗学专业的教材。

有十几种，其中也包括民间文学和民间文化领域的著作。①这些教材在对民俗的分类表述上大同小异，而且少有讨论新学科问题的，如儿童民俗、性别民俗和身体民俗、互联网民俗等。再如，在对"民俗功能"这个重要问题上，或是一带而过，或是不同体系的泛泛而论，或是理所当然地引用一些人类学的典型表述，以至于这个问题没能得到跨学科的深入讨论，难以帮助理解当今数字时代的民俗互动。

　　为此，《民俗研究十讲》的第一讲是对民俗学基本理论与方法的概述，同时也在传统的民俗功能理解之上提出了新的阐述方向。第二讲界定"民俗认同"概念，提出以此作为学科意识形态范式转换的起点，摆脱种族主义的影响。第三讲以"文化自愈机制"为理论框架，阐述传统传承的机制，并以"非遗"实践为例说明中国文化的生命力所在。第四讲围绕民俗研究中的"过渡礼仪"模式，探讨分析各种民俗仪式的方法。第五讲反思民俗学的"田野"概念，特别强调伦理在民俗记录中的重要性。第六讲侧重民间叙事，讨论对母题和民俗类型的界定问题，并分别以民间故事、童话故事为例，探讨叙事研究的方法问题。第七讲概述了谚语研究的历史、理论以及方法，探讨了谚语研究所反映出的文化内涵。第八讲试图界定民俗影视研究领域的基本框架，并论述一些方法与实际操作问题。第九讲针对的是亟待发展的儿童民俗、身体民俗与性

---

① 例如，张紫晨《中国民俗与民俗学》（1985年），乌丙安《中国民俗学》（1985年），陶立璠《民俗学概论》（1987年），钟敬文主编的《民俗学概论》（1998年首版，2010年第二版），高丙中《民间风俗志》（1998年）和《中国民俗概论》（2009年），王娟编著的《民俗学概论》（2002年首版，2011年第二版），叶涛、吴存浩的《民俗学导论》（2002年），苑利、顾军的《中国民俗学教程》（2003年），陈勤建《中国民俗学》（2007年首版，2017年再版），黄龙光主编的《民俗学引论》（2015年），邢莉等所著的《民俗学概论新编》（2016年）。此外，还有不少"民间文学""民间文化"和"非物质文化遗产学"方面的教材也常与民俗学通用。

别民俗以及互联网民俗研究领域，提出相关的构思，论述相关的理论观点和方法。第十讲关注扩展到全球化时代的散居民民俗研究和学者互动对学科发展的影响问题。

本书中的题目与内容体现了我这些年的一些探索性思考，许多讨论都不是传统的或正统的民俗学教材所包含的内容，也许可以算作"前沿"思考吧。例如，"民俗认同""文化自愈机制""走在民间""第三文化"等都是我试图界定和完善的概念，而对"儿童民俗""身体民俗和性别民俗""互联网民俗"等新话题的讨论，目的是拓宽民俗学研究的领域，激发更多学生关注这些方面的问题。

本书中的观点性讨论，特别是有关民俗认同的概念，是我近二十多年来在中国、美国以及世界民俗和多文化互动框架下所获得的从感性到理性的一些思考，体现出我这个"边缘人"的边缘探索。我自认为是中美文化之间的边缘人，也常把自己想象成"双文化人"。我觉得"双（多）文化人"意味着一个人能够从自我中心走出，迈向更包容和多样的文化，能够在多文化碰撞和冲突中坚守住自己的文化之根，能够以"和而不同"的态度吸收多文化，由此维系自己的认同感和内心的安谧，当然，这是我追求的目标。在此途中，不揣分享一些感受，欣慰之余更多的则是不安。

目　录

第一讲　民俗研究的基本理论方法与民俗功能 …………………………… 1
　　一、民俗学基本理论与方法 ………………………………………… 1
　　二、民俗功能 ………………………………………………………… 14
第二讲　民俗认同：民俗学意识形态范式的转换 ………………………… 22
　　一、民俗认同与民族认同 …………………………………………… 25
　　二、民俗认同概念的迫切性 ………………………………………… 28
　　三、日常生活中的民俗认同 ………………………………………… 36
　　四、超越民俗学科的意识形态范式转换 …………………………… 38
第三讲　文化自愈机制视域下的非物质文化遗产 ………………………… 41
　　一、文化自愈机制 …………………………………………………… 42
　　二、文化自愈机制在保护非物质文化遗产中的实践 ……………… 59
第四讲　过渡礼仪与日常生活中认同的构建与维系 ……………………… 72
　　一、过渡礼仪模式与应用 …………………………………………… 74
　　二、过渡礼仪与人生礼仪 …………………………………………… 81
第五讲　民俗研究的基础："田野"概念与伦理原则 ……………………… 86
　　一、从意识形态范式角度对"田野"概念的反思 ………………… 87
　　二、对"非遗"中的伦理问题的思考 ……………………………… 101
第六讲　民间叙事：母题·类型·生活信仰 ……………………………… 113

一、民俗中没有母题，只有象征 ………………………………… 114
　　二、作为民俗类型的童话及其生活信仰 …………………………… 130
　　三、民间故事的吸收与传播：历史地理方法的发展 …………… 140

第七讲　谚语研究方法探索：以有关老年的谚语为例 ………… 167
　　一、中国谚语搜集与研究状况 …………………………………… 168
　　二、谚语"姜还是老的辣"的演变及其反映出的老年观念 ……… 180
　　三、谚语体现的人生观：以老年谚语为例 ……………………… 187

第八讲　民俗影视记录：从概念到实践的学科新日常 ………… 196
　　一、概念与分类 …………………………………………………… 197
　　二、理论与方法 …………………………………………………… 203
　　三、记录与实践 …………………………………………………… 211

第九讲　亟待发展的研究领域：儿童民俗·身体与性别民俗·互联网
　　　　民俗 ……………………………………………………………… 216
　　一、儿童民俗 ……………………………………………………… 217
　　二、身体民俗与性别民俗 ………………………………………… 225
　　三、数字时代的互联网民俗 ……………………………………… 238

第十讲　全球化时代的散居民民俗与亚民俗研究 ………………… 250
　　一、散居民民俗：传统的传承与变异以及第三文化 …………… 251
　　二、全球化时代的"人研究人" ………………………………… 274

附录　常用民俗学术语中英文对照表 ……………………………… 290
后记 ………………………………………………………………………… 296

第一讲　民俗研究的基本理论方法与民俗功能

【本讲包含的关键概念】

1）民俗研究的三个阶段与不同理论体系：神话学派；民俗学的人类学派（功能学派；结构学派）；历史地理方法；文学派（故事类型索引与民间文学母题索引）；心理学派；社会学派；遗物论；进化论；文化相对论；民俗研究的学院派与公共民俗派；民俗学科的双重性
2）民俗的功能；功能主义的阐释；民俗学的阐释；认同的建构与重建；心理治愈；文化自愈

在此，作为预备性知识，我们先回顾一下民俗学的"基本理论与方法"和"民俗功能"这两个话题。这里的讨论是在归纳前人观点的基础上所做的新思考和新表述，目的是激发大家思考，并能在此基础之上做更多的系统性归纳和探究。

一、民俗学基本理论与方法

民俗学作为一个学科的兴起有两个重要标志：一个是民俗研究的学术机构的成立；另一个是民俗学博士学位的确立。随着"民俗"（Folk-

Lore）一词1846年在英国的出现，世界上最早的民俗研究机构——英国民俗学会（The Folklore Society）于1878年成立，并开始举办年会和定期出版学刊。美国民俗学会（American Folklore Society）于1888年成立，至今仍持续召开年会和出版学刊。第一个民俗学博士学位点于1950年代末在美国的印第安纳大学建立，目前该学位点仍然是国际民俗学的核心基地之一。中国的民俗学学术研究始于20世纪初，在经历战争等社会变迁之后，中国民俗学会于1983年得到恢复重建。随后，多个民俗学博士学位点得以创建。[①] 目前，中国已经有了几十个民俗学（含民间文学）硕士和博士学位点，此外，还有上百所院校设有相关的文化产业管理和非物质文化遗产学位点。

民俗学的学科属性有其特殊的双重性：一方面，民俗学可以被视为一个独立学科，与其他学科形成互动关系，并在整个学术体系中占有特定地位；另一方面，民俗学具有跨学科性。民俗学的发展主要借助了人类学、心理学、现象学、符号学、语言学、文学以及哲学等学科的理论与方法。无疑，民俗学的产生和发展证明了它在认识和阐释人类文化和传统实践方面有着独特的视角。在民俗学形成初期，受进化论的影响，民俗研究侧重的是对口头传统（如神话、传说、故事、谚语、歌谣）作为"遗留物"的关注，形成了侧重民间文学或俗文学研究的局面。但是，20世纪中期，对物质民俗、流行文化、移民民俗、少数族群（或民族）民俗、信仰行为、仪式等领域的研究拓展了学科范畴。进入21世纪后，以中国民俗学为例，对村落传统、非物质文化遗产等领域的研究大大丰富了学科内容，多学科视角的研究得以加强，体现了民俗学的跨学科性。

---

① 有关中国民俗学发展史，参见，张紫晨：《中国民俗学史》，吉林文史出版社，1993；王文宝：《中国民俗学史》，巴蜀书社，1995；《中国民俗研究史》，黑龙江人民出版社，2003。

在民俗学的学科建设中，如何发展独特的学科理论与方法体系依然是民俗学者所面临的巨大挑战。民俗学基本理论是指对民俗文化的总体认识论；民俗学的基本方法是指对具体民俗事项的记录、分类以及分析角度。理论观点和方法是相辅相成的概念：理论体现在方法上；方法展示出理论观点。综合理解和结合运用不同理论与方法是民俗学研究的基本出发点，贯穿于整个研究过程之中，由此也形成学科特点。

民俗学的基本理论和方法体现在各个研究阶段。一般来说，民俗学研究有三个阶段性特征，而具体的某个事项或课题研究，有可能侧重某个阶段。这三个阶段是：

1. 搜集和记录：进行实地调查（也叫田野工作或"做田野"，fieldwork），是民俗学研究的前提。这个阶段的工作主要是描述性的，当然也需要掌握一定的理论和方法。[①]通过实地调查（如观察、访谈、参与等），将特定民俗事项尽可能全面完整地记录下来，由此而形成文本（text）。这也是民俗学的独特学科贡献之一。文本不仅包括对言语的文字记录，对音声或音符的记录，甚至影像记录，而且也包括对实物的搜集。同时，也要注意记录亚文本（texture）信息，例如，讲故事或表演过程中的动作表情、语音语调等。此外，还必须搜集和记录该民俗事项的社会和文化承启关系（或表演的语境，context），包括特定的历史和社会背景，表演的具体场合以及表演者和观众的互动情况。这就要求记录者不仅要关注事先设计好的调查题目，也要随时记录当场发生的相关

---

① 有关田野方法的论述，除了"自序"中所列举的一些教材外，另见，董晓萍：《田野民俗志》，北京师范大学出版社，2003；王文章主编：《非物质文化遗产保护与田野工作方法》，文化文艺出版社，2008；冯骥才主编：《田野的经验——中日韩非物质文化遗产保护方法论坛论文集》，中华书局，2010；冯骥才主编：《传承人口述史方法论研究》，华文出版社，2016；万建中、林晓平编：《民俗学田野作业与田野基地建设》，中国社会科学出版社，2016；张举文、谢尔曼主编：《民俗影视记录手册》，商务印书馆，2018。

活动。例如，在搜集和记录一个民间戏曲的表演传统时，不但要对该表演有完整的记录，还有必要注意记录当地人在表演之外，如何在日常生活中使用相关的故事情节、人物、典故、笑话等语言民俗，以及服饰、视觉图像和雕刻装饰品等艺术民俗。

对民俗的搜集与记录不只是为了具体的研究项目，也是为了积累民俗档案资料，建立民俗研究的必要知识库。同时，民俗学的文本积累也会有益于其他学科的研究，正如我们今天的历史民俗研究大多是基于历代的各种文献一样，不论是官方正史和方志，还是民间笔记。例如，《诗经》便是一部代表性的民间歌谣搜集、记录和整理的经典。《山海经》《淮南子》《风俗通义》《荆楚岁时记》《两京新记》《东京梦华录》《洛阳伽蓝记》《太平广记》《蒙古风俗鉴》以及《中华全国风俗志》等文献都直接或间接地记载了大量的民俗活动，为我们今天研究民俗史和文化史提供了宝贵的资料。而1980年代开始出版的"三套集成"(《中国民间故事集成》《中国歌谣集成》《中国谚语集成》)为搜集、记录当时全国各地的民间文学作品留下了丰富而宝贵的资料。此外，以地域或民俗类型为线索的民俗资料搜集也为进一步研究提供了很好的资料。①目前由中国文联和中国民协组织编纂的《中国民间文学大系》将汇集过去一个世纪里的中国口头文学遗产，也将为民俗学的发展提供一个契机。

2. 整理和分类：对民俗事项的分类是民俗学理论与方法的基本问题。如同任何现代学科一样，界定民俗形式或类型（genre）是民俗学理

---

① 参见，陶立璠主编：《中国民俗大系》，31卷，甘肃人民出版社，2003—2004；齐涛主编：《中国民俗通志》，14卷，山东教育出版社，2005；刘铁梁主编：《中国民俗文化志》，中央编译局出版社，2006—2015；余云华：《中国民俗文化系列》，四川人民出版社，1993；李楠主编：《中国传统民俗文化系列》，中国商业出版社，2015；何跃清编：《中国传统文化系列丛书》，19卷，外文出版社，2013。

论体系构建的关键。科学的分类首先是对各种民俗类型的划分，以便体现该民俗类型的特性及其与其他类型的关系。需要明确的是，学科研究所采用的国际学术分析类型，不一定等同于本土实践者对当地民俗传统的分类概念。这就需要民俗学者正确处理国际学术分析类型与本土认知类型的关系。例如，"牛郎织女"在中国一般被老百姓称为"故事"，后来被中国民俗学者划分为"传说"或"神话"，再后来因为受到外来的"童话"概念的影响，也被称为"童话"了。这一方面说明许多民俗事项可能有着多种"类型"的特征；另一方面说明学术分析的概念与特定民俗实践者的概念是有差异的。这也要求民俗学者不能只用学术分析类型的概念，也要关注特定实践者群体的认知概念。

民俗的分类方法因为受到不同学科的影响而多种多样。很显然的是，不同的分类体系会导致出现不同的分析和阐释结果。明确和统一分类标准，对所搜集的民俗资料有清楚的分类检索，不仅有助于个人的研究，而且也是对学科的贡献，同时也有助于学术话语交流，以及下一步的分析阐释。例如，一种分类法是将民俗活动分为口头或民间文学、物质文化、精神信仰与行为三大类民俗。在每个大类下可以再分小类，如：口头文学可分叙事（包括神话、传说、口述史）、诗歌（包括史诗、歌谣、民歌）、言语（包括谚语、谜语、笑话）等小类；物质文化可分工艺品制作、物质生产、技术应用、物质生活等小类；精神信仰与行为可分宗教与巫术、科学与技术、医疗保健、饮食、戏剧、音乐、仪式、节庆等小类。另外，以历史分段的方法，将上古民众生活、中古民众生活，以及近世民众生活从共时性角度来分类和分析，这也是有益的探索。①

---

① 参见，钟敬文、萧放主编：《中国民俗史》，6卷，人民出版社，2008；张亮采：《中国风俗史》，上海三联书店，1902；陈高华、徐吉君主编：《中国风俗通史》，11卷，上海文艺出版社，2001。

在对民俗分类时，我们知道民俗因其传承性而在内容上是相对稳定的，但其表现或实践形式则因时代的不同而不同。例如，有关交通或旅行的民俗，从马车时代到飞机时代，其民俗传播形式也随之变化，但民俗内容则得到保留。因此，新的民俗形式是民俗研究必须面对的，例如，互联网民俗、身体民俗、儿童民俗、影视民俗等。这样，民俗学的理论和方法才能得到相应的发展。

3. 分析和阐释：对民俗事项的解释（explanation）和阐释（interpretation）是民俗学的特别贡献之一。这个阶段的研究可以体现民俗学因对具体民俗事项的研究而形成和发展出的基本理论与方法。当然，民俗学的理论与方法在借鉴其他学科的基础上，也是跨学科的。

下面我们就通过梳理民俗学理论体系的发展历程来说明民俗学理论和方法的根基和范畴。

1. 19 世纪中期至 20 世纪中期，欧洲推动的文明化进程，一方面强化了殖民主义，另一方面也构建了现代的学科体系，形成了以欧洲为中心的几个重要学派。从对自然生物的研究中发展出了**进化论**（evolutionism）**和传播论**（diffusionism），随即也成为对人类的起源，以及人类文化的野蛮与文明的比较研究的理论基础，促成了民族学、人类学、民俗学和社会学等学科的形成和发展。进化论认为人类文化是多起源的；传播论认为人类文化是从某个中心向外传播的。作为进化论主要代表的达尔文于 1859 年出版了《物种起源》一书，该书对各个学科都产生了巨大影响。人类学家泰勒（Edward Burnett Tylor, 1832—1917）于 1871 年出版的《原始文化》（*Primitive Culture*）一书对人类学和民俗学的影响尤其大。对传播论的理解有着两个阶段性的理论观点：初期的传播论是基于 19 世纪的欧洲文明论，即所谓的单向传播；进入 20 世纪后，以被誉为美国人类学之父的弗朗茨·博厄斯（Franz Boas, 1858—1942）为代表的观点强调多向传播与修正论，即各个文化之间都是相互传播和吸收的。博厄斯的思想至今仍被视为是符合人类文化多元互动规律的。

在对人类文化起源的研究中，19世纪出现了**神话学派**。该学派关注的"神话-仪式"（myth-ritual）问题的焦点在于：究竟是神话早于仪式还是仪式早于神话。对此问题的探讨使神话和仪式问题成为学术议题，而不再局限于宗教和神学讨论的范畴。神话学派的另外一个层面是认为神话是文化的起源，由此发展出诗歌、故事、传说等，并承载着一种文化的集体心理、宗教信仰和世界观。这个思想在欧洲文明化进程中的19世纪后期得到进一步发展，突出体现在格林兄弟所代表的思想与研究成果。他们的思想基于浪漫民族主义，认为民族语言承载着民族的文化历史，体现着民族的起源，通过挖掘书面和口头传统，有助于构建民族国家的认同。因此，他们开始搜集口头神话、故事、笑话等，出版了著名的《格林童话》（1812年第一版，1857年第七版也即最后一版）。其方法与成果在极大程度上影响了此后的民间文学和民俗学研究路径。随着对这些问题的研究目的和方法的变化，神话学派的影响也在式微，但他们所关注的问题仍是民俗学的一个核心问题。与此相关的还有语言学派，与格林兄弟的神话学派的思想有互补性。这些对太阳神话、洪水神话、月亮神话等神话的起源与传播的比较研究构成了民间文学和民俗学的一个重要基础。

在追溯民间故事、史诗等口头传统的起源过程中，形成了对民间故事的类型（tale-type）和母题（motif）的分类和比较研究，由此而发展出了以芬兰学者科隆父子（Julius Krohn and Kaarle Krohn）为代表的**历史地理方法学派**（historic-geographic method）。该学派的意识形态起源是德国的浪漫民族主义，其具体表现是格林兄弟对童话和民间故事等的搜集、整理和出版，并以此激发民族优越感和自豪感。该学派的核心目标是：通过最能体现古代人类思维和知识的口头传统，证明口头故事等传统在结构上有共同的原型（*oicotype*），甚至是地方性的原型（*ur-*

form），且具有起源上的"一源性"（monogenesis）。但是，这个路径的起始点具有欧洲中心论思想，直接受到19世纪欧洲的文明论影响。历史地理方法学派尽管有局限性和片面性，但从方法上看，它对分析民间故事和其他民俗事项的迁徙、演变，以及文化互动和创造过程是有积极意义的。基于此学派的理论，研究民间故事或民间叙事的重要概念——"母题"和"故事类型"诞生了，这便是依据美国民俗学家汤普森（Stith Thompson, 1885—1976）编纂的《民间文学母题索引》，[①]以及由科隆父子的学生阿奈尔（Antti Aarne, 1867—1925）与汤普森合编的《故事类型索引》[②]（国内统称AT分类法，即现国际通用的ATU分类法[③]）而形成的。

到了20世纪初，**功能主义学派**（functionalism）取代了进化论而成为主导，在批评和发展功能主义的过程中，又在20世纪中期兴起了**结构主义学派**（structuralism）。针对20世纪中期国际社会的变化，功能主义思想被用来阐释一些社会问题，例如，美国的"平权法案"便是为那些由于历史上的社会不公平等原因所形成的弱势群体赋予同等工作和受教育的权利，使社会成员都有机会发挥自己的作用。类似功能主义的社会政策和法律也越来越多地体现在现代多元社会中。

结构主义学派对民俗学的主要影响体现在对仪式、神话和民间故事的研究上。在仪式研究方面，法国民俗学家范热内普（Arnold van Gennep, 1873—1957）于1909年出版的《过渡礼仪》奠定了**过渡礼仪论**（rites of passage），该理论已经成为民俗学的一个基本理论和方法。[④]

[①] Stith Thompson. 1955—1958. *Motif-Index of Folk-Literature*. 6 vols. Revised and enlarged edition. Bloomington: Indiana University Press.

[②] Antti Aarne and Stith Thompson. 1961. *The Types of the Folktale*. Helsinki: Academia Scientiarum Fennica.

[③] Hans-Jörg Uther. 2004—2011. *The Types of International Folktales*. Finnish Academy of Science and Letters.

[④] 参见中文译本：阿诺尔德·范热内普：《过渡礼仪》，张举文译，商务印书馆，2010。

在神话研究方面，法国人类学家列维-斯特劳斯（Claude Levi-Strauss, 1908—2009）试图通过分析神话来揭示人类思维的基本逻辑结构。同时，列维-斯特劳斯与俄国语言学家雅各布森（Roman Jakobson, 1896—1982）等运用结构主义的观点对神话和语言研究做出了贡献。**社会语言学**（sociolinguistics）和**符号学**（semiotics）的发展，也丰富了民俗学对民俗文化的阐释。在民间故事研究上，俄国民俗学家普罗普（Vladimir Propp, 1895—1970）于1928年出版的《故事形态学》较早地树立了以结构主义方法对故事和叙事进行结构分析的样板。

同时，以弗洛伊德为代表的**心理学派**也对民俗学的发展产生了巨大影响，特别是在对象征的分析、梦的解析，以及民俗行为的心理分析（psychoanalysis）方面。例如，神话、神奇（或童话）故事、笑话，以及仪式行为和象征符号中总是有矛盾、荒诞、幻想等与现实不一致的内容，而人们又依赖于这些形式和内容进行日常交际。借助意识和无意识（或潜意识）等概念，心理学派帮助解释了民俗的心理宣泄与补偿功能，也引导学者进一步从日常的民俗行为，包括围绕梦与解梦的民俗，去认识人类的自身（self）、自我（ego）、本我（id）和超我（superego）及其关系。著名民俗学家邓迪斯（Alan Dundes, 1934—2005）便是坚持心理分析的重要民俗学者。

2. 从20世纪中期开始，世界民俗学的理论建设和学科建设在美国得到突出发展。虽然之前的基本理论和方法也仍在运用，但新的社会问题也促成了新的理论和方法的产生，促使民俗学去寻找新的视角以便阐释新的社会现实。

1960年代前后，美国出现重大社会变革。种族隔离法被废除，民权法得到建立，美国又一次出现移民高潮，录音机等技术得到普及和发展。同时，印第安纳大学和宾夕法尼亚大学分别建立了民俗学博士学位项目。在这一特定的历史和社会背景下，民俗学逐渐演变出**学院派**

（academic sector）和**公共民俗派**（public folklore sector）。前者更专注对传统的文本或民间文学的研究；后者则更关注社会生活，特别是少数族群的传统维系问题，突出民俗学的应用价值。

在学院派中，美国特色的民俗学发展路径主要有两个大的理论和方法阵营：**人类学派**（anthropological approach）和**文学派**（literary approach）。人类学派的影响主要是来自博厄斯。他的**文化相对论**（cultural relativism）观点最早提出了人类的文化差异不是来自所谓的"种族"血缘，而是由不同的生产和生活方式造成的；文化差异应该被认为是文化的"不同"，而不应该从"文明"的"原始"或"落后"的差异中去认识。这个超越了时代的观点在近一个世纪后得到了最新的基因学研究成果的进一步印证。

当然，人类学派中也有一种**遗物论**的观点认为民俗是"文化遗留物"（cultural survival），并对研究人类文化和民俗产生了极大的影响。例如，人类学家泰勒在其《原始文化》（1871）一书中认为，人类现有的仪式、信仰、习俗等都是原始文化的遗留，是高级文明的基础，通过研究这些遗留物，可以看出人类文化的发展轨迹。这个观点影响了弗雷泽（James Frazer, 1854—1941）等学者有关巫术-宗教-科学的研究。

同时，这一观点也影响了**社会学派**的代表人物涂尔干。这个学派强调以民俗生活为实证，而反对心理学派对社会现象的阐释。社会学派认为宗教、信仰、崇拜等都是人类社会统治的力量，是特定社会环境的产物。同理，民俗传统和道德、技术、法律制度等都是社会环境的结果。这一思想反过来也影响了人类学家马林诺夫斯基（Bronislaw Malinowski, 1884—1942）等人和他们的**功能学派**，他们通过对原始文化的研究，试图找到原始人的思维逻辑，以及构成社会机制的基础。

作为功能主义的代表，马林诺夫斯基通过对巫术与神话以及经济活动的联系，论证了物质生产和精神生活之间彼此依赖的功能性关系，成为解释现存文化行为的有力论点。功能论强调的是以实地调查获得的第一手资料作为研究前提的方法论，同时侧重对人类文化功能的普遍性的研究。功能论的思想至今仍对民俗学有很大影响，特别是其方法论，有助于民俗学的实地调查。

但是，在20世纪后半叶，随着结构主义逐渐取代功能主义，出现了"**结构功能主义**"（structural functionalism），后者逐渐成为影响较大的学派。同时，更多的新思想成为了这个阶段的主流。例如，以法兰克福学派为代表的批评理论（critical theory）、本土方法论（ethnomethodology）、功能语言学（functional linguistic）与形式语言学（formlistic linguistics）、符号互动主义（symbolic interactionism theory）、后结构主义（post-structuralism）以及后现代主义（post-modernism）等思想。可见，这个时代的理论多元化与社会文化的多元化是相互呼应的。在民俗学中，成为学科主导思想的"表演论"便是吸收了功能论对"语境"或社会文化的"承启关系"的强调，融合了本土方法论对"本土"概念的重视，同时，也挑战了基于欧洲中心论的民俗分类体系和分析方法。

中国民俗学从20世纪初的形成期到20世纪末的重建期，主要是通过梳理和解释文献材料形成了历史学派、宗教民俗学派，以及民间文学派。进入21世纪，这些学派的研究对象和研究路径多是基于书面文本，深受历史学和文学的影响，有着明显的历史局限性，因此，有学者认为这些不能代表民俗学的发展方向。①近年来不断有学者提出新的观点，探索新的理论方向，关注从文本中的民俗到语境中的民俗的变化，从理

---

① 参见，万建中：《民间文化的多维视域》，北京师范大学出版社，2016，第50页。

论到日常生活实践的转换等。①

中国民俗学不仅在理论民俗学和公共民俗学（或应用民俗学）上不断努力与世界民俗学进行对话，同时也构建起一些新的有特色的学科领域，如历史民俗学②、语言民俗学③、女性民俗学④、解释民俗学⑤、艺术民俗学⑥、文艺民俗学⑦、影视民俗学⑧，以及一些发展中的研究领域，如民俗学史、民俗史、工艺民俗学、比较民俗学、民族民俗学、法律民俗学、城市民俗学、旅游民俗学、域外民俗学、民俗主义与公共民俗等。⑨

---

① 参见，刘晓春："从'民俗'到'语境中的民俗'"，《民俗研究》2009年第2期。高丙中："日常生活的现代与后现代遭遇：中国民俗学发展的机遇与路向"，《民间文化论坛》2006年第3期；《中国人的生活世界：民俗学的路径》，北京大学出版社，2010；"中国民俗学的新时代：开创公民日常生活的文化科学"，《民俗研究》2015年第1期；"日常生活的未来民俗学论纲"，《民俗研究》2017年第1期。户晓辉：《日常生活的苦难与希望：实践民俗学田野笔记》，中国社会科学出版社，2017。

② 参见，萧放："历史民俗学建设的意义、实践与规划"，《温州大学学报》2011年第6期；赵世瑜："历史民俗学"，《民间文化论坛》2018年第2期。

③ 参见，黄涛：《语言民俗与中国文化》，人民出版社，2002；曲彦斌主编：《语言民俗学概要》，大象出版社，2015；黄涛："语言民俗学"，《民间文化论坛》2018年第1期。

④ 参见，邢莉：《中国女性民俗文化》，中国档案出版社，1995；《蒙古族游牧文化与女性民俗文化探微》，世界图书出版公司，2011。王卫华编著：《春节习俗与女性身份意识》，商务印书馆国际有限公司，2012。

⑤ 参见，林继富、王丹：《解释民俗学》，华中师范大学出版社，2006。

⑥ 参见，张士闪、耿波：《中国艺术民俗学》，山东人民出版社，2009；张士闪："乡民艺术民族志书写中主体意识的现代转变"，《思想战线》2011年第2期。

⑦ 参见，陈勤建：《文艺民俗学》，上海文艺出版社，2009；毛巧晖："文艺民俗学"，《民间文化论坛》2018年第3期。

⑧ 参见，张举文、谢尔曼主编：《民俗影视记录手册》，商务印书馆，2018。

⑨ 参见，张紫晨主编：《中外民俗学词典》，浙江人民出版社，1991；江帆：《生态民俗学》，黑龙江人民出版社，2003；徐赣丽：《民俗旅游与民族文化变迁》，民族出版社，2006；盛琦：《中外体育民俗文化》，北京体育大学出版社，2011；王若光：《民俗体育研究》，新华出版社，2016；周星、王霄冰主编：《现代民俗学的视野与方向：民俗主义·本真性·公共民俗学·日常生活》，商务印书馆，2018。

3. 进入 21 世纪，民俗学更多地运用跨学科理论和方法，在意识形态和方法论上都有了很大的发展，并逐渐建立起具有学科特色的理论和方法。例如，随着对"非物质文化遗产""传统的发明""文化认同""族群认同""遗产化""民俗化"[①]以及"民间文化"等概念的融合与研究，中国民俗学也走向了对日常生活的跨学科研究，并在社会改革实践中，越来越关注和强调学科要回归到民俗生活的本质。

民俗研究的阐释理论与方法是针对具体研究题目而言的。例如，在民间文学，特别是民间故事研究中，历史地理方法学派在对移民文化的研究中得到运用和发展（如口述史）；口头程式理论和表演理论在与新媒介手段的结合中也发展出对口头传统（如史诗的展演）的新研究。在民间文学或口头叙事的研究中，可以通过运用故事类型、母题等概念以及历史地理方法，对神话、传说、谚语和民间故事等进行文本结构和功能或其他方面的分析，再结合语言、文化、社会和历史背景进一步解释或阐释口头传统的传承与演变。这样，借鉴历史地理方法、叙事分析、口头程式、心理分析、符号学等相关理论方法，有助于产生民俗学的独特视角和新颖成果。

在对人生礼仪、岁时节庆、信仰仪式等行为及相关的物质生活民俗的研究上，过渡礼仪、心理分析、符号学等理论模式是必要的基础。也可以结合结构主义与功能主义的观点与方法，运用现象学或象征解释学概念，对日常生活中的行为进行深入研究。例如，对各种"巫术"和"魔法"行为的界定与分析、对仪式结构的分析、对仪式的象征意义的分析等，都是理解这些行为的必不可少的路径。研究移民民俗时，可以

---

① 参见，周星："民间信仰与文化遗产"，《文化遗产》2013 年第 2 期。

从口头叙事、家庭民俗、民间音乐、传统节日等方面，围绕民俗认同和群体认同等概念，分析在传承传统的进程中新文化的出现，以及个体与群体在多元社会中维系认同的问题。

民俗学的研究领域在不断拓宽，同时保持着与其他学科的密切联系。目前学科的一些侧重理论的研究课题包括：民俗主义、公共民俗、性别民俗、身体民俗、日常生活、本真性、传统化、遗产化、民俗认同、族群认同、散居民文化、民俗与翻译、文化杂糅、影视民俗、互联网民俗、文化相对论、传统的发明、流行文化（大众文化）、民族认同、浪漫民族主义、地方主义（本土主义）等。侧重理论与实践结合的课题包括：实地调查（田野调查）的方法与伦理、档案分类与管理、民俗博物馆、民族志（民俗志）书写、知识库（知识库源）构建、散居民（移民）民俗、都市民俗、都市传说（当代传说）、民间建筑、民间手工、民间音乐与美术、民间饮食、民间装饰、民俗旅游、民俗与"非遗"、营养保健与民俗、心理咨询与民俗等。当然，还有许多跨学科和新出现的课题有待民俗学者去积极面对。

二、民俗功能

在对民俗的概念、分类，以及基本理论和方法有了认识之后，就需要去分析和解释人们为什么参与民俗活动并传承民俗传统，也就是去探讨民俗的功能（function）。民俗的功能是指民俗行为对社会文化的稳定与传承作用，以及对相关个人或群体的精神和心理起到的作用，它也包括民俗活动的目的和影响。

对民俗的功能的解释起始于 20 世纪初，主要是受到人类学的功能主义思想影响，代表性人物是拉德克里夫-布朗（Alfred Radcliffe-Brown,

1881—1955）和马林诺夫斯基。①从功能主义角度出发对民俗的作用或用途的解释一直主导着民俗学对民俗功能的认识，其核心关注点是民俗在特定社会中对文化的稳定作用。

在西方民俗学界，具有代表性的观点是美国民俗学家巴斯科姆（William Bascom）所归纳的四个民俗功能：1）逃避和宣泄压抑，包括可能因为禁忌等所导致的性压抑；2）通过仪式等机制强化文化规范的有效性；3）对儿童和民众的社会价值观教育；4）规范社会行为。②

在中国民俗学界，对民俗功能的探讨也主要是从社会功能角度来进行的。在民俗学界较有影响的一个观点是将民俗功能概括为四个方面：1）教化功能，即社会利用民俗对个人的社会化教育；2）规范功能，即社会对每个人的行为规范作用；3）维系功能，即通过岁时节庆和人生礼仪等民俗活动维系社会的稳定和传统的传承；4）调节功能，即从心理角度的身心娱乐、烦恼宣泄、压力释放，以及缺失补偿等。③

在此基础上发展出的另外一种结合中国社会现实的观点认为，民俗功能主要指：礼俗规范功能、族群认同功能、知识教育功能、（社会）生活调节功能。④还有一种新观点认为民俗功能有六个方面：文化传承、族群凝聚、礼俗教化、社会规范、艺术审美、休闲娱乐。⑤

---

① 前者的理论是基于"有机体模式"，即社会如同一个生物有机体，将社会生活视为有机生命体，或是"超有机体"［参见 A. R. Radcliffe-Brown. 1935. On the Concept of Function in Social Science. *American Anthropologist* 37 (3): 394-397］；后者则认为，应该重视使得个体存在成为可能的文化，因此，文化的各种功能是用来满足各种生命需要的；对这些需求的回应创造了维系个体生存的新需要［参见 Bronislaw Malinowski. 1939. The Group and the Individual in Functional Analysis. *American Journal of Sociology* 44 (6): 938-964］。

② 参见，威廉·巴斯科姆：《民俗的四种功能》，转引自阿兰·邓迪斯：《世界民俗学》，陈建宪、彭海斌译，上海文艺出版社，1990。

③ 参见，钟敬文主编：《民俗学概论》，上海文艺出版社，1998，第27—32页。

④ 参见，林继富、王丹：《民俗的功能》《解释民俗学》，华中师范大学出版社，2006。

⑤ 参见，黄龙光：《民俗学引论》，云南人民出版社，2015，第25—38页。

上述的各个民俗功能都是相互有机地交织在一起的，不能将某一功能孤立看待。而且，因为地域、方言、民族传统等不同因素，对这些方面的研究也要符合特定民俗的社会文化背景。一项民俗活动可能有多重功能，各种功能也是相互关联的。例如，端午节不仅是一个有社会和伦理规范的节日，如传承屈原或伍子胥的"忠"，也有自然节气变化的标志作用，不仅调节人们的生活节奏，还有防病祛病的实用功能，当然，还有赛龙舟等娱乐性功能。

民俗的功能不仅需要上述的从社会功能方面的解释（explanation），也需要结合新的学科成果和不同文化视角的阐释（interpretation）。传统的功能主义解释是基于这样一些假设，即：民俗是社会文化的产物，并对文化稳定有作用；社会文化是有机体，民俗作为社会文化的一部分也发挥着类似生命有机体的作用；文化是为了满足人类生命有机体的延续而存在的；所有存在的和实践的都是有用的。其核心是解释一个民俗事项为何存在，以及它与社会文化有何关系。可以说，这些对民俗活动的目的和结果的假设性观点，还需要实践的验证。

对民俗的功能的认知与解释不等同于功能主义对民俗的阐释。民俗的功能还可以，也应该从多学科角度来理解。例如，可以从文化展演或文化表演（cultural performance）角度去认识民俗，去解释参与某项民俗活动的人们想要以此来表达什么，达到什么目的。对此，可以从社会学和心理学及文化研究等角度来理解。从社会学角度，是看民俗活动如何缓解社会的紧张关系。而民俗学者就要思考这些活动反映了什么样的社会组织结构和社会关系？活动中存在着什么样的紧张关系和冲突？有什么新的关系和诉求需要或已经得到表达？其中的传统民俗活动有哪些是正在被传承的或已经改造的？从心理学角度，是要发现参与活动的个人和集体在心理深处有着什么样的感情表达？该民俗活动是否起到了对满足感或挫折感的宣泄作用？从文化研究角度，民俗学者关注的是该民俗活动所揭示的社会文化背景，有什么民俗传统得到创新？活动中展演出的是什么态度、感情、信仰、价值观？还可以从符号学角度去关注该活动运用了什么文化象征符号？所用的各种符号体现出什么特定文化特点？

基于上述观点，结合现代社会变化和不同学科的新理论阐述，可以进一步将民俗功能从以下几个方面来理解和概括：

1. 维系特定族群的历史感：民俗是历史的创造物，本身也是一个民族的文化和历史的载体。民俗不仅是历史的遗留，还是历史的传承与持续，是历史获得新生的来源。同时，民俗也记录社会的变迁历程，叙述一个民族的历史文化起源，维系其历史归属感，并通过神话、传说、民间故事以及节庆等民俗形式说明民族传统的合理性，构建和加强本民族的历史时空感和历史厚重感。

2. 维系个人、群体和国家的文化认同：民俗作为文化的一部分，不仅构成信仰与行为、习俗与态度等表象，而且也促进不同文化群体之间的互动。通过共同的民俗实践，构成了家庭、社区、地域以及国家层面的认同，也丰富了文化的多样性。同时，民俗也维系了文化认同的基础，即在历史感的基础上对文化之根的认知和实践。例如，从如何用筷子和上菜等饭桌上的礼节到如何在公共场合保持举止礼貌等，都体现了一种文化的特征，成为不同文化的区分标志。

由于民俗也具有极大的地方性，对不同民俗类型的传承也维系着地方传统和认同。对于像中国这样地域广大、民族众多的国家来说，不同地方的传统得到稳定的维系就意味着整个社会的稳定和传统的传承。这样就说明了民俗在跨文化互动中的功能。所以，民俗在个体、群体，以及国家层面都维系着文化认同，由此也构成了文化的多样性。

3. 传承和教育特定价值观，协调精神生活与物质生活：民俗提供了有效的教育手段，利用寓言、摇篮曲、口诀等民俗类型使社会成员从小不但获得必要的知识，也接受特定的伦理和文化价值观教育。例如，从过"满月"到"抓周"，从上学"开笔"到"毕业典礼"，从言语禁忌到拜年顺序，从餐桌举止到为人处世，民俗传统体现了教育和教化的功能。而口诀等韵文有传承技艺的记忆功能，儿童歌谣和童话有认知功能。此外，在协调精神生活与物质生活方面，民俗不仅具有日常生活中的心理调节功能，而且也有助于构建起个人或社会的精神生活世界。信仰生活或宗教仍然是现代人生活不可缺少的。除了传统的信仰场所和活动外，现代人也通过许多其他日常生活中的仪式（如"过生日""讲故事会"等）构建和维系自己的精神生活世界。在此基础上，民俗也具有启示功能，引导人们对现实的超越和对新生活的向往，缓解个人和社会层面的冲突，促进个人与群体之间的和谐交融。

4. 缓解社会矛盾和社会生活压力的有效路径：民俗是维系社会稳定的有利路径，这一点主要体现在对社会规范的维系上，特别是对信仰与价值观体系的维持与传承。例如，谚语、警句、典故就常被用来维系一定的社会行为准则。在日常生活中，民俗的"礼节"和"讲究"往往具有极大的行为约束力。在许多传统社会或社区中，调节个人或社会冲突，都是依照传统的"理"或"礼"来判断的，而非现代的"法律"。例如，家庭和社会生活中维系民意和情理的"道德法庭"，便是以传统价值观来维系人际关系的和谐，村落的"祠堂"通常是家族的长辈帮助协调矛盾的公共空间。这些都体现了民俗传统有助于缓解各种冲突。许多社会矛盾来自社会生产和生活压力，民俗活动也有助于缓解和释放这方面的压力。例如，在物质生产的劳动工作中，劳动号子便是突出了民俗的实用功能，有助于提高劳作效率。而在劳动工作的"间歇"，特定的饮食民俗（如喝茶或传统饮料）和口头传统（如讲故事和笑话等）则起到缓解身体疲劳、释放心理压力、焕发精神的作用。同样，传承手工技艺等口诀有着实用的传授知识的功能。

5. 调节个人与社会心理困扰：主要指在个人和群体层面的心理文化治愈功能，表现在逃避、宣泄、治愈和娱乐几个方面。日常生活总是充满生老病死以及各种挫折和磨难痛苦的。人类除了通过正统的宗教或信仰来疏导自己外，还要通过民俗来调解心理生活。例如，民间故事、童话故事、幻想故事、悲剧和喜剧等都有助于逃避现实，在故事世界中得到心理补偿或满足。笑话、讽刺小品、顺口溜等帮助宣泄对现实的不满。参与讲或听故事、广场舞、节庆，以及进香等集体民俗活动，个人和群体也得到心理调节，并得到一定程度的心理文化治愈，以便回到正常的社会生活中。各种口头传统和游戏竞技活动则突出了娱乐功能。

民俗的娱乐性突出地表现在讲故事、说笑话、做游戏，以及过节等活动中。在时间上，都是在闲暇或节假日；在空间上，多是在非工作的场所。这些活动也体现了与"神圣"活动的区别，构成"世俗"社会的主要部分。例如，通过"八小时"或特定的工作制，从时空上划分出工作与闲暇的界线，人们可以通过口头言语民俗来配合身体的放松，达到精神和心理的愉悦，这包括参与庙会、节庆以及婚丧礼仪。再如，中国民俗传统中的各种棋牌游艺，讲笑话说段子，婚礼中的闹洞房，以及各种社区性娱乐活动（如庙会中的地方戏和一些地区的对山歌等）。而民间和童话故事、武侠小说、科幻小说等则创造了一个逃避挫折和不满，使理想得到实现的虚幻世界，使人从中得到心理补偿和精神愉悦。通过这样的调节，人们能继续带着希望劳作下去，生活下去，并在现实生活中创造和感受到生活的意义。

从这层意义上说，民俗也具有维系个体和群体的身心健康的治愈功能。现代科学的"心理治疗"与民俗意义上的"个体认同"和"群体认同"有着共同的日常生活基础，即"自我"的存在感、群体的自豪感，以及"乡愁"等情结。俗语中的"三分病七分养""七分精神三分病"

等便揭示了民俗对个体身心健康的重要性。例如，传统的"治病"手段总是药物与心理同时进行的，而其中的一个重要部分便是协助个体回归到群体的正常的精神和物质生活中。彝族的"毕摩"和满族的"萨满"等所举行的治愈、驱邪与祈福仪式，除了一定的身体治愈功能外，还有一定的巫术功能和信仰功能。更进一步说，民俗在一个文化传统中具有对个人、民族群体和国家的"文化自愈"功能（详见第三讲），即通过对传统的寻根，治愈历史和社会的创伤，重构认同，使民俗传统获得新生，使个人或民族国家获得新的生活意义，如中国民俗传统在"保护非物质文化遗产"的运动中，通过"本土化"和"遗产化"或"历史化"等机制，得到了更好的维系与传承。

6. 协调多文化的交融与铺垫新文化的形成：人类文化的发展离不开不同文化之间的交流和融合，体现在日常的民俗生活中，如饮食、服饰以及流行语；而人类文化的多样性又是在交融中对特定文化的维系。正是通过这样的一对矛盾，民俗不仅协调多文化的交融，也成为促进新文化形成的动力。例如，今天被视为中国"国粹"的京剧，便是过去的二百多年里不同民俗不断融合的结晶；传统的地方性菜系一方面不断吸收新内容以保持其传承性和生命力，另一方面也跨出所谓本地的地域界限，成为多地区和多文化交融的载体，如"扬州炒饭"和"麻婆豆腐"等，如今不仅在国内，而且在国外也越来越为人所接受。其实，在日常民俗生活中，每个人都在利用民俗发挥着文化交融和创新的功能。

除了上述的几个方面以外，还有一些功能需要进一步从多学科角度去研究。以上所提到的各个功能都只是从特定的认识角度来说的，而民俗的实际功能是综合的，因此，对民俗的功能需要根据具体民俗事项和具体实践场合来具体分析理解。例如，各种巫术、解梦、占卜等不仅是心理生活，同时也构成精神生活；不仅体现了特定的历史文化，也反映了特定的社会功能。

　　作为文化产物，对民俗的功能可能更多情况下要根据社会文化背景，从个人、群体，以及国家层面来进行阐释，同时，要反映民俗对其实践者的意义。无疑，结合语言习得、神经学、心理学和理疗等认知科学的理论与实践，结合特定宇宙观和价值观的逻辑研究，以及结合跨文化交流研究的成果，都将有助于对民俗功能的进一步阐释。例如，庙会或节庆等民俗活动需要从个人、家庭、社区、国家层面对心理的成长、信仰与价值观的维系、认同的构建、传统的传承，以及跨地域跨文化融合等功能的角度进行分析，也更要关注实践者本人（如庙会的组织者、表演者、商贩、逛庙会的消费者以及其他受众）如何感受到其中的意义。

　　总之，民俗的功能是民俗学学科的一个基本理论问题，不能过于侧重社会功能而忽视对其他功能的分析，或将基本的心理宣泄功能视为不言而喻。基于文化背景对民俗功能的多角度阐释将有助于理解特定社会中的特定民俗事项，从而揭示更多的民俗功能。

第二讲　民俗认同：民俗学意识形态范式的转换

【本讲包含的关键概念】

学科范式转换；方法论范式；意识形态范式；认同；民俗认同与民族认同；民族主义；种族主义；殖民主义；基因与基因组研究；民俗认同与日常生活

"民俗认同"（folkloric identity）概念的提出，目的是对民俗学发展史中的意识形态范式进行反思，同时也反对在民俗研究中使用基于种族主义的"民族认同"和"族群认同"，因为民俗学者应该，也能够结合最新的生命科学的发现和社会现实，来改变学术导向，摆脱种族主义和殖民主义，实现一次意识形态的范式转换。同时，"民俗认同"也是日常生活与人文研究的核心。

在此，"范式转换"是基于托马斯·库恩（Thomas Kuhn）的科学发展的范式转换理论而提出的概念。他认为科学发展是遵照这一"范式"（或"学科基质"disciplinary matrix）实现的，被"某一科学的研究者群体"所共同遵从。[①] 范式转换的意思是：从"前科学时期"发展出"范

---

① Kuhn, Thomas S. [1962] 1970. *The Structure of Scientific Revolutions*. 2nd edition, enlarged. Chicago: University of Chicago Press. P. 176.

式"到使之成为"常规科学",此后经过"危机"和"革命"再发展出"新的常规科学",接着导致"新的危机",如此往复,这一过程便是科学发展的范式。

英文中有条谚语,"同羽毛的鸟同飞翔"(Birds of a feather flock together),一般认为对应于中文谚语"人以群分,物以类聚"。其中的"群"可以理解为是以共同生活方式形成的民俗群,而不是以"种族"或"血缘"为核心的群。在此,我想创造一条戏用谚语(anti-proverb),"同选择的人同欢乐"(Folks of a choice convene for a joy),目的是注释本文的核心观点:鸟儿不能选择自己羽毛的颜色,但是民众(folk)可以选择自己的群体。美国民俗学家威廉·威尔逊(William Wilson)曾指出,"在我们与邻居所传承的不同文化遗产中,我们不仅必须寻找那些使我们不同的因素,还需要寻找那些使我们结合到一起的共同因素"[①]。我认为,这不仅是方法上的问题,而更多的是意识形态上的问题,因为我们已经"习惯"了以基于种族主义的"民族"或"族群"特征和边界来划分群体。

在此,我从两个角度来看待民俗学的发展史:一个是方法论,另一个是意识形态。从方法论意义上看,民俗学的范式已经从界定基本概念的前科学阶段转换到具有一系列从搜集到分类再到分析方法的常规科学阶段。在这一常规阶段,核心的关注是"文本"或"俗"。事实上,从19世纪中期出现"民俗"一词后,"民"基本上是被视为形容词的,用来表述特定群体,而"俗"是用来限定某些群体的"认同"特征的,借此划出"我者"与"他者"的边界。在"承启关系"(或"语境")和"表演"等概念出现在民俗研究中之后,这个常规阶段便陷入了危机,

---

① Wilson, William A., Jill Terry Rudy, and Diane Call. 2006. *The Marrow of Human Experience: Essays on Folklore*. Logan, UT: Utah State University Press. P. 149.

此后的革命又导致了新常规的出现，也就是我们现在所处的阶段："族群""认同""族群认同""民族认同""民族性"成为主导概念。

与这个方法论层面的范式相对应，但不是完全同步的是意识形态范式。我们长期以来一直陷在基于种族主义和殖民主义的意识形态范式之中，而又对此毫无觉察。无疑，这正是需要以新概念来推动反思和转换的时候。我们不应在21世纪继续19世纪的意识形态范式。现在，民俗学者不但要回答"什么是民俗"的问题，还要回答"民俗实践到底是为了什么"的问题，或者从本体论角度来说，需要界定"民俗"和"民俗学"存在的意义。

对此，本书提出"民俗认同"概念，作为结合最新科学发现和社会现实的一个路径，以期超越种族主义和殖民主义的束缚，推动民俗学向新的常规学科范式转换。笔者相信民俗学者有能力完成自身的意识形态取向的转换，反思我们所坚守的"民俗"的核心到底是什么。

民俗认同的概念是笔者对民俗传统的传承和认同的维系等问题的理论思考的一部分，也在其他场合做过不同程度的阐释。[①] 在笔者所构想的理论体系中，民俗认同具体地表达了日常生活中维系认同的核心符号，是传统的生命力所在，同时也利用了随机符号来表现传承实践中的有效性。正是在这样的文化流动与多文化的互动进程中，产生了新文化，也就是"第三文化"（详见第十讲）。

其实，认同不但是民俗活动的本质，也是民俗研究的核心。通过梳理从赫尔德（Johann von Herder）使用"民俗"这一概念后兴起的民俗学发展史，辨析学术派与公共民俗派的形成过程，奥林（Elliott Oring）

---

① 参见，张举文："传统传承中的有效性与生命力"，《温州大学学报》2009年第5期；"美国华裔文化的形成：散居民民俗和身份认同的视角与反思"，《文化遗产》2016年第4期；"民俗认同：民俗学关键词之一"，《民间文化论坛》2018年第1期；"文化自愈机制及其中国实践"，《北京师范大学学报》2018年第4期。

归纳指出,"认同概念始终是民俗研究的中心"①。

民俗学在方法论范式上的演变历程,更多的是沿着认识论角度的路径发展的,还没有触及本体论层面的"民俗实践到底是关于什么的"这个核心问题。而这正是我们需要寻找的。换言之,在"民俗学"形成"前科学"之前,民俗实践是为了什么?是什么促成了不断变化的民众群体?让个体在群体中获得快乐和尊严的是什么?基于种族主义的认同概念是如何进入到民俗研究中,并服务于"民族(国家)""民族主义"以及"种族主义"的?认同概念如何成为划分不同群体边界的工具?

为此,我认为民俗认同才是民俗学研究的核心。这个核心不仅是民俗学学科的,也是"人文研究的中心所在"②,是"在无意义中寻求意义"③的关键。在继续探讨这个概念前,有必要将其与其他相关概念做些解释。

一、民俗认同与民族认同

民俗认同是指以民俗为核心来构建与维系多重认同并由此传承传统的精神意识与日常行为。因此,关注民俗认同就是在研究认同的构建和民俗的传承进程中,以民俗传统本身为主线,记录和分析一个传统事项的传承和演变机制,以及该传统是如何与其他传统互动从而创造新传统的。民俗认同所强调的是,不应在以(种族概念下的)"族"来限定实

---

① Oring, Elliott. 1994. The Arts, Artifacts, and Artifices of Identity. *Journal of American Folklore* 107 (424): 211–233. P. 226.

② Wilson, William. 1988. The Deeper Necessity: Folklore and the Humanities. *Journal of American Folklore* 101 (400): 156–167. P. 158.

③ Dundes, Alan. 2002. *Bloody Mary in the Mirror: Essays in Psychoanalytic Folkloristics.* Jackson: University Press of Mississippi. P. 137.

践者群体的前提下,去看某传统的传承进程,而要承认,一个民俗传统的传承是通过所有认同和实践该传统的不同群体的成员来维系的,由此而形成的群体就是民俗群体。又因为民俗实践的核心是构建和维系个体和群体的多重认同,而且群体认同的核心是共享的民俗,在此基础上的民俗认同构成了不同群体的互动和新传统形成的驱动力,所以,对民俗认同的研究也是民俗研究的核心所在。

民俗认同在本质上是一个群体所共享的"实践中的民俗"。这个概念的关键是,任何一个民俗群体都不是基于共同的种族(或由此界定的民族认同特征)而存在和持续的。早在1888年美国民俗学会成立时,弗朗茨·博厄斯就指出,"毫不过分地说,没有一个人类群体是没有受到外来文化影响、没有借用外来的因素,并由此以自身的方式发展出自己的艺术和思想的"[①]。因此,民俗认同概念强调的是一个民俗群体形成的"进程",即民俗如何被用来构建一个群体中的成员所共享的群体认同符号。所以,民俗与认同两个概念是相辅相成的。在挑战基于种族主义的"民族认同"(或族群认同)时,民俗认同概念指向的是民俗实践的本质。这个概念可以帮助我们更好地理解新民俗群体、新认同身份以及新文化的形成,从而更好地理解民俗群体的流动性与内部的多样性。[②]

通过民俗界定认同,这一点可以从两个方面来理解。一个是在方法论方面,即邓迪斯所强调的,民俗群体是比民族群体更具有流动性的概念,更有益于启发对认同概念的理论讨论;另一个是在意识形态方

---

① Boas, Franz. 1940. *The Aims of Ethnology. In Race, Language and Culture*. New York: The Macmillan Company. Pp. 626–638. P. 631.

② Zhang Juwen. 2015. Introduction: New Perspectives on the Studies of Asian American Folklores. *Journal of American Folklore* 128 (510): 373–394. P. 374; 2015. Chinese American Culture in the Making: Perspectives and Reflections on Diasporic Folklore and Identity. *Journal of American Folklore* 128 (510): 449–475. P. 460.

面，即当下的"民族认同"或"族群认同"产生于种族主义和殖民主义的意识形态，将从"部落"文化发展出的"族群"特征强加为"民族认同"。当下，"民族"或"族群"概念仍是被用作形容词来划分群体、民俗和认同，成为取代"种族"并隐含"他者"的委婉语，也与"社会阶层"同用，承载着"民俗"之"民"在最初所包含的意义。从这层意义上说，我们越是强调这种民族性或民族认同，就越是在强化种族主义和殖民主义意识形态，为现有的不公平和不正义的制度服务。

民俗认同概念关注实践中的民俗，考证其中传统的传承和发展历程，而不是首先将实践者以种族或民族做出划分。这样，民俗认同关心的是一个传统如何得到持续，或其实践者如何维系这个传统，并以此维系该群体。运用这个概念是尊重和拥护实践者选择自己的群体和生活方式的权利，而不是将某种"民族认同"强加于某个体或群体。

美国民俗学对民俗与认同的关系的研究始于1960年代，反映了那个时代的世界和美国所面临的具体社会问题，特别是美国在法律上废除了种族隔离后所面临的社会变化。鲍曼（Richard Bauman）曾指出，"民俗是共享的认同的一种功能"[①]。当时影响最大的是巴斯（Fredrik Barth）的《族群与边界》。[②]该书的副标题是"文化差异下的社会组织"，提醒读者这本文集的目的是为新的社会和政治制度服务，从而以社会组织来为不断变化的群体做出"族群"属性认定。显然，殖民主义在社会和法律层面的终结并不意味着已经存在五个世纪的意识形态也随之消失。

对民俗学研究最直接的影响是巴斯的"文化特质"（cultural stuff）和"族群/民族认同"（ethnic identity）思想（下文将进一步解析）。对这些概念的辩论成为当时的热门话题。但这些讨论的一个共同前提是假

---

① Bauman, Richard. 1971. Differential Identity and the Social Base of Folklore. *Journal of American Folklore* 84 (331): 31–41. Pp. 32, 38.

② 参见中文译本，弗雷德里克·巴斯：《族群与边界》，李丽琴译，商务印书馆，2014。

定一个民俗群体之民俗是稳定不变的，犹如锁在箱子里的宝贝，而且一个民俗群体是以同种族血缘为纽带的。这正是民俗认同概念所反对的。一个民俗群体的确存在局内与局外因素，但一个民俗群体总是多世系血缘、宗教、地域等的混合体，是不断流动变化的。其存在是因为有认同某种生活方式的个体在不断跨越群体，寻求生活的意义，为此形成新的群体，同时也维系了不同群体的各自的民俗传统。

在对族群与族群民俗等概念的辩论中，三十多年来一直有着重大意义的观点之一是奥林的论述："我们要始终牢记，我们对族群和民族性的界定都是临时的构建，对此，我们必须做好准备，在发现它们导致我们产生错觉和误解时要及时将其抛弃。"[1]

二、民俗认同概念的迫切性

1. 语义学到符号学意义的转换

"族群/民族"（ethnic）一词有着拉丁文的词根（*ethnos, ethnikos; ethnicus*），最早指与"家庭"或"部落"有关的人，后来指"野蛮"和"外来"的人。到了基督教时代，直至19世纪，它指"异教徒"。在进入到16世纪的殖民时代后，这个概念也被用来"划分种族群体"。[2] 20世纪中期以后，随着殖民主义和种族主义在法律上的废除，这个词又取代了"种族"（race）概念，成为学术和日常的委婉语。作为形容词，它仍然内含着"他者""低劣"的意思。

---

[1] Oring, Elliott, ed. 1986. *Folk Groups and Folklore Genres: An Introduction*. Logan: Utah State University Press. P. 33.

[2] 同上书，第23、29页。

以文明论为核心的 19 世纪欧洲中心论将此概念又进一步合法化为"有关种族的科学"(science of races),即"民族学"(ethnology)——"通过历史传统、语言和身体与伦理特征研究不同人类种族"的学科。①当时的重要研究对象是非洲人,其指导思想是"只有白人的指导,或跨越种族,以殖民地方式,才能改善黑人",而且"黑人从未有过文明"。②

在美国民俗学会 1889 年召开的第一次年会上,学会的目标被定为"将民俗学发展为民族学的一个分支,与历史和考古学联系在一起"③。今天,仍然有人希望将"民族学"取代"民俗学",无疑表明了一种欧洲中心论的思想。④

但是,早在 1970 年代,英国人类学家利奇(Edmund Leach)就曾尖锐地指出,所谓的"种族认同"实际上是"源于文化的",而"民族学作为粉饰过的伪科学……声称要解释当前由于移民而形成的种族分布问题,并自信地称可以通过对比现在的人类体质类型差异来设想和重构早期人类的移民情况"。⑤利奇明确反对民族学和人类学使用"民族认同"(或族群认同,ethnic identity)概念,因为它暗示的是"原始部落"与

---

① Bulletin de la Société ethnologique de Paris (BSEP) 1841: ii. Spencer, Frank. ed. 1997. History of Physical Anthropology: An Encyclopedia. New York: Garland Publishing, Inc. P. 358; Vermeulen, Han F. 2015. Before Boas: The Genesis of Ethnography and Ethnology in the German Enlightenment. Lincoln: University of Nebraska Press.

② Staum, Martin S. 2003. Labeling People: French Scholars on Society, Race, and Empire, 1815—1848. McGill-Queen's University Press. P. 148.

③ 1890. Journal of American Folk-Lore 3 (3): 1.

④ 例如,2007 年发刊于爱沙尼亚的《民族学与民俗学学刊》(Journal of Ethnology and Folkloristics),以及欧洲的"民族学与民俗学会"(Society of Ethnology and Folklore, SIEF)。2010 年《民俗研究学刊》(Journal of Folklore Research)的专刊讨论学科名称是否该用民族学取代民俗学,另见,《美国民俗学刊》1998 年专刊也是讨论学科更名问题,另见,Bendix(1998); K-G(1998); Ben-Amos(1998)。

⑤ Leach, Edmund R. 1975. "Cultural Components in the Concept of Race". In Racial Variation in Man, edited by F. J. Ebling. New York: John Wiley & Sons. Pp. 27-28.

"当代原始人"的概念。① 无疑,"民族志"(ethnography)一词是在表述"民族学"的意识形态,并对民俗学产生了重大影响。例如,当"民族志"一词在1834年出现时,它是等同于当时的"人类学"的。② 由此,在1960年代和1970年代的民俗学界,出现了分析美洲土著印第安人的"民族诗学"(ethnopoetics)③ 的民俗学家,④ 并产生了持续的影响。至今,如美国民俗学的重镇印第安纳大学所使用的"民俗学与民族音乐学系",其"民族音乐学"便"专注的是西方之外的音乐传统"。⑤

可见,民俗学所使用的"民族"概念反映了特定时代的学术界与公众的认知。在1960年代前,美国民俗学界将该词限定用来指那些来自欧洲的新移民群体,暗示他们是社会和政治上的"他者"。⑥ 而美国民俗学会在1888年成立时确立的四个研究目标也正代表的是"他者"的四个群体。⑦ 但是,亚裔群体在这期间则一直被排除在外,甚至都不是社会学和民俗学意义上的"民族"群体。

1960年代后,对少数族群的"民族"民俗的关注成为热门课题。其

---

① Weltfish, Gene. 1959. The Question of Ethnic Identity, an Ethnohistorical Approach. *Ethnohistory*, 6 (4): 321-346. Pp. 322, 334.

② Cunningham, Keith. 1997. "Ethnography". In *Folklore: An Encyclopedia of Beliefs, Customs, Tales, Music, and Art*, ed. Thomas A. Green, 247-249. Santa Barbara, CA: ABC-CLIO. P. 248.

③ Du Bois, Thomas A. 1997. "Ethnopoetics". In *Folklore: An Encyclopedia of Beliefs, Customs, Tales, Music, and Art*, ed. Thomas A. Green, 256-257. Santa Barbara, CA: ABC-CLIO. P. 256.

④ Titon, Jeff Todd. 2006. "Ethnopoetics". In *The Greenwood Encyclopedia of World Folklore and Folklife*, ed. William M. Clemens, 31-32. Westport, CT: Greenwood Press. P. 31.

⑤ Gay, Leslie C. Jr. 1997. "Ethnomusicology". In *Folklore: An Encyclopedia of Beliefs, Customs, Tales, Music, and Art*, ed. Thomas A. Green, 250-256. Santa Barbara, CA: ABC-CLIO. P. 250.

⑥ Dorson, Richard M. 1959. *American Folklore*. Chicago, IL: Chicago University Press; 1972. *Folklore and Folklife: An Introduction*. Chicago, IL: University of Chicago Press.

⑦ 四个研究美国民俗的目标是:(1)遗留的古代英国民俗;(2)南部地区黑人民俗;(3)土著印第安人民俗;(4)法国裔加拿大和墨西哥等地的民俗 [Newell, William Wells. 1888. "On the Field and Work of a Journal of American Folk-Lore". *Journal of American Folklore* (1): 3-7. P. 3.].

核心是"非西方人的文化表达"①，如"民族食品"，"民族/传统/选择性医药"或"民族草药"（ethnic herbs）等，但最终的落脚点是"民族民俗"（ethnic folklore）。② 由此，"民族认同"（ethnic identity）和"文化认同"（cultural identity）两个概念也常常混同使用。但是，德国民俗学家鲍辛格（Hermann Bausinger）曾警告过，混同这两个概念是危险的，因为它们是两个不同的概念。③

2. 民俗学基于种族/民族的意识形态范式对认同的研究

基于种族/民族意识形态范式的民俗学研究所关注的是那些被有话语权的阶层所划分为少数群体的民俗，这样的研究结果又常常被用来进一步将所谓的"民族边界"合法化。可是，许多民俗学者没有考虑到的是，在研究"民族民俗"时，某个"族群"常常与其被划分和指定的群体特征之间并没有必然一致的联系。④

毕竟，1960年代后，多数民俗学者，如同许多其他学科的学者一样，受到的是巴斯（1969）的"边界论"思想的影响。⑤ 在巴斯看来，

---

① Young, M. Jane. 1997. "Ethnoaesthetics". In *Folklore: An Encyclopedia of Beliefs, Customs, Tales, Music, and Art*, ed. Thomas A. Green, 245-247. Santa Barbara, CA: ABC-CLIO. P. 245.

② Georges, Robert A. and Stephen Stern, eds. 1982. *American and Canadian Immigrant and Ethnic Folklore: An Annotated Bibliography*. New York, NY: Garland Publishing, Inc.；Stern, Stephen and John A. Cicala, eds. 1991. *Creative Ethnicity: Symbols and Strategies of Contemporary Ethnic Life*. Logan, UT: Utah State University Press; Oring, Elliot, ed. 1986. *Folk Groups and Folklore Genres: An Introduction*. Logan: Utah State University Press.

③ Bausinger, Hermann. 1997. Inter cultural Demands and Cultural Identity. Europaea: *Journal of the Europeanists* 3(1): 3-14. P. 7.

④ Oring, Elliott, ed. 1986. *Folk Groups and Folklore Genres: An Introduction*. Logan: Utah State University Press. Pp. 24-26.

⑤ Brady, Margaret K. 1997. "Ethnic Folklore". In *Folklore: An Encyclopedia of Beliefs, Customs, Tales, Music, and Art*, ed. Thomas A. Green, 237-245. Santa Barbara, CA: ABC-CLIO. Pp. 239-242.

"认同"概念用来说明"族群/民族"概念的所指,似乎其少数"族群"或"民族"的特征就是其"基本认同"特质,同时,"少数族群"取代了"部落"概念。而部落是人类学界定非欧洲白人的"他者"的前提概念。依据19世纪的文明论和20世纪末现代化论的观点,非理性的少数族群的民族认同具有原始的心理情结,这些情结将因推进理性而被抹掉。在界定"族群"的概念时,巴斯认为,"调查的主要中心就是定义群体的族群边界,而不是群体所附带的文化特质"[①]。这个思想主要针对的是所谓的"民族性"或"民族认同特征"(ethnicity)。

如果依照巴斯所声称的,文化特质不重要,而是"社会边界"的互动/冲突才是对"族群"的认同至关重要的因素,那么,这样的观念中就包含着一种危险的思想。其危险在于它暗示着一个人或一个群体的文化核心可以被外界力量所影响并根据界定的边缘而改变,因此,少数民族"族群"的"文化特质"可以被主导者的所取代。这一观点的危险之处还在于它误导我们去认为象征形式(即那些认同的随机符号)在跨文化互动(即边界的互动)中比文化内容(即认同的核心符号)更重要。尤其严重的是这一思想中所包含的殖民主义思想,即那些有原始心智的少数族群的文化认同可以被理性的欧洲文明抹去。

历史证明,人类文化与群体不是基于后来被划分和强加的"民族特征"才得以延续的,而是通过不同群体之间的"文化特质"的交融而发展的。一个群体的形成与持续所依据的是其共享的信仰与价值观以及生活方式,即实践中的民俗,也就是民俗认同。事实上,正是"文化特质"(指语言、宗教、习俗和法规、传统、物质文化、饮食等)才具有重要性。

[①] Bath, F. (1969: 15);此处的中文翻译引自弗雷德里克·巴斯:《族群与边界》,李丽琴译,商务印书馆,2014,第7页。

在民俗学界，对"民""俗""民俗"如何界定的讨论始终不断，每个概念都出现了几十个定义。但近几十年来，民俗学者主要关注的是那些少数族群、弱势群体、被边缘化的群体等，以期从中发现印证其认同特征或民族性的东西。由此，这样的研究起步于先验性地界定"民"的民族性，强化了基于种族主义的心理定式（即刻板印象）。

这些涉及民俗与认同的问题是民俗学研究首先要面对的问题，无论是在方法方面还是在意识形态方面。所以，奥林指出，"民俗学者需要更仔细和更有意识地审视认同这个概念……要使用任何有益的方法和材料"[1]。如果我们接受这样的观点，我们就要进一步思考导致我们今天潜意识地依据的意识形态来认识的核心"问题"是什么。

3. 哥白尼式革命的基因组发现与意识形态范式转换

基于种族主义的意识形态范式在学术界一直主导着有关"族群/民族"的研究，其实，"无论是基于可见的不同人群的生理差异，还是不可见的文化和思想差异，有关族群/民族的边界及其附加意义的界定都是纯粹的社会建构的结果"[2]。最新的基因组研究颠覆了已成惯习的、服务于政治制度的"种族"和少数"民族"的概念。依据最受尊重的"人类基因组研究项目"（Human Genome Project）对人类基因的研究："两个欧洲裔的人在基因上的差异可能大于他们与一个亚洲人的差异"，"种族是一种社会建构，不是生理属性"，尽管"更广泛的大众社会不相信

---

[1] Oring, Elliott, 1994. The Arts, Artifacts, and Artifices of Identity. *Journd of American Folklore* 107(424): 211-233. P. 226.

[2] 同上；Davis, Thomas C. 1999. Revisiting Group Attachment: Ethnic and National Identity. *Political Psychology* 20 (1): 25-47. P. 26.

这个结论"①。

　　这样的新科学发现使得意识形态范式的转换成为了更加迫切的问题，并将我们带到理解人文本质的十字路口：是通过新的基因科学来证明"物竞天择说"，即人类的某些种族在基因方面优于其他种族，还是相信同一"种族"内部的生物学或者基因学差异可能和"种族"之间的差异一样大。因此，在社会和政治生活中使用"种族"的范畴去区分人类群体并非科学，而是一种与殖民主义相关的政治决策，基于殖民主义的意识形态使社会与政治的不平等、不公正得以持续存在。

　　这样的辩论需要民俗学者深刻思考"实践中的民俗到底是为了什么"。这个问题不仅是针对实践者，也是针对那些想通过民俗达到某种目的的人。②尽管越来越多的民俗学者开始认同"文化物质的融合才是根本上值得关注的问题"③，但是，我们必须反问自己：我们为什么对"少数民族民俗"如此感兴趣？我们在什么程度上不自觉地维系着种族的意识形态和刻板印象？毕竟，人类文化群体的发展都是经过"杂糅"的（hybridization; creolization）④，即使是亲属制度也从来都不是基于血缘基础的。

　　事实上，美国民俗学的开拓者之一——博厄斯——也许也是最早的

---

① 参见，"'Race' and the human genome"（Nature Genetics 36: S1–S2, 2004; https://www.nature.com/articles/ng2150）; "Why Race Is Not a Thing, According to Genetics"（https://news.nationalgeographic.com/2017/10/genetics-history-race-neanderthal-rutherford/）; "How Science and Genetics are Reshaping the Race Debate of the 21st Century"（http://sitn.hms.harvard.edu/flash/2017/science-genetics-reshaping-race-debate-21st-century/）。

② 参见，刘晓春："民俗与民族主义——基于民俗学的考察"，《学术研究》2014 年第 8 期。

③ Szwed, John. 2011. "Metaphors of Incommensurability". In *Creolization as Cultural Creativity*, ed. Robert Baron and Ana C. Cara, Pp. 20–31. Jackson: University Press of Mississippi. P. 29.

④ Baron, Robert and Ana C. Cara. 2011. "Introduction". In *Creolization as Cultural Creativity*, ed. Robert Baron and Ana C. Cara, Pp. 3–19. Jackson: University Press of Mississippi.

民俗学者，[①]他在 20 世纪初大胆批判了猖狂的种族主义，并指出，人类群体的差异完全是文化的，而不是本性的或基于"天择论"的种族血统的。[②]他还指出，当时的种族主义"无法用科学回答问题"，并警告不应以"血缘关系"盖过"地域不同所造成的差异"，也不应该"为了使大众高兴而纵用我们的奇思异想"。[③]

这样的结论无论是在当时还是百年后的今天都意义非凡，特别是考虑到博厄斯是在欧洲（德国）受的教育，他清楚地了解在 19 世纪文明论中的欧洲种族主义，如哲学家休谟对黑人"在本性上低劣于白人"的设想，康德所坚持认为的肤色的差异映像出心智能力的差异的观点，以及黑格尔所宣称的非洲缺少历史，其居民生活在"野蛮和原始状态，还没有融合文化成分"等观念。[④]

博厄斯曾勇敢地批判道，美国的人类学完全是在为压制美国黑人的政治制度服务。[⑤]为此，他受到美国人类学会一致的谴责并被投票表决限制其言论，该决议直到 2005 年才解除[⑥]。但是，"历史上几乎没有人比

[①] 博厄斯曾担任三届（1931，1934 和 1990）美国民俗学会会长，并在 1908—1924 年担任《美国民俗学刊》的主编。

[②] Boas, Franz. 1912. "The Instability of Human Types". In *Papers on Interracial Problems Communicated to the First Universal Races Congress Held at the University of London*, July 26–29, 1911, ed. Gustav Spiller, 99–103. Boston: Ginn and Co. P. 103; 1940. "The Aims of Ethnology". In *Race, Language and Culture*. New York: The Macmillan Company. Pp. 626–638.

[③] Boas, Franz. 1909. Race Problems in America. *Science* 29 (752): 834–849. Pp. 839, 843–846.

[④] Copeland, M. Shawn. 2010. *Enfleshing Freedom: Body, Race, and Being*. Minneapolis: Fortress Press. P. 10.

[⑤] 参见，"THE MEASURE OF AMERICA: How a rebel anthropologist waged war on racism". By Claudia Roth Pierpont. *New Yorker*. https://www. newyorker. com/magazine/2004/03/08。

[⑥] 参见，2005 年 6 月 15 日美国人类学会会员投票通过的"解除对博厄斯的言论限制"（Uncensoring Franz Boas. Adopted by a vote of the AAA membership June 15, 2005），https://www.americananthro. org/ConnectWithAAA/Content. aspx?ItemNumber=2134。

博厄斯更坚定地反击了种族偏见"①。博厄斯基于实地调查所获得的民俗知识和判断得到了后来的基因科学的印证，而且"几乎与现代科学的说法完全一样"②。然而，在民俗学界，博厄斯反种族主义的思想没有得到应有的认知和传承。

三、日常生活中的民俗认同

今天，民俗学者面对着前所未有的意识形态上的混乱，而意识形态又对公众的社会生活至关重要。归根结底，导致这个现实的是种族主义、殖民主义和帝国主义的意识形态，表现出的形式是通过强化对少数族裔的"民族认同"或"民族民俗"的刻板印象，加深对人类多元文化群体的分化。尽管公众常用的错误——"民间谬误"（也即邓迪斯所说的 folk fallacies）常常被视为是对民族/国家特征或认同表达，但当这些说法是源自种族思想时，它们就不再是民间谬误或民间思想，③它们成为民俗学者必须关注和亟待解决的问题，并需要以民俗认同的视角来理解人类多元文化发展的本质，因为民俗认同，而不是种族认同或民族认

---

① Gossett, Thomas. 1963. *Race: The History of an Idea in America*. Dallas: Southern Methodist University Press.

② Ridley, Matt. 2003. *The Agile Gene: How Nature Turns on Nurture*. Happer Collins Publishers. P. 204. 另如，在比较欧洲人与"黑种人"时，博厄斯尽管认可两者的差异，但是也明确指出，"还没有证据表明两者的差异说明了黑人的低劣，不论是在身体的大小和结构上，还是在脑重量上。那些种族差异的程度其实在任何一个种族范围内都存在"，并说，"我认为，我们有理由感到耻辱并坦白承认，对这些问题的科学研究还没有得到我们政府和科研机构的支持，也很难理解我们为何对这样一个关系到我们国家福祉的问题如此漠视"（Boas 1909: 848）。

③ 同上；另见，Bronner Simon J. ed. 2007. *The Meaning of Folklore: The Analytical Essays of Alan Dundes*. Logan: Utah State University Press. Pp. 9–128; 2017. *Folklore: The Basics*. Routledge. P. 181。

同，是民众在日常生活中获得存在感和成就感的标志，是个体在群体生活中获得平等和自由的动力，才是个体获得生命与生活意义的核心。现在是民俗学者抛弃过去的概念，寻求以新的概念来阐释新的社会现实的时候了。

那么，如何在我们未来的研究中运用民俗认同的概念呢？在行动上，这个概念可以贯穿于一个项目的整个研究过程，特别是在进行基于实地调查的研究时。首先，在开立研究题目的阶段，一个核心问题应该是：要研究的是什么俗或传统？而不是如何印证某族群或民族被认定的"民族特征"。在第二个阶段，即搜集资料或决定访谈对象时，回答的问题是：某个俗或传统是如何被实践的，如何在不同程度上维系所有参与实践的人？第三个阶段的问题应该是：该俗或传统是如何，并在什么程度上，对实践者的个人认同及其群体认同发挥构建和维系的作用的？再下一步的问题可以是：该俗或传统是如何被参与实践者所共享，并在跨文化跨时空的情况下传承下去的，以及实践者是如何由此获得认同感的？基于这样的问题，最终便可以回答"何以如此"（so-what）的问题。这也需要在意识形态层面上对"民"和"俗"何者优先的问题有观念与方法上的新认识。①

例如，在美国费城有这样一个功夫班。其教练是从香港移民到美国的华人，但所有的学员都是非华裔的白人和黑人，有男有女。他们也是费城唯一在公共场所和节日庆典上表演狮舞的人。从 1970 年代到 2000 年左右，他们在公共场所展示的是"中国传统"，但他们都是"非中国人"或"非华裔"。如果从"民族认同"的逻辑出发，他们的所作所为不在研究"中国传统"的范畴。但是，这些学员正是在多年练习中国功

---

① 参见，艾略特·奥林："民或俗？二分法的代价"，张茜译，《温州大学学报》2013 年第 3 期。作者以学院派和公共民俗派为例，论述了学院派的理性研究应以俗为主，以提出问题为目标；而公共民俗派的感性研究应以民为主，以解决现实社会问题为目标。

夫和表演狮舞的过程中获得了个人的认同感和其独特的群体认同感，获得了日常生活的意义，并成为费城当地文化中"中国传统"的传承者。不仅如此，如果没有当地非华人/华裔对中国传统的认同（包括饮食、音乐等），中国文化传统也无法成为当地多元文化的一部分，也难以在当地传承下去。可见，民俗认同概念正是要摆脱种族主义的意识，去关注民众在日常生活中共享的民俗及其传承。

近些年，中国的经济发展表现为对外的国际化和对内的城镇化，在这一过程中尤其要注意的是对传统文化的寻根与反思。正是在对文化之根的反思中，中国人才在个人层面获得了应有的自尊和自信，社会和国家也才由此走出民族低下感而获得愈发清醒的民族平等感以及国家认同感。在中国历史上，正是那些大量吸收外来文化，同时也走出去进行文化交流的时代才是文化得以巩固和发展的时代。如今，走在世界各国的诸多城市中，人们可以看到，中国餐馆的本土化，走出去的中国人与当地人的通婚，多代前有中国人血统的后裔对中国文化的认同，在中国定居或与中国人通婚的外国人成为自己的同事或邻居，每天可选择的传统茶馆或饭馆与外国的咖啡店或快餐店并肩林立，城市与乡村边界的日益变化，多民族地区（如云南、广西等地）的跨族通婚以及户口登记中的民族自我认定等等，凡此种种，无一不是以实践中的民俗为主线，体现了民俗认同的实践核心。

四、超越民俗学科的意识形态范式转换

在从方法论范式到意识形态范式的转换中，民俗学首先聚焦的问题是"民俗实践到底是有关什么的"这个意识形态范式的问题。此后，才能继续讨论"民俗学到底是有关什么的"，以及"日常生活到底有关

第二讲　民俗认同：民俗学意识形态范式的转换

什么"的问题。显然，意识形态问题超越了学科建设问题，是与民族/国家认同的构建有关，并涉及世界各国的民俗互动。中国的历史与现实便是走出"民族或文化低下的自卑感"[①]的例证。20世纪初，当"民族""民族主义""民俗"等概念被引入后，中国民俗学者曾热烈地研究过，到了20世纪中期又因为受到"少数民族"概念的影响，中国出现了相互冲突的"中华民族""少数民族"等概念。对此，民俗认同概念无疑有助于改变对这些问题的认识。

由于中国的特殊历史背景，在20世纪初，通过引进"民族"和"民族主义"以及"民俗"等概念，"中华民族"成为构建新的国家认同的一个认同符号。同时，中国历史上的诸多文化群体被界定为（对应于"汉文化"群体的）"少数民族"。于是，在"民族认同"的语义层面，便出现了对"中华民族"的民族认同以及对某个"少数民族"的民族认同的冲突。20世纪初的苏联以及20世纪中期的美国对"族群"概念的强调也是出于类似的原因。关键的问题是，当这个语义层面的问题被政治化，被以殖民主义的逻辑来阐释时，其结果是现有的文化群体之间的关系恶化了，人类文化发展的正常的互动被人为地以政策和制度束缚住了。

那么，如何对待和解决这个问题？是继续这样下去，还是以美国的"族群"模式取替过去的模式，又或是从问题的根本上来寻找药方？民俗认同的概念便是从人类文化历史发展角度重新按照其自身的发展规律去理顺关系，进而延续多元文化交流的和谐局面。

进入21世纪，我们面对的挑战是要回答这些问题：具有不同文化的不同群体可以和平且平等地共处吗？是否有针对这个问题进行平等对话的平等机会？如何做到这些？毕竟，认同（identity）意味着"相同"

[①] Dundes, Alan. 1962. "From Etic to Emic Unit in the Structural Study of Folktales". *Journal of American Folklore* 75 (296): 95–105. P. 13.

（sameness），而相同应该是所有共同体成员的"平等"的权利和机会，而不是相同的血缘或肤色。

我们不能只见树木不见森林。如果说民俗学曾经启蒙了民众去理解其"民族／国家"的起源，为什么今天的民俗研究不可以通过公众教育和公众媒体来纠正被扭曲的"民族""族群""民族民俗"等概念呢？毕竟，我们今天共聚一堂不是因为我们是"同羽毛的鸟同飞翔"，而是因为我们是"同选择的人同欢乐"。正是这样的民俗认同才维系了一个不断变化的群体，使其成员的日常生活有尊严和认同感。在这个新世纪里，那些曾经分裂人文本质的、基于种族主义的意识形态范式曾迫使我们做出过抉择：是维系还是超越这个范式？这不该继续是一个问题，而应该是一种行动。

第三讲　文化自愈机制视域下的非物质文化遗产

【本讲包含的关键概念】

1）文化自愈机制；民俗认同；生命力与有效性；认同的核心符号与随机符号；文化中国；中国文化
2）文化自觉；文化自信；文化自愈；和而不同；遗产化；传统化；产业化；本土化

　　基于第二讲中所讨论的民俗认同与意识形态范式转换的问题，本讲进一步提出"文化自愈机制"这个理论框架，并围绕这个概念探讨相关的问题，目的不仅是针对中国的历史与现实提出问题并引发思考，也是为了认识人类文化的兴衰历程，并由此探讨中国文化传统内在的发展逻辑和规律，理解文化传统的持续与断裂或消失的内在原因，并根据归纳出的逻辑和概念来理解当前的一些现象，特别是有关民族、民俗、认同、文化自信的，以及"非遗"等概念与中国文化传统的本质性关系。

一、文化自愈机制

　　文化自愈机制是从日常生活行为去解析文化的核心及其运作的机制。从这层意义上看，这与当前对"文化自信"的探讨是一致的：文化自愈建立在文化自信的基础上；文化自信则建立在民众对日常生活和传统认同的基础上。理性的文化自信是文化自愈的前提；文化自愈是文化传承的内在动力。

　　人类文化的发生与发展以及传承或消亡，是否有其内在逻辑？那些延续下来的文化中是否存在某种能够渡过危机的自愈机制，从而得到再发展的生命力？其特有的文化根基是什么？对此，一个符合发生和发展逻辑的答案是，文化持续发展的关键是独特的文化自愈机制，论据就是日常生活中所体现的核心信仰与价值观体系，表现为基于共同的传统生活方式的民俗认同行为。中国文化的文化自愈机制具有典型的代表性，历史实践证明，多元一体的传统文化在其历史和内部的各"族"认同，往往以民俗认同来达成，否则便陷入由外来的"种族"和"民族"概念所导致的"魔圈"困境。近现代中国的文化精英们在困惑中寻求"救国"与"自愈"时，引进了西方的"民族"与"民族主义"等概念，试图以西方现代话语来阐释中国的历史，解决现实问题。但是，它们不但没有缓解中国的社会矛盾，反而加重了不同文化群体之间的冲突。这是因为，这些概念的西方意识形态背景对于解释和解决西方问题是有效的，但对于解决具有独特历史与文化以及多民族共存的中国问题往往并不适用，特别是当中国文化在近代历史上陷入危机的时期。只有当民众在日常生活中回归其根，认同其传统文化之根，这个文化才会获得真正的文化自信，才能达到文化自愈，才能持续发展，才能创造出与时俱进的先进文化。

近些年来，人类文化进入了前所未有的巨变阶段：高科技和人工智能不但在生活方式上影响人类生活，而且在思维方式、价值观和意识形态层面改变着人类行为；种族主义死灰复燃，以"种族"和社会阶级为前提的社会关系的表面化和暴力化；文化多元主义与"白人至上"主义的斗争在多层面激化。许多文化传统的传承与交融等"自然的"冲突和互适问题被固化地解释为政治和"民族"问题，以"种族认同"（racial identity）以及基于此概念的"民族认同"或"族群认同"（ethnic identity）取代和分化"文化认同"（cultural identity）或"民俗认同"（folkloric identity）。其结果必然是加深不同文化群体之间的矛盾，削弱少数文化群体的发展动力，造成更多的社会冲突，尤其是少数文化群体及其成员的认同问题，因为，将人类文化以"种族"为前提来看其发展，就是违背历史规律和事实，就是在维系既得利益阶层的地位和权力以及不平等的制度。

人类文化的发展从来都是因为不同群体及其成员通过可共享的生活方式而维系，并构建新的文化体和文化传统的，因此，维系人类文化多样性的不是种族的社会群体划分，而是因不同生活方式而构成的不同群体，在群体形成和发展的过程中，不断融合其他群体的文化元素。对此，一方面要看到每个情况都有其特别的历史背景，如经过战争和殖民后的国家重建；另一方面也要注意到当前的民族主义和种族主义的极端表现。这些都要求我们理性地去认识，从人类文化传统发生和发展的内在逻辑去看每个文化的传承，要看到人类文化正是在相辅相成中建立了不同的文化共同体，而文化又在共同体的互动中得到发展和传承，而不是因为血统种族才形成今天的格局的。

1. 基础概念

（1）中国文化与文化中国

在此，"文化"指以语言文字和生活习惯为载体，表现某个特定地域的群体的信仰与价值观体系，综合其精神生活与物质生活，并与这个群体共存的人类智力创造结果。"传统"便是该群体成员对其"文化"的实践和传承过程。没有实践者的日常传承实践，就不存在"传统"，"文化"也便成为历史或想象的历史，而不是正在实践中的文化传统。

"中国"本身犹如"一条河"或"一棵树"，从这个概念形成开始就一直在不断变化，所以，它是一个流动的概念，所承载的"文化"也因此是动态的。正如哲学家杜维明在1990年代初所提出的，除了政治、经济和地理意义外，"中国"更是"文化中国"，包含三个象征性实体或"意义世界"：1）居住在"大中国"（包括港澳台等地）的中国人；2）生活在"中国周边"和海外的华裔与华人；3）以中国文化为自我认同的（各国）知识分子。[①] 人类学家李亦园对此概念补充认为，所有的中国人普遍具有这些共同的身份认同特征：1）饮食习俗；2）家庭伦理；3）对算命和风水，即趋吉避凶的宇宙观的实践。[②] 从历史的角度看，跨区域、宗教、语言或方言的民俗实践的统一性在集体认同的层面对"中国文

[①] Tu Wei-ming. 1991. "Cultural China: The Periphery as the Center". *Daedalus*. 120 (2): 1–32; ed. 1994. *The Living Tree: The Changing Meaning of Being Chinese Today*. Stanford: Stanford University Press; 另见，杜维明：《文化中国：扎根本土的全球思维》，北京大学出版社，2016。自从提出"文化中国"的概念后，世界格局发生很大变化，虽然杜维明在继续修改完善这个概念，但其核心意义没有变。

[②] Li Yih-yuan. 1995. "Notions of Time, Space, and Harmony in Chinese Popular Culture". In *Time and Space in Chinese Culture*, eds. Junjie Huang and Erik Zurcher, Leiden: E. J. Brill. P. 383.

化"认同的形成有着重要的作用,例如中国的葬礼所发挥的作用。[①]

"中国"从其源头开始,就不断吸收来自不同地方的"营养成分"而发展壮大。同理,"中国文化"也从其发生开始,形成(以汉语言文字为载体的)"汉文化"基础,继而成为以汉文化为主体的、融合了历史上诸多文化群体之文化的广义的中国文化。而维系这条"河"或这棵"树"的便是近代著名哲学家所归纳出的对"久"的信念,它表现在"心性"这个概念中,这是中国文化的精髓。[②]这个信念也是中国文化延续的驱动力,与中国文化的核心宇宙观一起构成中国"文化自愈机制"的深层哲学基础。对应于这些哲学概念的日常生活行为中处处表现出的文化精髓,即为中国文化的"核心信仰与价值观体系",其中包括:灵魂不灭的生命观;天人合一的生态观;阴阳和谐的自然观;儒家天下"大一统"的世界观;和而不同的生活哲学;入乡随俗的日常行为与适应变通的入世态度;趋吉避凶的主动人生实践。

(2)民俗认同

提出"民俗认同"这一概念的初衷是希望反思"种族/民族认同"的理论基础,以便更好地解释个体和群体认同中的多样性、杂糅性、临时性和流动性(或动态性),从而更好地关注实践中的民俗。这样,通过实践者所实践的传统来认识和理解"我们是谁"以及"他们是谁",而不是按照官方划定的某种"种族"或"民族"类别去讨论日常生活中所传承的传统,可以使我们更集中地关注一个文化群体如何以民俗实践

---

① James Watson and Evelyn Rawsky. 1988. eds. *The Death Ritual in Late Imperial China*. Berkeley: University of California Press.
② 参见,牟宗三、徐复观、张君劢、唐君毅:"为中国文化敬告世界人士宣言:我们对中国学术研究及中国文化与世界文化前途之共同认识",《民主评论》,《再生》新年号,1958。另见,封祖盛编:《当代新儒家》,生活·读书·新知三联书店,1989,第1—52页。

来建构其群体认同,并更好地发现正在建构中的新群体、新认同和新文化,即"第三文化"(详见第十讲),从而帮助我们更好地理解群体内部以及群体之间的多元互动性。

基于民俗认同构成的群体是以共同的实践为前提,而不是共同的"血统"或其他因素。探究这一概念不仅仅是一种方法论的变革,而且是在文化交流与融合中从主位和客位的视角审视自我与他者的思想转变。"民俗认同"进一步明确民俗与认同的关系,与(基于种族的)"族群认同"和(常常是广义的)"文化认同"等概念相比,是更有助于阐释当前社会矛盾的一个途径。

(3)传统的生命力与有效性;认同的核心符号与随机符号

如"民俗认同"所示,民俗是一个群体的文化传统的日常表现,包括日常生活的方方面面,从笑话到歌曲,从居住到着装,从一日三餐到仪式宴席,从迁居到跨群体婚姻,等等。在此进程中,文化传统被不断重述、再现和传播,而同时,一些新的文化被吸收,一些旧的传统被放弃。在这个变化过程中,实践者的选择决定了他们保留什么,抛弃什么。

然而,让实践者决定吸收或遗弃一个传统或文化因素的原因又是什么?是实践者自觉的选择还是迫于形势的"被"选择?这些实践者是有意识地根据传统对他们群体认同的"有效性"和"生命力"来进行选择的吗?或者,他们注意到这两者之间的差别了吗?

因此,辨别一种传统在其文化语境下的"有效性"和"生命力"对于此处讨论的方法来说至关重要,因为正是传统中民俗元素的有效性和生命力决定了它们是延续还是中断。生命力存在于核心信仰与价值观中,它关乎精神生活,且相对稳定;有效性存在于实际需要中,它是唯物论的和可变的。因此,核心信仰和价值观通过"核心符号"得以彰显,可变元素则以"随机符号"灵活变通。

民俗认同符号包括语言特征(语言、方言或口音),着装风格,饮食习惯,仪式象征和信仰表达等(参见下文在讨论"内在逻辑"时所列举的日常生活中的认同符号表象)。在这些符号中,实践者从他们自己的视角出发将一些符号视为对他们必不可少的"核心符号",而将另外一些视为用于适应社会经济条件或环境需求的"随机符号";这两者在日常生活中则常常以"必不可少"或"可有可无"来表达。核心符号对传统的过渡极其重要,因为它们体现的是生命力,是该文化的核心信仰与价值观体系。随机符号对于维持一种临时性身份认同的实践来说是有效和有益的,它的有效性源于社会条件的变化。

上面所谈论的"中国文化"的精髓,即"核心信仰与价值观",便是中国文化的"生命力",是"传统传承机制"的内驱力。它驱使中国文化在不同时代不断得到传承,从危机中康复并达到自愈和新生。它体现在日常的具体事项中,隐含认同的核心符号。相反,其中凸显"有效性"的事项则多表现出随机符号特征。当然,核心符号和随机符号并非静态的,而是动态的;两者可能转换,并在转换中发展出新的文化传统。从局内人的视角来看,它们在个体和群体两个层面上都有意义,但即使是局内人也不一定能辨识不同符号的作用。有时候,局外人认为是"核心"的,局内人却并非这样认为。

2. 中国文化的内在逻辑

"中国文化"持续发展了几千年,这个事实本身就说明在这样的文化内部存在一种机制,使其能经历各种危机而维系住其文化之精髓。鉴于此,我们反观其他诸多文化的发展就会发现,一些文化已经消失,一些文化正在消失,一些文化正在形成,当然,还有一些文化就是当下正在维系。文化是人类的精神生活与物质生活的载体和结果；传承这些文化的过程就是传统。实践这样的传统的基础和表现就是日常的语言文字运用、信仰与生活习俗的延续，以及对新地理和社会环境的适应，这些实践维系着一个群体的认同感或社会的正常运转。从这层意义上说，"中国文化"（或"中华文化"）的确是目前人类文化中持续最长而没有"变色或变质"的。①

对此，似乎有必要追问两个问题：1）在相对稳定的社会环境下，"中国文化"得到传承和延续，这其中是否存在着一种"传承机制"？如果有，其基础是什么，又是怎样运作的？2）在经历诸多危机或存亡困境后，"中国文化"依然持续发展，这其中是否有一种"自愈机制"？如果有，其基础是什么，又是怎样运作的？当然，这样的问题也可以概括地对一切人类文化的发生与发展以及消亡现象提出，还可以针对某一具体的文化提出。

对这两个问题的第一部分，答案显然是肯定的，即中国文化有其内在的传承机制和自愈机制。要说明的是，传承机制与自愈机制是两个彼此相对的理论分析概念，在实践中，两者是相互包含，相互作用，相辅相成的。传承机制侧重指在相对稳定的社会环境中文化传统的延续机制；自愈机制侧重指在由于自然或人为原因而陷入危机时，一个文化如何通过其内在的生命力渡过危机，从而继续传承发展的机制。

---

① 有关中国文化是目前持续不断发展的、有着最长历史的观点是近半个世纪以来研究该问题的中外学者的一个普遍共识。除中文著作外，另见，Arnold Toynbee. 1955. *A Study of History*. 12 vols. Oxford University Press; Paul S. Ropp. ed. 1990. *Heritage of China: Contemporary Perspectives on Chinese Civilization*. Berkeley: University of California Press. P. x; Nancy Jervis. 2006. What is Culture? The University of the State of New York (http://emsc32.nysed.gov/ciai/socst/grade3/anthropology.pdf); Joshua Mark J. 2012. "Ancient China". *Ancient History: Encyclopedia*. (https://www.ancient.eu/china/).

（1）传统的传承机制

如果承认中国文化有着内在的传承机制，就可以进一步将此机制分解为：发生机制（如多起源交融机制）、发展机制（如在新环境下对新文化的吸收和融合机制）、维系机制（如以礼俗为主要形式的日常教化机制）。因为一个文化传统能否持续取决于其实践者的选择，所以，传承机制的关键在于实践者。因为实践者之所以实践是为了构建和维系个人和群体的认同，所以，其行为是希望对该群体的认同有意义。因为认同的意义体现在个体的"生活"意义中，所以，日常生活的核心反映出的是该群体集体认同的核心。因为对此核心的持续维系，该群体才得以保持和传承其认同。因为在传承进程中有新文化被吸收，旧传统被抛弃，而其核心认同相对稳定，所以，不变的是具有生命力的核心符号，可变的是有现实意义的有效性随机符号。对中国文化来说，上述的文化精髓表现为核心符号，也是传承机制和自愈机制的基础。

在日常生活中，中国文化的核心符号表现为：以节庆和禁忌等形式敬祖和祭祖的灵魂不灭观，以孝悌和婚姻生子等形式强调的家庭观，以"食补""风水"等习俗体现的天人合一和趋吉避凶观，以"面子""关系"等观念维系的"大一统"社会和谐观，以及"好客""和而不同"等概念中体现的包容观，等等。其中，以多神崇拜为基础的文化兼容性使中国文化在根本上有别于一神崇拜的排他性文化，也是中国文化得以持续传承的根本原因。

依此逻辑，中国文化从"炎黄"之合便奠定了以汉文化为主体的"多元文化一体"或"中华民族多元一体格局"。[①] 在中国历史上，曾经存在许多文化群体（如"百夷"），但是，这些文化群体中的很多现在已经成为历史文化符号，融合在中国文化之中了。在过去的两千多年里，

---

① 费孝通主编：《中华民族多元一体格局》，中央民族大学出版社，1999。

中国文化吸收了佛教、伊斯兰教和基督教等宗教文化，形成了以儒家伦理为核心的混合文化体。今天，中国文化也在吸收喝咖啡、吃快餐、穿西装、过情人节等外来文化的过程中，发展了喝茶、传统小吃、唐装或汉服、中国情人节（七夕节）等传统，将核心符号的意义赋予有效性的随机符号，进而展示和维系了生命力（如以中国传统的人际交流方式和观念来兼容和利用西餐和西服等）。

在中国文化的维系层面，以"经学""道学""私塾""科举"等"礼俗"形式的"入世""教化"体系融入了整个社会的日常生活和规范制度中，当然也成为重要价值观和认同核心。如今，"高考""公考"，以及"国学""读经"和"过节"等多层面的文化现象也都在维系着相同的核心体系。可见，中国文化之所以持续，的确是因为其中有着独特的传承机制，而且，这个机制仍在积极运作中。这个机制的关键就是对核心信仰与价值观体系的维系，表现为对根植于这个体系的核心符号的强化和不断重构，以及对有效性和随机符号的有机利用。或者说，这是以"民俗认同"为主线，以"传统"融合不同文化群体，在"和而不同"中达到传承传统的目的，进而构建了个人和群体认同。

（2）文化自愈机制

一个文化传统在其传承进程中会因为各种原因而陷入危机，进入社会和文化的边缘阈限阶段，对未来迷茫困惑，甚至会对其传统感到自卑和自否。这时，如果该文化能守住精髓，重建自信，回归其文化之根，并利用各种契机（随机符号），为认同符号赋予新的意义，重构认同，便会渡过危机，获得新的生机，得到进一步的发展，甚至成为与时俱进的新文化。这便是"文化自愈机制"的运作过程。那些没能渡过这种危机的文化，便消失在其他文化之中，这些消失的文化或是因为其缺失自愈机制，或是其自愈机制受到极端制约而无法运作。

中国文化在历史上经历过许多危机，甚至有相对长的一段时间被有着不同信仰与价值观体系的文化群体所统治，但最终，如今天所见，中国文化在各种危机中凭借其自愈机制而克服困难，并获得新生，成为人类文化史上最有持续力的文化。①

从上述的传承机制可见，自愈机制的根基也是中国文化的核心信仰与价值观体系，但在运作方面则会在传承的基础上，因所处的危机状况而突出强调这几个方面：本土化、遗产化、传统化。其具体表现是：

本土化的基础是"和而不同"的兼容性，而不是排他性。从日常生活中可以看出，中国文化的传承是以其精髓为中心的"礼俗"教化进程。②"礼"突出的是伦理观，"俗"强调的是共同的生活方式和习俗，即"民俗认同"。因此，其传承机制的主线是"民俗认同"，而不是以"血统"为基础的"种族主义"下的"民族认同"。中国历史实践证明，"炎黄子孙"象征的是经历了多文化融合后所形成的文化群体。中国文化根基之一的"家"观念（包括"家族"或"氏族"概念）也是基于"跨家族""跨氏族"的"姻亲"制而维系的。这些就再次说明，民俗认同，而不是"种族"下的"民族认同"，才是人类文化曾经走过的路，而以血统为根基的"种族主义"等概念只是近五百年来殖民主义的

---

① 另见，阿诺德·汤因比（Arnold Toynbee）：《历史研究》，郭小凌、王皖强、杜庭广、吕厚量、梁洁译，上下卷，上海人民出版社出版，2010。针对中国文化的讨论，汤因比的宏大理论的弱点之一是对中国文化的核心信仰与价值观体系的忽视，未能深究中国文化持续至今的根本原因，而将延续的原因笼统地归结为"创造性少数"（Creative Minority）所运用的儒家和大乘佛教思想。中国文化的多神崇拜奠定了其对新文化的吸收的基础，而阴阳宇宙观和生活观构成了追求"和而不同"之"久"的包容心态。

② 关于教化，其本质是通过文化，即日常生活中的礼俗，来与不同个体和群体交流并互相影响，以达到对共同的礼俗的认同（当然，这个"标准"在不同时代有不同的内涵，但其核心是以儒家为代表的核心信仰与价值观体系）。例如，从"诸子百家"时代的"华夏"与"夷狄"之辨，到近现代的"野蛮"与"文明"之分，都是把文化作为区分标准的，而不是基于"血统"。

产物。故此，本土化体现的是以民俗认同为核心的文化适应与文化兼容及其传承，在此进程中，通过核心符号和随机符号来重构个体认同、群体认同，以及国家认同。

遗产化的概念包含了历史化的含义，其核心是以"遗产"为载体或媒介，构建"历史感"，重构文化认知的时空范畴，重建"过去"与"现在"的联系，并以此建立与时俱进的新认同感。从中，通过"遗产"重构与"祖先"和"权威"的关系，在构建"想象的历史"中强化对现实的敬重和历史感。所以，遗产化不仅是物质层面的，也是精神层面的。通过遗产化，文化的生命力得到强化，传承机制和自愈机制得到协调。

中国文化自商周形成的"改朝换代""天命"等观点成为这层意义的理论基础，并通过"破旧立新""移风易俗"等实践有机地协调了"过去"与"现在"的关系，将"历史"转化为"遗产"，进而将"现实"合理化，而不是因为将"历史"与"现实"联系为一体，以致成为"现实"的"包袱"。因此，遗产化或历史化是文化自愈机制的重要方面。否则，便会出现新的社会危机或加重社会矛盾。目前美国社会所面临的如何对待建国者，如乔治·华盛顿、托马斯·杰斐逊等人蓄奴问题，如何对待内战时的李将军或曾是蓄奴者的塑像的问题，以及如何对待那些目前在许多大学都有的以曾是蓄奴者的名字命名的建筑物问题等，都说明了因为这个社会还没有健全的自愈机制，无法将"过去"与"现在"有机地"遗产化"或"历史化"来协调关系，所以导致了日益激烈的社会矛盾。这类问题不是政治立法所能解决的，因为基于某种意识形态的法律只是该信仰与价值观的外在表象。

同理，传统化也是自愈机制的有机部分。当遗产化构建起合理的、对历史的距离感时，传统化又将此距离之两端有机地联系在一起，成为构建群体和国家认同的合理基础。其表现形式可以通过"传承人"机制来巩固该传统，或是通过日常生活中的各种有意义的实践行为来维系，例如，做一盘"传统""地道"的菜，庆祝一个"传统"或"现代"节日，给孩子讲述一个"神话""典故"，引用一句"老话""古诗"，参拜一座"古寺""故居"，手书一封信件或一副"对联"，以及举办或参与一次"满月""婚礼"或"葬礼"，等等。

正是这些基于"民俗认同"来维系群体认同符号的实践才促成了传承机制，特别是自愈机制的运作。这些表象不但在个人和群体层面非常明显，在国家层面也同样突出。例如，当中国人的日常生活面临"洋火""洋油""洋皂""西装""西餐"以及"西化"等实物与概念的冲击时，如何避免"自卑""自否"，重获"自信"和兼容新事物新观点的能力。① 的确，"进口"与"国产"、"传统"与"现代"等概念在任何一个国家和文化中都有着各自不同的意义，其内涵随着历史而变化。

3. 中国文化自愈机制的表现

基于上述的理论框架，可以更清楚地认识中国文化或"传统文化"在传承进程中的自愈机制。文化自愈机制是内在逻辑；文化自卑、自否、自觉、自信等都是外在表象。内在决定外在；外在反映内在。内在对外在的影响取决于历史的政治经济和社会条件；外在条件构成激发内在动力发挥作用的环境。内在是根，相对稳定；外在是表现，相对多变。外在变化提供创造并维系多文化交融的条件；内在的根决定在多文化交融中对核心符号与随机符号的取舍。内在和外在都反映在实践者的日常生活中。内在是实践者集体文化的潜意识基础；外在是实践者进行有效性选择的条件。实践者的有效性选择是为延续正在实践的传统，而

---

① 参见，黄有东："从'文化自卑'到'文化自信'"，《中华文化论坛》2005年第3期。

根本上是对其根文化的认同和维系。实践者的取舍表面上是为了获得新的文化认同途径，实质上是其认同之根的必然反映。

表象存在于日常生活之中，而日常生活是基于民俗认同的个体认同和群体认同的实践，是对认同的核心符号与随机符号的运用，由此达到构建新认同的目的。从国家角度看，重构国家认同的进程也是同样的。对此，可以从历时性和共时性两方面来认识和分析：

（1）传统文化之根

从中国文化内部的历时性角度看，中国文化的发生或起源机制奠定了包容多元信仰和融合多样群体的基础。其表象有：对"三皇五帝"的始祖崇敬（也是构建国家认同的前提）；对"夷戎狄蛮"（包括"少数民族"）等词语的语义和认同概念层面的不断重建（如从中性到贬义，再到中性的意义附加和修正）；对"五代十国""蒙元""满清"等"历史文化"的"大一统"对待；对近代的"五族共和"和当代的"兄弟民族"等概念的理顺，以及当下利用"龙的传人""炎黄子孙"等概念重构国家认同的努力，这些都是同一逻辑的延续，都是围绕着中国文化的核心信仰与价值观体系的。其中的"和而不同"突出体现了中国文化的杂糅性和兼容性，"移风易俗"则体现了与时俱进地重构民俗认同以便凝聚群体，有效地进行"传统化""遗产化"和"本土化"的实践进程。在这个过程中，基于共同生活方式的民俗认同是主线。违背这个逻辑的实践（如元代的以"血统"划分社会阶层制度；个别国家在近代的"种族隔离"制度），终究会被抛弃，成为历史上的极端特例。

中国近二百年来的历史尤其证明了这样一个历程：传统文化在其传承进程中，有时因为外力影响而陷入危机的时刻，出现自卑自否的情况，但因为其强劲的内在生命力，一旦物质条件允许，便重获自觉、自信，达到自愈，从而回归到传统文化之核心。但是，这里所说的"回归"不是排他性的"抱一"或"道出于一",而是能兼容"新旧中西"的"道出于二",①从而达到创新成"三"的新文化。②当前对文化自觉和文化自信的讨论,以及"非遗"运动便是这样的一个表现。由于在国家层面对"非遗"概念的本土化利用,中国的民众有机会参与到对自己传统的主动认同活动中(如"申遗"过程)。这不同于过去被动的参与。例如,由于20世纪初对"西历"的非正常引进,即不是通过文化互动交融"自然地"从民俗认同层面吸收,而是由官方来强制实施,导致了传统节日被排除在日常生活之外,打破了正常的传承机制。而这样的局面直到21世纪初才因借助"非遗"概念和其他机会得到改变,即部分传统节日(如,清明、端午、中秋)在2007年获得了官方地位,与其他公共节假日一样有假期,并得到不同文化和地域群体的自我选择的庆

---

① 历史学家罗志田在讨论新文化运动前后有关"新旧中西"之辩时,引用王国维1924年的话(《王国维全集》,浙江教育出版社、广东教育出版社,2009,第14卷,第212页):"自三代至于近世,道出于一而已。泰西通商以后,西学西政之书输入中国,于是修身齐家治国平天下之道乃出于二",并指出,"'道'本应是普适于天下即全人类的"(罗志田:《道出于二:过渡时代的新旧之争》,北京师范大学出版社,2014,第5页)。其核心意思是中国文化在立于根本之上的可兼容性是中国文化之独特,也是其有生命力之因。这里"二"的含义可以理解为基于"二"的宇宙观(如阴阳观)而利用"二"的矛盾对立互动获得动力,生出适应新环境的"三"。这也体现了中国文化的哲学根基之一,即老子一二三哲学。

② 一个文化在经历了多文化的冲击后而能持续发展,其实说明了它的兼容性,由此所发展出的是一种"第三文化",因为不变的文化是没有生命力的。有关"第三文化"概念的论述,详见本书第十讲。另见,画家毕建勋在探讨画道时认为,老子一二三哲学不仅是探讨某一领域的理论工具,"同时也是宇宙之道,也是事物的普遍真理,也可以作为处理其他事务的一般性哲学方法"(毕建勋:《画道精义》,现代出版社,2017,第29页);但是,"不是有多少二就会有多少三,不是所有的二都能够成为三"(毕建勋:《一二三论哲学》,现代出版社,2018,第220页)。其中,所生之"三"便是在内外因素互动中产生的新文化(例如,今天之中国文化不同于一百年前的中国文化,但其根本是共依的"一";在中国的中国文化不同于在海外的中国文化,也是"一二三"的关系,但海外的"中国文化"不一定就永远是由相同的"一"而生成的"三",也可能是所形成的"三"已经是新的"一",只是没有合适名称或"非常名"的新文化)。这也是"第三文化"概念(详见第十讲)的哲学支撑点。

祝。故此，以传统节日为核心符号的民俗认同机制也是文化自愈机制运作的一种表现。

中国文化的根基是"中国人"对上述的核心信仰与价值观体系的认同，这构成思想和价值观上的正统，而同时，依据地域等差异形成的多元民俗认同构成了实践上的正统，二者相辅相成。例如，丧葬仪式在不同地区的不同实践，便是"核心统一下的形式多样性"的表现。没有这个机制，就没有中国文化。相反，在近现代历史上，在欧洲社会中的"民族主义"驱使着政治上的"民族独立"，而忽略文化上的联想。在非洲摆脱殖民统治后，许多国家的建立也是违背了文化传统发展的逻辑，由此造成了当前诸多以"民族"为"国家"的"独立"运动，如上所述，因为有些国家的成立是由欧洲殖民者以其自我利益为前提"安排"的结果，这就注定了后来的政治动乱和社会分裂。这些都是在西方的文化逻辑下产生的必然结果。这套逻辑的基础便是殖民主义和种族主义，以及后来出现的民族主义。而中国文化的实践历史展示了不同的逻辑规律。那么，不同文化、语言和信仰，在什么程度上不可调和，不可共存？以此为理由的政治分隔，在什么程度上可以将共同的民俗认同也分隔开来？为此，需要反思的是，这样做是否符合其文化内在的传承和自愈机制？能持续吗？最终目的是什么？最终受益者是谁？

（2）传统文化的当代实践

从共时性角度来看，中国文化在不同的历史阶段有着不同的文化交融圈，也体现了当时的"宇宙观"和"世界观"。从以"中国"对应"夷戎狄蛮"之"四海""天下"，到以"西洋""西方"对应"东方""世界"，再到今天的"地方性"对应"全球化"，中国文化一方面要不断重构其内部文化群体的认同关系，即维系"中华民族多元一体格局"；另一方面也要拓展和协调与人类多元文化的关系。

中国文化虽然是以"汉文化"为主体，但其中各个文化群体的关系是明显的：你中有我，我中有你。例如，没有"胡服"等就不会有后来融合出的"唐装""旗袍"，没有"羌笛""奚琴"就不会有"竹笛""二胡"，等等。因此，中国文化，是在多文化群体对共同的文化核心有了共同的认同之后，以"民俗认同"为实践主体再整合形成的多元一体文化。以地方性"民俗认同"凝聚起来的国家大"传统"，反过来再以国家认同来维系各地域性的民俗认同及其多样性。所以，中国内部的各"族"认同问题如果以"民俗认同"来认识，便是符合其发生和发展逻辑的，否则便陷入由外来的"民族"概念所引起的"魔圈"困境。这是因为，当中国文化在近代历史上陷入危机时期，精英们在困惑中寻求"救国""自愈"时，他们引进了西方的"民族""民族主义"概念，试图以现代西方话语来阐释中国的历史。但是，因为这些概念的西方意识形态背景，它们不但没有缓解中国的社会矛盾，反而加重了不同文化群体之间的冲突。① 可见，现有的"民族"研究范式已处于危机之中。②

在中国文化史上，"尊孔"与"批孔"的循环转换典型地体现了中国文化的传承机制和自愈机制。因为以孔子为代表的儒家价值观是中国文化传统之主体，所以，"批孔"的时代便是该文化陷入自否的危机

---

① 参见，周平："民族国家认同构建的逻辑"，《政治学研究》2017年第2期，第2页。有关"中华民族"与"少数民族"的概念关系问题，已经引起越来越广泛的重视。参见，马戎："重构中国的民族话语体系"，《中央社会主义学院学报》2017年第2期；"'中华民族'的凝聚核心与'中华民族'的共同历史"，《北京大学学报》2008年第5期；"理解民族关系的新思路——少数族群问题的'去政治化'"，《北京大学学报》2004年第6期；王明珂："反思性研究与当代中国民族认同"，《南京大学学报》2008年第1期；周平："中华民族：中华现代国家的基石"，《政治学研究》2015年第4期；"中华民族：一体化还是多元化？"，《政治学研究》2016年第6期；麻国庆："明确的民族与暧昧的族群"，《清华大学学报》（哲学社会科学版）2017年第3期；等等。

② 参见，张小军："'民族'研究的范式危机——从人类发展视角的思考"，《清华大学学报》（哲学社会科学版）2016年第1期。

时期，而"尊孔"则是自愈和回归的表现（也是因为中国文化的内在逻辑，"孔教"从未成为中国的"国教"）。同理，自卑自否否定的不仅是自己的根，同时也是在迷惘中极端排斥或极端接受某种外来文化以求渡过危机的表现；自愈和自信包容吸收的是一切有生命力的积极文化因素，同时又清楚自己的根基何在。对待"迪斯科""麦当劳"等新文化现象的态度的转变也是同样的例证。当盲目崇尚某种外来的文化时，常常同时否定的是自己的传统。当"广场舞"吸引了不同年龄和职业的男女老少，当"麦当劳"成为与中国本土的不同菜系类似的"地方菜"时，表现出的是基于传统对一切新文化的包容和自信。的确，"星巴克"在中国越是流行，中国传统的茶馆和茶文化等在经济、艺术和日常生活层面也越是得到了发展。

　　当前，在诸多方面对传统的重建和实践也是中国文化自愈机制的运作表现。其中有些是来自官方的努力，有些是来自精英的倡议，有些则是来自民间群体的自觉。例如，对"成人礼"的维系和重建，对传统节日、公共节日、宗教节日和官方节日的恢复和改造，对"文化搭台，经济唱戏"的利用，对各种"文化节"的举办，对历史古迹与主题公园等的结合改建，以及"传统文化进校园"和"传统文化进社区"等等，都是通过民俗认同来重构地方认同，由此巩固国家认同的表现。毕竟，中国文化就是不同地方文化的聚合体。以地方文化为核心的地方认同重构，不仅持续传承了地方传统，也为中国文化注入新的生命力。例如，以"刘基文化"为中心的"刘伯温传说"和"祭祖"成为两项国家级的非遗项目。由此，有着几百年历史的地方文化特色又借助这个国家平台，将地方传统与国家认同紧密联合起来。而这样的地方认同实质上就是民俗认同，由此凝聚到一起的不仅是当地的群体，也有那些生活在各地，对该民俗传统有认同的个体和群体。

　　对于生活在中国之外的，以及对中国文化有认同的个体和群体来说，中国文化的传承和自愈机制也是他们维系个体和群体认同的基础。对于他们而言，有了对根文化的认同，就不再有身份认同的困惑和焦虑，而且，个体的多重身份认同已经成为新的日常，被社会广泛接受。在日常生活中，对于有着不同的地域、方言、信仰、年龄或职业的个人来说，构成新的群体的前提就是民俗认同。有了民俗认同，才有了"海外中国"的"海外华人"对"中国文化"的认同。同时，由于中国文化的兼容性，以民俗认同凝聚起来的群体超越了信仰与"血统"，这使得中国文化的生命力得到进一步巩固。例如，中国文化中的婚姻观，特别是关系到海外的跨文化婚姻，是以对文化的认同为基础的，而不是以血缘为基础的，所以，不论是父亲还是母亲，只要有一方认同，孩子就可以被视为，或自认为华人后裔而对中国文化有认同感。（同样，在中国国内，在跨"族"婚姻中，孩子的"族"认同由各自家庭根据地域、经济、政治等多方面因素自选。）这些都是依循中国文化内在逻辑的传承和自愈机制的表现。

二、文化自愈机制在保护非物质文化遗产中的实践

2003 年传入中国的"非遗"概念标志着一个历史性的转折。当然，这是一个渐变的过程，始于 1985 年中国加入《保护世界文化和自然遗产公约》(1972)。通过"非遗"这个转折点，中国人开始了对中国文化的理性认识过程，也开始激活其内在的自愈机制。最核心的自信表现是对外来文化的"包容"和"并置"，而不是全盘接受或全盘排斥的"革命"行为。这是进行"中国特色"的改造，将异文化和新文化"本土化"。但是，"非遗"本身并非灵丹妙药，因为它产生于特定的文化价值体系，也揭示了人类多元文化价值的矛盾。其中的核心问题是，"非遗"

概念中的"普世"价值观完全是建立在西方价值观的基础之上的。

"非遗"的出现有着特别重要的世界文化背景。1972年，联合国教科文组织通过了《保护世界文化和自然遗产公约》（以下简称"《公约》"），但是，该《公约》执行的"标准"的基础是西方的价值观；只有受到西方价值观认可的"世界文化和自然遗产"才能被列入此名录。经过四十年的实践，对"遗产"的选择和评定的"普世"价值标准愈来愈受到非西方国家的质疑。于是，2001年，联合国相关组织发布了《世界文化多样性宣言》，2005年由联合国教科文组织通过，成为《文化多样性公约》，其目的是修正之前的"普世"标准。[①] 基于同样的目的，2003年，该组织发布了《保护非物质文化遗产世界公约》（2006年生效），即本文所指的"非遗"或《非遗公约》。至此，这三个公约（1972，2005，2006）是目前世界上最重要的文化公约。但是，美国等个别发达国家没有加入这些公约。其原因不仅仅是价值观的判定标准，也有相关的经济利益问题，同时，也说明在"文化多样性"和"非遗"等概念上，西方世界内部也有不同的理解和态度。2016年，颁布《非遗公约》的组织通过了《保护非物质文化遗产的伦理原则》。这充分说明在整个对人类文化遗产的保护进程中，都存在着不同的价值观的冲突。

无论如何，"非遗"的积极意义在于，它特别唤醒了第三世界或发展中国家的文化自觉和自信，加强了世界范围内对文化多样性的认可、接受和保护，并使发展中国家为保护自己的传统文化而自豪。这些方面都极为明显地体现在中国的实践上。当然，必须承认，中国的"非遗"运动是与中国的经济发展相辅相成的；"非遗"中的许多问题常常被掩盖

[①] Sophia Labadi. 2013. *UNESCO, Cultural Heritage, and Outstanding Universal Value: Value-based Analyses of the World Heritage and Intangible Cultural Heritage Conventions*. Lanham: Rowman & Littlefield Publishers; Lourdes Arizpe and Cristina Amescua. eds. 2013. *Anthropological Perspectives on Intangible Cultural Heritage*. NY: Springer.

在对 GDP 的追求之下。或者说，不应该忽略经济基础对文化自信的重要作用——没有经济基础的文化是难以持续发展的。

1. 文化自信在日常生活中的表现

文化自信来自对传统文化的自觉认识，能够从中辨析历史和传统中的精华与糟粕，进而发扬精华，从而在与外来文化的互动中找到共生共存的出路，达到文化自愈。文化自信的核心和最终表现是"本土化"，即通过吸收和包容，在"和而不同"中将异文化融合为自己的多元文化的一部分，度过社会阈限和文化阈限期，最终建立新的日常生活模式。这些表现可以从国家、精英和民众三个层面来认识。

（1）国家层面

从国际角度来看，"中国正成为文化遗产保护大国"（世界级"非遗"有五十余项）。具体表现在这些行动步骤上：2004 年，中国加入《非遗公约》；2005 年，国务院《通知》设立"文化遗产日"（2017 年改为"文化和自然遗产日"）；2006 年，公布第一批国家级"非遗"名录（至 2015 年已经有五批）；第一批传承人名录（至 2015 年已经有五批）；2011 年，颁布《中华人民共和国非物质文化遗产法》。这些动作，对建立国家、省、市和县四个级别的"非遗"名录和保护制度，都发挥了指挥棒的作用。

作为这个时代最有智慧的结果，也是中国文化自愈机制的表现，中国创造了具有"中国特色"的"社会主义市场经济"模式，并持续发展至今。这个模式便是在坚持有中国特色的社会主义的"计划经济"的同时，发展"市场经济"。从历史上看，这显然是中国文化多元"并存"模式的再实践。可以说，如果不是这个制度，中国的经济就不会有今天的国际地位。

对应于这个经济模式，最突出的政治政策是针对香港（1997）和澳门（1999）"特别行政区"的"一国两制"政策的实施。这是极大的政治自信的表现。世界上任何国家都没有过这样的先例。如果没有中国文化中"有容乃大"与"和而不同"思想，中国的政治局面不会是这样的。"社会主义市场经济"和"一国两制"均是把在西方智慧看来完全对立的两个部分，并置于一个结构之中，不仅使它们能够并存，还可以相得益彰，有机发展。

在涉及核心信仰和价值观方面，中国政府与梵蒂冈的关系经过16和17世纪的发展，以及之后三百多年的对立（即"礼仪之争"），至今已经有了很多缓和。① 中国的基督教徒数量和教堂数量有了极大增加，而同时，其他信仰场所和机构及其信徒也不断增多。中国政府有关信仰的政策也有了明显调整。

有关信仰方面的政策变化是"非遗"的重要影响结果之一。在保护"非遗"的过程中，具体的做法是对"非遗"的分类，但是，现有的十个分类中没有"信仰"。而本书论及的最关键问题是中国文化中的核心信仰与价值观。那么，如何理解"信仰"没有被界定为一个"非遗"类别的现象？答案就在遍及全国乡镇和都市的"庙会"和类似的实践之中。

例如，河北石家庄赵县范庄的龙牌会是传统民俗文化活动。范庄人自认为是勾龙的后代，视范庄为勾龙的故乡，并制成"龙牌"来敬仰供奉。每年农历二月初二，范庄都要举行盛大的祭龙活动，周围十余个

---

① "礼仪之争"是天主教教史上的重大事件之一。直到1939年，梵蒂冈，即罗马教廷，才撤销对中国教徒祭祖的禁令。1954年，中国成立中国基督教三自爱国运动委员会，并在国务院下成立国务院宗教事务局。1980年，中国基督教协会（China Christian Council）成立。这是中国基督教会的全国性教务组织，接受国务院宗教事务局的依法管理和国家民政部的社团管理监督。1988年，中国基督教协会正式加入世界基督教协进会（World Council of Churches）。1998年，国务院决定国务院宗教事务局更名为国家宗教事务局，下设不同分部负责各个主要宗教。近年，各种迹象表明中国与梵蒂冈的关系有所缓和。

县的各式民俗艺术家也前来助兴演出，共同表达对龙的崇拜。20世纪六七十年代，这样的地方传统被视为迷信，被禁止。后来得到了恢复。在"非遗"运动中，为了成为"遗产"，地方政府利用过去举行崇拜仪式的寺庙建立了当地的文化博物馆。于是，出现了一个建筑物有两个名称的现象。① 通过这样的策略，这个活动项目在2007年被列为省级文化遗产之一（目前在申报国家级）。至今，各地的许多庙会已经成为国家级、省级和市级"非遗"项目。同时，以庙会为博物馆，以祠堂为文化中心等"双名制"或类似的"多名制"充分体现了中国文化的"兼容"和"并置"，② 是文化自愈机制的一个重要运作行为。

（2）精英层面

在精英层面，最大的变化是从20世纪末的文化思辨出发的对中国文化核心信仰与价值体系的再认识和回归：精英们认识到"全盘西化"不是符合中国文化逻辑的出路；只有对异文化进行"本土化"后的"和而不同"思想才有助于中国文化的健康发展。这也是文化自愈机制运作的开始。在此过程中，借助公共媒体，精英们前所未有地参与了国家文化政策的修改和制定。例如，中国政府在民俗学者的建议下，于2007年将部分传统节日纳入国家节假日体系，这便是对过去一个世纪的极端"西化"行为的修正。③

---

① 高丙中："一座博物馆-庙宇建筑的民族志——论成为政治艺术的双名制"，《社会学研究》2006年第1期。

② 吕微："民俗学的哥白尼革命——高丙中民俗学实践'表述'的案例研究"，《民俗研究》2015年第1期。

③ 参见，中国民俗学会、北京民俗博物馆编的《节日文化论文集》（学苑出版社，2006）和《传统节日与文化空间》（学苑出版社，2007）；另见，Fang Xiao. 2017. "The Predicament, Revitalization, and Future of Traditional Chinese Festivals". *Western Folklore* 76 (2): 181–196；高丙中："作为一个过渡礼仪的两个庆典——对元旦与春节关系的表述"，《中国人民大学学报》2007年第1期。

民俗学者参与"非遗"运动,也创造了中国民俗学学科发展的机会与动力,由此发挥了其他不同国家民俗学在国家建设中的作用。当然,未来发展的机遇与挑战共存。① 从 20 世纪初的"民族主义"精神到 20 世纪末中国寻求在新的国际环境下重构国家和"国家认同"以及"中华民族"的"民族认同",这期间贯穿着同样的矛盾:中国传统的价值观与西方的现代价值观可以并存吗?现代科技与传统的生活方式可以共存吗?中国传统文化的生命力能否在全球化和现代化中持续?民俗学者在文化自愈进程中该发挥什么作用?这些都是民俗学科所面临的新挑战。寻找这些问题的答案恐怕必须去关注民众的日常生活,看他们如何在吸收不同文化元素时维系自己的根。

(3)民众层面

民众的日常生活体现了一个时代的文化自信程度。或者说,每当政府和精英真正关注民众,尤其是那些弱势群体的日常生活实践,包括其对传统的传承实践时,这个社会展示的才是正确的文化自觉和文化自信。这些表现可以说明,在维系文化之根的基础上的创新才是有生命力和自信的真实表现。

在民众的日常生活层面,通过政府和精英执行的"文化搭台,经济唱戏",加上"非遗"进入日常消费生活,中国百姓对"非遗"的认识可能超出了世界上其他任何国家。"非遗"不仅是政治词语、文化词语,还是经济词语,甚至是日常消费词语。当然,重要的是,它也是文化协商的话语。其中,媒介的作用尤其不可忽视。下面几个例子可以说明民众在获得文化自觉和自信过程中参与文化自愈的行为表现。

例如,有关"外国人"的日常言语表达。曾几何时,中国人对欧

---

① 高丙中:"民俗学的中国机遇:根基与前景",《广西民族大学学报》(哲学社会科学版)2015 年第 5 期。

美人的称呼有两种文化信息：一种是自卑的，如"洋人""西人""贵宾"，以及"外宾"等；一种是自大的，如"鬼佬""洋鬼子"，以及"番人"等。直到21世纪，"外国人""老外"等称谓，或"美国人""日本人"等，才进入官方和民间的话语。这体现的是趋于平等的文化交流观。

例如，当前的"大妈舞"或"广场舞"流行于各地的公共空间。它吸引的不再仅仅是"大妈"，而是处于各种年龄、有着各种背景、来自各种行业的男男女女。它不只是一种民间娱乐形式，同时还体现了民众在获得文化自觉和自信后，通过民俗活动创造生活意义的方法。这是传统地方舞蹈（如秧歌）和西方现代舞蹈（如华尔兹）在经过1980年代后的融合，进而创造出的新文化。这里所体现的自愈，不仅是国家文化层面的，也是群体和个人层面的，特别是个人作为公民的平等权利的体现，是对自我认同和文化传统的自信。2017年国家体育总局发布了《关于进一步规范广场舞健身活动的通知》，这也有助于整个社会对身体民俗与性别民俗的再认识（详见第九讲）。

"麦当劳"等西方"现代生活"符号在中国的发展也证明了中国文化的"包容"和自信。从"正宗西餐"到"快餐"再到"垃圾食品"，中国人的认识从"崇拜"转向了更客观的看法（接受西方的"垃圾食品"说法）。同时，各种西餐或快餐也注定会成为与中国本土的不同菜系并列的一种"地方菜"。有意义的是，当各种外国餐饮在中国流行的同时，中国地方的、传统的，以及创新的菜系菜肴也有了更大的发展，而不是让位于外来的饮食。

再如，圣诞节的"中国化""本土化"或"在地化"。除了商业化的层面外，中国人将"苹果"与"平安夜"联系在一起，也是中国文化中的谐音象征的一个典型例子。此外，还有将"平安夜"与"守年夜"联系在一起，将长青的"圣诞树"与金黄的"摇钱树"联系起来，等等。

可以肯定，"圣诞老人""圣诞树"等圣诞节符号在中国将会越来越"中国化"。"观音菩萨"不是到中国后成为"送子"的"女性"了吗？

2. 文化自愈机制的运作实践

如前文所述，一个文化在从失去文化自觉到获得文化自信的过渡过程中，其内驱力体现出的是文化自愈机制。对中国文化来说，自愈机制的核心是"本土化"——基于核心信仰与价值观体系，通过适应和吸收新文化，从而构建与时俱进的新认同。这些认同存在于个人、群体和国家等多个层面。这个机制所表现出的几个方面不是独立存在的，而是有机地融合为一体的，具体可从这几个方面来看：基于"和而不同"的多元文化并存的价值观；民俗传统以遗产化和产业化为发展方式；通过本土化达到多文化和谐共存的现实。

（1）"和而不同"的多文化并存机制

作为中国文化的核心信仰和价值观体系中的一部分，"和而不同"的多元文化并存机制，在生活实践层面，让中国文化成为人类文明史上少有的延续不断的文化特例，并且至今仍然具有强大的生命力。这一机制的核心是那些认同"中国文化"和"文化中国"的"中国人"（或"华人""华裔"；泛称 Chinese)，对其"根"（如前文所引用的1958年的《为中国文化敬告世界人士宣言》中所论）的认同与维系。无疑，"中国"和"中国人"都是几千年来多文化群体融合的结果。"中华民族"（或"中华文化"）的"多元一体格局"（费孝通语）正确地概述了中国文化发展历史。所谓"正宗""纯正"或"本真"等概念无非是权力构建的话语。今天，人类历史清楚地表明，维系文化传统的是吸引和包容不同文化及其实践者的"民俗认同"——共同的生活方式是群体认同及其传统的基础和前提，而不是基于"种族"或"人种"的"民族认同"；对"中国文化"的认同，其前提是对此文化的认同，而不是将是不是"中国人"这个"血统论"（如，所谓的"种族"或"民族"或政治身份）作为前提。

（2）"非遗"事项的遗产化和产业化

"非遗"在中国成功"本土化"的实践证明，它离不开两个必要的"变压器"：一个是"遗产化"，另一个是"产业化"。这两个方面在文化自愈机制中，如阴阳平衡机制一样，成为相辅相成的矛盾体。遗产化可以理解为传统化的一种表现。

其实，"遗产化"机制始终是中国文化发展机制的一个必要部分。在中国文化中，对传统或过去的人物及传统事象的遗产化，是获得权威和话语权的一个必要过程。因为中国文化中，"尚古"和"尊老"根植于"祖先崇拜"的核心信仰（即灵魂不灭）之中。那些"传承下来的"就比"新的"有更大的权威和权力，也更容易得到实践者的认可，由此可以更好地将传统传承下去。同时，这也意味着，遗产化了的传统在现实中需要"仪式"（本身就包含着神秘力量）来发挥其权威作用，从而得到敬重。这也是中国"礼"（或"礼仪""礼俗"）文化的核心。中国民间生活中的"神"许多都是历史人物的"遗产化"的结果，如，广为流行的"关公"崇拜（即关羽从历史人物到战神再到财神）。"遗产化"的逻辑和机制直接服务于维系日常生活的"日常化"，也就是保持与传统的连贯性，将现行的传统与外来的文化结合起来，使其本土化。

中国文化的"文化发展"就是"文化生产"，就是"产业化"的进程。在中国历史上，文化产业发展与自给自足的区域经济模式是融合在一起的。将文化"商业化"也是平民日常消费生活所必需的。在现代大规模的商业经济模式下，许多传统的（手工）"产业"模式无法存在，自然要创造出适合当代的新"产业"。产业化不只是商业化，它强调的是对传承人的培养，对传统手工艺品的生产，即对传统艺术（表演）的实践，并通过在公共空间的展演，达到对文化遗产的重要性开展公众教育的目的，以便在经济和文化层面消费传统，最终获得文化自觉和自信。把传统界定为"纯正"或"本真"（"原生态"）、非营利，或"神圣"的，从而对立于追求"利润"的或"世俗"的商业化，这本身是构建出的抽象的理论命题，脱离了现实。没有经济利益支持，就没有传统的发展；传统总是与现代性携手共进的。中国的实践似乎证明，"产业化"为保护那些濒临消失的"遗产"提供了有效的途径。文化产业化，包括"非遗"产业化，这是解决民生问题的一个重要方法。一方面，它可以改善相关民众的物质生活；另一方面，也为消费者提供了传统文化的精神生活意义。同时，也在个人、群体以及国家层面提供了构建或重建文化认同的条件。这也意味着其中的一个关键问题是要协调好传统的手工产业与现代商业产业的关系。

　　传统的消失与否，其根本原因在于它自身的生命力。或者说，那些基于核心信仰和价值观体系的传统具有相对稳定的生命力；反之，那些不是根植于这个体系的习俗，则更多地依赖于其有效性或实用性才能够出现或延续。当社会经济条件变化时，那些更多地基于有效性的传统就自然会消失。

（3）以"本土化"达到文化和谐

　　如上所论，中国文化的自愈机制的最高表现就是对新文化以"和而不同"的方式进行具有"中国特色"的改造，最终达到"本土化"的创新。的确，上面提到的民众日常生活中的本土化事例说明，这种创新也丰富了人类文化的多样性。例如，历史上的"三教合一"和佛教的"中国化"丰富和巩固了中国文化的根基。近现代的马克思主义（或马列主义)"中国化"、"中国特色"的社会主义、"一国两制",以及进行中的"圣诞节中国化"和"中国情人节"等日常生活现象,都说明了这是中国文化自愈机制的必然结果。

对本土化问题,有必要从形式和目的两方面来认识。在形式上,表现之一就是对新文化元素的"中国特色"进行"命名"或"译名"。在这方面,中国语言文字发挥了独特而重要的作用,即以谐音象征达到意义的包容。另一种方式便是以"改名"或"双名制"("多名制")来缓解文化冲突,达到"和而不同",形成"并置""共存"的事实,如上面所列举的那些对西方节日和饮食的反映。能够做到这些,必须有足够的文化自信,并遵循内在的文化逻辑。

在内容上,本土化必须基于外来文化元素与本土文化元素的内在联系上。例如,在唐朝,大量外来的故事随着佛教的兴盛被融入中国文化,其根本原因却是这些被融入的故事在类型和母题上与中国过去已经存在的故事有着极大的相似或相关性。由此,本土化通过为原有母题和意义注入新的生命力和有效性而强化了本土的多元信仰和价值观,也丰富了本土的文化表现形式。

总之,在认识文化融合的问题上,必须清楚的一点是,不存在"纯正"或"本真"的传统;所有传统都是多文化的融合体。正是在混杂中才有新文化,即"第三文化"的产生。由此可见,"本土化"在目的上不是对立,不是有你没我;而是你中有我,我中有你。这也正是人类文化发生和发展的本质和规律。

3. 中国的"非遗"实践经验与人类文化发展历程中的自愈机制

通过审视中国的"非遗"实践和中国文化的自愈机制,我们也可以反思人类文化发展的历史。在人类文明的发展史上,许多曾经存在并辉煌的文化现在只存在于文献中，或是被深深地融合在其他文化中，成为象征符号。其原因可能有二：一是因为某种原因，该文化群体的成员无法延续或不再实践其传统，故其文化载体不存在了；另一个原因是该文化体系中缺少或无法激活其自愈机制——例如，遇到外来文化的较强大的冲击时，失去了自己的语言，改变了传统的信仰和价值观体系，彻底失去了自己的文化。不论是哪种情况，其关键都是对自己的文化之根的迷失。这些现象似乎在我们当今的后殖民时代依然继续着。近五百多年的殖民与反殖民历史就突出了这一点。我们有理由相信，联合国的多个公约，在一定程度上，便是对这个历史的再认识和修正的结果。在这层意义上，中国文化利用了这个历史机遇：在对根的回归中，通过激发内在的自愈机制，为当代实践注入新的生命力。

近两千年来，人类文化的传承与发展似乎可以概括成这样两种模式：一个是基于一神信仰的机制，可称为"中心-边缘"的二元对立论；一个是基于多神信仰的机制，可称为"和而不同（共生共存）"论。前者以犹太-基督教文化为代表；后者以儒家文化为代表。虽然中国文化是人类持续不断发展几千年的文明之一，并展示了其内在的自愈机制和生命力，但是，目前所面临的危机也是前所未有的。这里所说的两个体系，有各自的维系机制，但当两者相遇时，其冲突是明显的、严重的。中国文化在过去的一千多年里一直是这两种模式的"交战"之地，但是，每当中国文化能够回归其根，便展现出有效应对挑战的文化生命力。21世纪的今天便是一个例证。

反思历史和分析现实是为了更好地为未来做准备。当在国家层面具有一定的政治和经济条件时，文化自愈机制不仅有助于国家认同的构建，更有益于对平民百姓的个人身份认同的重建。例如，"广场舞""自驾游""个体经营""出国游""咖啡屋""快餐店""个性设计""常回家看看"等新民俗现象，反映的不仅是国家认同得到发展下的个体的经济和思想自由,更是个体认同中的心理层面的重建,所以,这也是个体和群体层面的心理自愈行为。

　　所以,对中国文化自愈机制的探讨也是认识和理解不同文化传承机制的一个有益途径。中国的文化自愈机制也表明:在应对"全球化"浪潮时,要坚持维系人类文化的多样性,在和而不同中多元发展,而不应在"全球化"的浪潮中被"统一化"。人类文明正是在多元化和多样性的互动中,而不是在"统一化"或"标准化"中发展和丰富起来的。"非遗"运动的全球化趋势迫使我们反思:是否存在适于所有文化的一种"普世"价值标准?不同文化的内在生命力和自愈机制如何在新时代发挥作用?人类文化的多样性将会如何持续?

第四讲　过渡礼仪与日常生活中认同的构建与维系

【本讲包含的关键概念】

过渡礼仪；人生礼仪；巫术；边缘礼仪；仪式边缘与社会边缘；过渡礼仪与认同的重构与维系；身体过渡；心理过渡；日常生活；认同

仪式研究是民俗学的一个重要领域。各种庆典、公共集会、公开展演、体育赛会、岁时节日、人生礼仪、宗教活动等都可以从仪式角度来分析。仪式研究是一个笼统概念，过去以宗教仪式和非宗教仪式分类，但20世纪后半叶的仪式研究打破了这个界限。在仪式与非仪式之间常常是以神圣与世俗来界定的，尽管神圣与世俗在不同文化中有不同定义。

过渡礼仪是仪式的一种，主要是从结构上的划分，通常包括从"分隔"到"边缘"再到"聚合"的三个过渡阶段。因此，人生礼仪、岁时节庆、移民迁徙等是最常用过渡礼仪理论模式来分析的行为。鉴于这方面已经有了一些深入讨论[①]，在此只侧重介绍和讨论有关过渡礼仪模式和

---

① 参见，张举文："重认'过渡礼仪'模式中的'边缘礼仪'"，《民间文化论坛》2006年第3期；阿诺尔德·范热内普：《过渡礼仪》，张举文译，商务印书馆，2010。

人生礼仪的一些理论与应用。

　　阿诺尔德·范热内普在其1909年出版的《过渡礼仪》(Les Rites de Passage)一书中界定和归纳了"过渡礼仪模式",从此,这个理论成为民俗学、人类学、心理学等学科的基础,是对整个学术界的重大贡献。他运用"生物学"的系统性概念和模式来研究民俗,基于许多文化的民族志资料,归纳出"过渡礼仪模式",因此也具有了一定的普遍性。同时,范热内普对民俗的界定特别强调对不同群体的习俗的研究,在方法上寻求民俗实践的整体规律。邓迪斯曾评价说,倘若建立民俗学家名誉榜,范热内普无疑居首,因为"也许可以公平地说,民俗学分析性著作对学术界所产生的影响没有一部可超过这部经典研究"[1],因此,"过渡礼仪模式"已成为民俗学的重要理论之一。[2] 遗憾的是,《过渡礼仪》在1909年出版后,直至1960年英文译本发表,[3] 几乎一直处于默默无闻的状态。而英文翻译中将法文的"边缘"(marge)翻译成"过渡"(transition)则极大阻碍了学界对这个理论模式的理解与应用。[4]

---

[1] Dundes, Alan. ed. 1999. *International Folkloristics: Classic Contributions by the Founders of Folklore*, Rowman & Littlefield Publishers, Inc. Pp. 99-101.

[2] Dundes, Alan. 2005. Folkloristics in the Twenty-First Century (AFS Invited Presidential Plenary Address, 2004). *Journal of American Folklore* 118 (470): 385-408. P. 388.

[3] M. A. Vizedom and G. I. Caffee. 1960. *The Rites of Passage*. Chicago: University of Chicago Press.

[4] 有关这个关键概念的翻译问题,详见上述的张举文的讨论(2006)与翻译(2010),另见,Zhang Juwen. 2012. Recovering Meanings Lost in Interpretations of Les Rites de Passage. *Western Folklore* 71 (2): 119-147。

一、过渡礼仪模式与应用

过渡礼仪概念概括了人类生活的普遍规律，因此也被称为过渡礼仪模式。范热内普认为，无论是个体在一生中还是群体在生存发展中，在空间、时间以及社会地位上都时时经历着从一种状态到另一种状态的过渡，特别是在两个精神世界（即平凡或世俗与神圣或宗教；现在生活的世界与死后生活的世界）之间的过渡。在这些过渡进程中，为了解释对人生和自然的疑问，不同文化群体的人们发展出各具特色的行为方式来满足自己的好奇或安慰自己的恐惧心理，由此出现了各种礼仪。范热内普将这些过渡行为从各种仪式中归纳出一个共同的仪式进程，将其界定为"过渡礼仪"。

过渡礼仪进程包括两个层面的三个阶段：在身体（或物质空间）层面，有分隔礼仪、边缘礼仪以及聚合礼仪；在心理层面，有对应的阈限前礼仪、阈限礼仪以及阈限后礼仪。身体上和心理上的过渡阶段常常是不一致的，这就导致各种困扰和危机出现，从而又突显出对仪式的需求。

过渡礼仪是仪式的一种，换言之，并非所有的仪式都可以用此模式分析。有些仪式属于非过渡性礼仪行为，如防御礼仪等。而且，不同民族和文化都有着特定的伴随人一生的过渡礼仪。此外，根据范热内普的看法，过渡礼仪不仅包括人生礼仪，也包括一些其他种类的过渡礼仪，如岁时、节庆、旅行、巫术（如治病驱邪）以及"首次礼"等礼仪。因此，过渡礼仪与人生礼仪是两个不同的概念，两者有重合的部分。

过渡礼仪模式对理解和分析人生礼仪尤其有益。在对过渡礼仪的理论模式的运用中，重要的是划分过渡进程中的各个阶段，理解它们之间的关系。其中，有两个方面尤其重要：进程结构和边缘礼的内涵。

在结构上，过渡礼仪可以从多层次来分析。其基本结构可图示为：

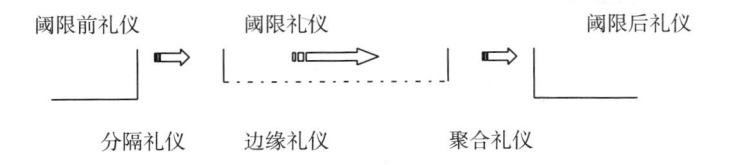

```
阈限前礼仪        阈限礼仪              阈限后礼仪
  └──┐ ⇒     ┌─ ▫▫▫▫ ⇒ ─┐     ⇒  ┌──
     │       └─ ─ ─ ─ ─ ─┘        │
  分隔礼仪      边缘礼仪          聚合礼仪
```

以人生礼仪为例，第一层可以理解为是从生到死的进程：出生前（求子礼等）、出生（诞生礼）、成人（冠礼、订婚礼等）、结婚（婚礼）以及死亡（丧葬礼、祭礼等）。对其中某个阶段的礼仪还可以进行第二层的解析，如在结婚礼中可以进一步分为，相亲、求婚、订婚、娶亲、婚礼、生育等礼仪，其进程体现出"六礼"或相应的阶段。还可以对婚礼本身进行第三层的划分，有迎亲、拜堂、婚宴、入洞房、闹洞房、回门等礼仪。对婚礼日又可以进行第四层的分析，有下轿、拜堂、入洞房等礼仪。进一步，还可以对拜堂礼本身进行第五层的分析，将拜堂前、拜堂过程中、拜堂后的行为理解为分隔礼、边缘礼、聚合礼。通过这样的多层次结构剖析，可以确认整个仪式的核心所在。当然，不同的当事人或群体可能对这个核心有不同的理解，有的会认为"拜堂"是整个婚礼的核心，有的会认为"揭盖头"最重要，还有的会认为"入洞房"是关键。由此也说明了对礼仪的阐释依赖于特定的文化和社会背景，同时，局内人和局外人也会有不同的阐释。

边缘礼仪的内涵是理解过渡礼仪的关键。边缘有两层意义：一层是仪式性的边缘，一层是社会性的边缘。仪式性边缘是象征性的、暂时性的，而社会性边缘是社会制度和结构的现实反映，具有一定的稳定性。对边缘礼仪的理解要特别关注以下几个方面：

边缘过渡的时间性与空间性：范热内普强调的是礼仪的进程规律。其中，仪式的时间概念不一定与自然的时间概念和社会时间概念完全重合。例如，上面提到的"十二岁""十八岁"或"三十岁"生日是生理的自然时间概念，但在不同社会时间概念下，都可以是"成人"的标志，而在仪式中，不管多大年龄，都同样要以"新成员"的身份经过必要的进程。此外，在传统社会，地域或空间的边缘性过渡是相对封闭的，即新成员（如未成年人）在经过边缘礼仪后再聚合到原来的群体中，或者一个成员从生到死都在一个相对稳定的地域。在现代社会，开放的直线性地域或空间的边缘过渡则更具代表性，即一个个体从生至死始终在向新的地域或空间过渡，并不断加入新的群体。

边缘过渡的社会性（即个体与群体的关系）：范热内普在《过渡礼仪》中对传统社会中"个体与群体"在仪式进程中的关系做了较彻底的分析。但是，在现代社会或跨文化背景下，个体和群体的角色有些新的意义，即社会意义上的"多数"族群与"少数"族群之间，或"主流"与"边缘"之间的过渡。所以，对当今多民族文化互动的社会，有必要将仪式的个体性、群体性、巫术-宗教性、民族心理性、政治经济性以及地方与全球性等方面综合起来去分析各种仪式行为。这意味着在关注跨文化或民族的互动中的"身份认同"问题时，应考虑到中心-边缘、主流-少数、主人-客人、本地人-外来人（移民）等变化进程的社会意义以及个体和群体通过仪式所获得的"认同"等问题。例如，在"移民潮""民工潮""农转非""跨国婚姻""跨国收养"等社会现象中，个体与群体所经历的过渡要从仪式性边缘和社会性边缘两个方面去分析。

边缘过渡的心理因素：范热内普认为"巫术-宗教性"礼仪具有人类心理发展的普遍性，其中，宗教是理论或观念，巫术是表现宗教的方式。[①]人类学家张光直指出，"巫-萨满"是中国古代文化的根基。[②]因此，

[①] 参见，阿诺尔德·范热内普：《过渡礼仪》，张举文译，商务印书馆，2010，第11—12页。

[②] 参见，张光直：《美术、神话与祭祀》，郭净译，辽宁教育出版社，2002。

对传统的礼仪行为的认识就不能脱离这层文化心理意义。尽管不同文化的发展途径和阶段有所不同，但它们都体现出自身文化的特定心理，展示出与特定时代的伦理或宗教的结合与发展。例如，汉文化中"三天不分大小"的"闹洞房""社戏"等过渡仪式与其他文化的狂欢节，表现的就是不同的文化心理。

概括来说，在理解和运用过渡礼仪模式时，这几个方面值得进一步考虑：

"边缘礼仪"是"过渡礼仪模式"进程中最重要的一个阶段，"边缘"的含义尤为重要。范热内普指出："凡是通过此地域去另一地域者都会感到从身体上与巫术-宗教意义上在相当长时间里处于一种特别境地：他游动于两个世界之间。正是这种境地我将其称为'边缘'，而且，本书目的之一就是证明，这种精神上和地域上的边缘会以不同程度和形式出现于所有伴随从一个向另一个巫术-宗教性和社会性地位过渡之仪式中。"[①] 当然，仪式中的"边缘"概念不同于社会意义上对应"主流（中心）"的"边缘"概念。前者是仪式性过渡的行为方式，是每个文化群体及其成员都要经历的；后者指社会结构状态，是政治经济发展的产物。因此，不能静态地看待过渡礼仪中的"边缘"，但可以将这个概念应用到对一些社会现象的分析中。

"过渡礼仪模式"的界定前提是"礼仪"和"仪式"概念，即具有巫术-宗教性、象征性、过渡性的人类的行为，但并非所有仪式行为都应该被视为"过渡礼仪"。同时，对"落后""原始"或"野蛮"等基于政治经济立场的界定不同于上述基于人类共性的阐释，不可将过去与现在、普遍与特殊、个体与整体隔离开来，对立而言。

"过渡礼仪模式"是一种仪式进程模式。按照范热内普的界定，"过

---

① 参见，阿诺尔德·范热内普：《过渡礼仪》，张举文译，2010，第15—16页。

渡礼仪模式"本身不但包含人生过渡中的礼仪，而且也概括了岁时节庆、"首次礼"等所有适合该模式的礼仪。过渡礼仪模式在结构上含有多个层面，即每个阶段还可以分划出较小的过渡礼仪进程模式，从中发现最核心的礼仪行为，以便分析单一或整个仪式行为的意义。"过渡礼仪模式"在关注礼仪行为的同时，也强调对心理、语言、信仰、经济和社会政治等方面的分析，以解释仪式行为的意义。如果简单套用此模式也许可以回答个体或群体的行为"是什么"和"怎么做"等问题，但不能回答"为何如此"这一关键问题。

作为一个经典概念和理论模式，"过渡礼仪"已经对许多学科产生了重要影响，也证明了它有着很大的潜在应用范围，特别是在对人生礼仪的分析中。但是，在应用这个理论模式时，对具体的礼仪行为的分析必须要基于其文化、社会和历史背景。除了对人生礼仪和宗教仪式的分析外，过渡礼仪模式还适用于对移民、社会庆典、体育活动、公共展示以及一些日常生活行为的分析，"打工""移民""搬家""换工作""春运"等行为就是日常生活中的例子。

在应用过渡礼仪模式时，对其中的"边缘礼仪"或"阈限礼仪"的行为分析，有如下几个值得考虑的方面：

1. 边缘过渡的时间性：需要说明，范热内普特别注意边缘礼仪进程中的时空过渡。然而，这一点常被忽视，因为当提到"阈限"活动时，人们注意的是特纳（Victor Turner, 1920—1983）的思想，可那是有别于范热内普的思想的。例如，特纳所发展和定义的"阈限性"以及"反结构"，其中极其重要的因素是在进入"阈限期"后，参与者便"无时间性"、"无身份"、不受年龄和性别以及社会地位的"结构"限定，如狂欢节、中国的婚礼中的"三天不分大小"等"社戏"时刻。正是在这种"时间外的时间"（time out of time）里，民俗传统才得以传承和发展，人类文化才得以创造。而范热内普关心的是当一个礼仪进行时，它的进程规律，以及某礼仪在整个仪式过程中的作用。所以，从大社会的角度，即非直接参与者的角度，边缘礼仪本身经历着时间的过渡，同步于大社会和自然的过渡发展。另外，虽然参与者在"阈限"中处于"无时间、无身份"的状态，但在结束后，他们并不是回到起初的时间，也无法回到仪式前的时间，无论此阈限期是多么短或长。这个"无时间"与范热内普的"时间"其实是不矛盾的，而是观察的角度的不同。

2. 边缘过渡的空间性：《过渡礼仪》的第二章"地域过渡"明确讨论过渡礼仪的空间性。边缘礼仪正体现出"分隔礼仪"与"聚合礼仪"之间的边缘性过渡，尤为明显的是空间的过渡。然而，在范热内普的"半文明社会"中，地域或空间的边缘性过渡是封闭性的，即新成员（如待成年人或旅行者）在经过边缘礼仪后再聚合到原来的群体中。在现代社会中，开放的直线性地域或空间的边缘过渡更具代表性，即一个体从生至死始终在向新的地域或空间过渡，不断加入新的群体。范热内普关注的主要是地域空间的边缘性。但是，如果从社会空间或心理空间来分析诸如节庆（如祭祀等行为）和散居民（如移民和"民工潮"）的活动，边缘礼仪模式同样有益。

3. 边缘过渡的个体性与群体性：《过渡礼仪》的第三章"个体与群体"对两者进程模式的相似性做了较彻底的分析。需要强调的是当将此理论模式应用于现代社会或跨文化背景下的礼仪分析时，个体和群体的相对角色获得了在"半文明社会"所没有的新一层意义，即社会意义上"多数"族群与"少数"族群的对应过渡，或"主流"与"边缘"社会地位间的过渡。换言之，现代社会中个体在社会地位间的过渡更频繁和繁杂，却并未引起相应的注意。例如，在现今的"过年"或"春节"活动中，个体性礼仪行为在家庭或家族的范围内的中心作用愈发被社群（社区群体）以至国家行为所替代（主要由于媒介技术）。另如，在"移民潮""民工潮""农转非""跨国婚姻""跨国收养"等社会活动中，个体与本群体和其他群体的关系便不同于相对封闭的社会中的关系。

4. 边缘过渡的社会性：范热内普所关注的是"半文明社会"的礼仪行为模式。在当今多民族多元互动的社会中，有必要将礼仪的个体性、群体性、巫术-宗教性、民族心理性、政治经济性以及地方与全球性等特点相联系来认识上述各种社会活动。这意味着在关注跨文化或民族的互动中的"身份认同"问题时，应考虑到中心-边缘、主流-少数、主人-客人、本地人-外来人（移民）等变化进程中的礼仪行为和社会影响，以及相应的个体和群体对该社会的"认同感"或归属感等问题。

5. 边缘过渡的心理因素：这层意思必须从某文化的原始发展以及人类共性两方面来认识。范热内普认为巫术是宗教思想的表现技法，这是人类文化的总体层面上的认识。在具体文化中，仪式化的行为则突出体现为某个文化的独特信仰与价值观，以及社会规范。对个体来说，社会化进程便是通过一系列过渡礼仪，从心理上和身体上（即行为上）来适应这些社会模式。但是，这个过程中总是充满了冲突，突显出个体和社会文化心理的差异，特别是在青春期阶段的"成人"与"做人"方面。个体心理因素在过去是被忽视的部分，现在，各种心理学理论都在强调如何调和个体在社会化的过渡进程中所产生的矛盾。

6. 边缘过渡的文化（历史和社会）因素：尽管礼仪行为被认为在"半文明社会"较繁复，在文明社会较为简单，且神秘性更弱，但是不难发现，对传统仪式行为从巫术和宗教性（即"半文明-文明"或"原始-现代"）的概念上进行二分是没有什么意义的，因为那些体现该文化的核心信仰与行为的礼仪仍在借助各种现代媒介对个体和群体发挥着重大作用，表现着相似的文化心理模式。许多社会现象表明，现代科学的发展并没有减弱现代人对巫术-宗教性信仰的需求，也没有减少具有巫术-宗教性的过渡礼仪的行为。例如，现代人的生日庆祝、婚礼、葬礼，以及节庆等都随着经济改善、技术方便、群体内部成员多元化、交际范围扩大等因素而更加复杂。

二、过渡礼仪与人生礼仪

如上所述，人生礼仪是过渡礼仪模式中的一种，但人生礼仪也是中国文化中的一个传统概念，在古代中国是与其他仪式融合在一起的，而不是作为单独的分类。

人生礼仪的类型，可以从时间意义上划分为这样几个阶段：诞育礼、成人礼、结婚礼、生日礼、丧葬礼以及祭礼。但是，不同历史阶段和社会文化中有着不同的类型划分。例如，对现代社会青少年的学校教育，在社会意义上产生了前所未有的变化，形成了从"幼儿园"到"小学""中学""高中"和"大学"等特定阶段的"入学礼"和"毕业礼"。而当代的十八岁的"成人礼"也不同于古代标志成人的"冠礼"和"笄礼"。

人生礼仪的结构，除了时间上的阶段性外，还可以运用"过渡礼仪"模式从结构层面来分析。第一个层面可以是有关人生过程中的"诞生""成人""结婚""死亡"四个主要阶段。有些信仰中也涉及"轮回"等概念，有其特定的"生死"以及"他界"或"彼岸"的概念，但也是镜像人生的这几个阶段。第二个层面可以对以上某个阶段做进一步的划分。例如，涉及"诞生"的有"求子礼""孕期礼""庆生礼"以及"养育礼"等。涉及"成人"的在古代有"开笔礼""冠礼"和"笄礼"等，在现代有"上学礼""毕业礼""成人礼""参军礼"等。有些地区有着不同的"成人"概念以及相应的民俗传统，例如，山西有些地区特别庆祝十二岁和三十六岁生日，有些彝族地区女孩在十五岁左右举行"换裙礼"，苗族和纳西族等有为十三岁生日举行特别成丁礼的传统，徽州有些地区庆祝三十岁生日。涉及"结婚"和家庭生活的在古代有"六礼"，现代有"订婚礼""婚礼""回门礼""蜜月旅游""集体婚礼"以及"寿诞礼"等。涉及"死亡"的有"丧礼""葬礼""祭礼"等。在第三个层面，还可以更进一步地划分。例如，"庆生礼"可以包括"接生礼""洗三礼""命名礼""满月礼""百日礼""抓周礼"等。每个礼仪还可以划分出更多的层次。

人生礼仪的功能，除了广义的民俗功能外（见第一讲），也有着仪式的一些具体和特定功能，可以概括为这几个方面：

1. 作为一种交际模式：人生礼仪构成面对面的人际交流以及人与神的精神交流。例如，在求子礼和孕育礼中，有着人与神灵和（尚未出生的）胎儿的沟通。在丧礼中，有着人与（尚未转化为灵或祖先的）死人的沟通。同时，人生礼仪也有社会群体交际功能，即举行仪式的群体与相关的群体的互动。这些都体现和满足个体与群体的心理和社会需要。从这个意义上说，人生礼仪也是一种公共展演行为。

2. 作为一种社会实践和协调社会紧张关系的手段：人生礼仪是社会结构关系整合以及社会行为规范化的进程。对礼仪的每个参与者来说，这些礼仪具有社会化的教育功能，可以规范和强化该群体或社会的伦理与行为准则，维系社会结构的稳定性。无论是从狭义的宗教层面，还是从广义的信仰层面，人生礼仪也具有传承整个社会的信仰体系的功能。在这一过程中，人生礼仪的公共性和权威性得到群体或社会的认可，各种权力、利益和力量也得到调整或再分配，由此，个人、群体、社会冲突或各种紧张关系可以得到解决或缓解。从个体角度而言，通过成人礼和婚礼等礼仪，每个参与者，特别是受礼者，得到新的家庭和社会角色，重构或维系特定身份认同。

3. 作为一种认同和传承传统的方式：人生礼仪是为了辅助家庭、群体和社会的延续。每当一个婴儿诞生，他或她都被期望成为该家庭或群体的合格成员，由此传承家庭或群体的传统。通过人生礼仪，传统的、现代的、局内的和局外的等多种文化元素得到整合与融合，使原有的传统传承下去。这表明了传统是动态的进程，而不是静态的结果。无论是生于该群体或是从其他群体转换到该群体的成员，都必须首先认同该群体的传统。这在"成人礼"阶段尤其明显。从个体角度来看，某个体也可以通过"加入礼"成为不同职业群体、特别爱好群体或年龄群体的成员。在西文中，"成人礼"与"加入礼"是相同的词（rites of initiation）。在不同社会中，各种"受洗""皈依""穿裤"或"穿裙""入会""拜师""晋职""就职"等"加入礼"都有着相同的功能。

4. 作为一种对个人心理的调节手段：在人生礼仪中，受礼者是礼仪的主体，也是礼仪功能的主要对象。但是，在个人心理和群体关系等方面，所有参与礼仪的人都获得了新的角色，各种关系得到整合。通过人生礼仪，紧张的社会关系得到协调和缓解，压抑或焦虑的个人心理得到缓解或释放。例如，在人生礼仪中都常常有"阴阳先生"或"算命人"来阐释各种仪式的"灵验"与"不灵验"，或者有各种"神谕"来解答受礼者的困扰。"闹洞房""哭嫁""哭丧"等礼仪（包括"下蛊"等巫术）都是个人和群体心理宣泄与调节的仪式行为。

5. 作为一种神秘化手段：人类对自我和宇宙的认识还是非常有限的。对于那些无法以传统知识来解释的现象，人们常常通过仪式来把它神秘化，以便得到"合理"的答案，达到上述的各种功能。人类在日常生活中会突然面对新现象、危机或灾难，需要借助超人的力量来解决或缓解这些问题，以便恢复常态的生活。对那些人类无法解答的问题进行神秘化是解决个体、群体或社会的各种紧张关系的一种有效途径。神秘化是一种宇宙观、哲学观，也是一种社会治理手段。如在传统社会中，人类把无法解答的现象都常归于"天"或"上天"的"安排"。当然，神秘化也是一种认知手段，体现不同文化中的不同认知方法。例如，存在于各种文化中的占卜也造就了对大自然的规律性认识。古代的幻想故事与现代的科幻文学也促使了一些有益的科学发现和发明。

　　总之，作为仪式，人生礼仪聚合了人类对生命和宇宙的敬畏、崇拜以及困惑等各种感性和理性认知。对仪式功能的认识不仅要从社会意义上看，还需要从认知科学（如心理学、语言学和神经学等）、精神信仰、文化地理以及社会经济和政治条件等多角度来分析。例如，从诞生礼到结婚礼之间，许多礼仪都是以传统的认知方式，包括某种宗教形式，来应对个体在成长中的生理和心理变化，以及在家庭和社会中的角色变化。同时，这些礼仪还可以促进个体的社会化，在整合和维系各种关系特别是亲属关系（kinship）的同时，帮助个体习得和适应社会规范。

　　人生礼仪中所运用的象征物包括礼物的馈赠，都突出地表现了一个社会的信仰与价值观体系、社会关系及地理环境和经济条件。这些象征物和礼物因社会和经济条件而有所不同，但象征的意义相对稳定，常常是代表着维系一个群体的核心行为规范和价值判断标准。例如，在婚礼中，家族和群体成员对新人未来生活的祝福和对人丁兴旺的期盼，通过大枣、花生、桂圆、莲子等象征表达出"早生贵子"的意思。而与新人有相似的亲属关系或邻里关系的群体成员，也通过相似的"随礼钱"或礼物维系他们在该群体中的身份认同。在丧葬中，各种器物和礼物所表达的都是对生命的珍惜、对逝者亲属的慰藉以及对神灵的敬畏、祈求，并通过祭品和随葬品表达该群体关于"彼岸"的世界观以及通过"祖先崇拜"表现"灵魂不灭"的信仰。

　　人类的仪式生活并没有因为现代科学技术而发生本质上的减少，而是以不同的方式表现出来了。例如，人类早期的巫术崇拜或万物有灵观依然可以从现代日常生活的一些仪式中看到：中国人过春节的"祭灶王"或"贴门神"；美国总统在每年"感恩节"的宽恕火鸡仪式；奥林匹克运动会中的"圣火"与"吉祥物"以及有些运动员对自己的服装和行为的特别仪式行为等。

人生礼仪中常有巫术性行为。巫术又被分为白巫术（white magic）和黑巫术（black magic）。前者是出于善意的目的，后者是出于恶意的或自私的目的。这种分类法是基于社会价值观评判的。从仪式活动的行为方式上来看，巫术可分为两种：一种是感应巫术（sympathetic magic），也叫模仿巫术（imitative magic）；一种是感染巫术（contagious magic），也叫接触巫术（magic of contact）。前者基于相似规律，以相同或相似的器物或行为，间接地把一种意志或意愿从一方传到另一方，以期达到目的。后者则是通过直接的接触来实现相同的目的。例如，在民间生活中，有些人将男童的画像贴在孕妇房间的墙上，以期生儿子；在祭祖时摆上各种食物，以期祖先享用；身上穿戴来自寺庙里开过光的器物，以期得到灵验；等等。现代流行文化中的追星族希望得到所崇拜的明星的亲笔签名或曾使用过的东西，以期为自己带来同样的好运或快乐。可见，巫术及相关心理常伴随着人生礼仪活动。

第五讲　民俗研究的基础："田野"概念与伦理原则

【本讲包含的关键概念】

1）民俗记录；"田野"；实地；走向民间；走在民间；方法论与意识形态
2）非遗记录；伦理规范；民俗影视记录中的伦理践行

　　民俗学的基础是民俗记录，通常以"田野"或"田野工作"来表示。但是，"田野"的内涵在不同时代和社会中是不尽相同的。在21世纪的中国民俗研究中，有必要首先反思这个概念产生的意识形态背景，然后再探讨如何基于中国民俗实践，摸索出合情合理并行之有效的方法。

　　特别是对"非遗"的记录、整理和保护，可以被视为是对民俗学的范畴与研究方法的又一次界定。在此过程中，伦理问题不仅是方法论问题，更是意识形态问题，体现了新的社会环境下的多文化互动中的新问题，包括对"启蒙""歧视""种族""殖民""文化挪用"等概念的重新认识与界定。

一、从意识形态范式角度对"田野"概念的反思

近几年在中国民俗学界出现了对如何重新认识或如何进行"田野"的讨论。以"有温度的田野"为题来讨论新时代的民俗学的核心问题，便显现出一个新导向。①这也表明了不少民俗学者在思考以"地方"为视角对人类社会和文化开展多维度的研究，因为，第一：在"地方视角""人类社会和文化""多维度研究"这几个概念范畴中出现了新的危机或矛盾；第二：需要寻找危机和矛盾的根源；第三：需要寻找解决这个危机的路径；第四：需要检验新的路径的有效性。

"田野"的概念有两层意义：意识形态的取向，以及具体的调查方法。对此，从20世纪初引介自欧洲的"民族学"（以及"社会学""人类学""民俗学"等相关学科）到20世纪中期的"民族识别"，以"民族学"（或"民族社会学"）②为研究方向的中国学者具体地将西方的理论与中国的现实相结合，归纳出一些符合中国现实的理论与方法。③有

---

① 例如，北京师范大学和山东大学在2019年联合举办两期"有温度的田野：以地方为视角"工作坊，部分论文随后发表于《民俗研究》的几期中。

② 例如，费孝通所指的"民族社会学"（费孝通：《民族社会学调查方法》，《从事社会学五十年》，天津人民出版社，1983；"民族调查方法的微型研究"，《民族文化》1982年第4期）在杨堃看来就是"民族学"（杨堃：《民族学调查方法》，中国社会科学出版社，1992，第7页）。

③ 这里以"民族学"为例，是因为在新中国成立前对"传统生活"或"民俗生活"方面的"田野"工作主要是"社会学"或"人类学"的工作，而在中华人民共和国成立后，有关"民俗生活"的"田野"主要是由"民族学"来参与的，特别是在"民族识别"运动中。这期间，民俗学的"田野"侧重的是"采风"性的"民间文学"工作，与今天所讨论的民俗学"田野"有着极大的不同。

学者在 1940 年代就指出过意识形态方面的问题，毕竟，"田野"或者叫"居住调查法乃是资产阶级民族学家们倡导的"。①

在讨论"田野"问题时，有必要首先从意识形态层面去反思这个概念的特定历史和社会基础，然后再结合特定文化去探讨具体的调查方法问题。或者说，第一步是要在调查者与被调查者之间建立同情与合作意愿，也就是今天所指的"有温度"或"共情"（empath，也是本工作坊中讨论的一个关键词），第二步就是具体的方法（例如，如何询问、如何倾听、如何记录、如何再现、如何发表等问题）。但是，首先要"正名"。

1. 名正言顺：从"田野"反思"民俗"及其他问题

从语义层面，"田野"和"field"都是对社会阶层的确认与维系，是对在生活方式和"文字"的掌握水平（与权力和机会）等方面的差异的再确认。由此，形成了"文化或文明"与"野蛮或落后"的二元思维框架。最初是客观现象的表述，后来发展为观念性概念，再进一步形成社会制度与政策，最后以此来维系已有社会与权力结构，其根本是维系既得利益阶层的权益。（这个逻辑也适用于对后来的种族主义和殖民主义的解构分析。）

例如，从中文语义上看，"田"与"野"都是相对的地域概念，后来附加了生活方式与社会阶层概念。② 从英文的 field 来看，该词是指与

---

① 杨堃：《民族学调查方法》，中国社会科学出版社，1992，第 13—14 页。杨堃在 1940 年代将今天惯用的"田野"（fieldwork）翻译为"居住调查法"或"局内观察法"。

② 如，田表示"农田"，同"佃"和"畋"。畋为猎取禽兽，本义打猎；攴，去竹之枝也，从手持半竹（《说文》）。另，古代五家为邻，五邻为里。野从里，指"郊外也"（《说文》）。另，邑外谓之郊，郊外谓之野（《说文》）。

第五讲　民俗研究的基础："田野"概念与伦理原则

居民中心对应的"农田"或"狩猎"之"田野"。① 从 17 世纪的欧洲工业革命开始，"先进"与"落后"的概念进一步强化。随后进一步殖民的开发又引发了基于"种族"的"文明"与"野蛮"概念。但前提是"种族"概念，即欧洲白种人有着内在的先进性和文明性，而非白种人则没有。在此二元范畴界定下，"民族"（ethno, nation）② 与"民俗"（folklore）及其"学"成为表述和论证"野蛮史"与"文明史"的"科学"。

从概念的字面上看，中文的"田野"与英文的"field"所表达的是一样的社会阶层差异。但是，背后的意识形态以及宗教信条是不同的。

19 世纪的欧洲，最突出的是"启蒙"或"文明化"进程。其意识形态基础是：欧洲的文明有着内在的"理性"和"优越性"，由此区别于"野蛮"的"种族"及其文化。为了进一步论证其优越性的"历史"之悠久及其"血统"之"进化"，就需要能证明其古老文明的证据。因为没有文字记载，那就只有从口头语言中寻找：语音的发展、语言内容等，而最有力的证明就是没有受到"工业化"污染的古老的乡下口头语音与语言及其所讲述的"历史"。这些内容便是"民俗"（故事、谚语、笑话等），便是一个"民族"的精华所在，是证明一个民族历史与文明之古老的证据。由此，"民俗学"（或民俗研究）也就成为"工具"，服务于上述的意识形态以及相关学科和理论的建立。

这期间，通过到下层民众中去搜集"口头故事"并形成"文本"，发展出了"田野工作"（fieldwork）的概念。其中，"田野"清楚地区别于"城市"，也区别于社会阶层地位，所代表的是"文明化"进程还

---

① 英语中的 field 有两个意思：一是，空旷或清理过的场地，特别是指适于农牧或耕作的田地；二是，一片宽阔和空旷的空间，通常用来种植庄稼或做畜牧场。古英语中的"feld"（open or cultivated land, plain, battlefield）与另外两个古英语词 folde（earth, land, territory）和 folm（palm of the hand）有关。德语的对应词是 feld；瑞典语的对应词是 falt。

② 将 ethno 和 nation 都译为"民族"本身不仅是语义问题，也涉及意识形态问题，中文学者要特别注意。

没有触及的地方。而"民"(folk)也是对应的概念，指那些在"田野"（而非城市）中生活的人。

在欧洲"文明化"进程中，有"种族"和"宗教"两个重要推动力，推动了"科学"的发展。例如，牛顿的科学研究前提是宗教性的。同时，15世纪开始的殖民主义行为和种族主义思想逐渐成为与宗教和科学结合的力量，以"文明"和"野蛮"将人类文化区分开来，以服务于已经占据统治地位的制度。

在中国文化历史上，"上风下俗"并没有对人和社会做出本质性区分，因为可以通过"移风易俗"使没有"文"的人被"文化"，而这个"文化"进程在本质上是伦理性的，而不是宗教性的。如在商周文化中（特别是对后世影响巨大的周代末期的儒家思想），以礼乐为核心的儒家等所谈论的"诸夏"与"野蛮"之"族类"的区别，其目的是要以诸夏之文去化解其他族类的风俗，以文"化"其风俗，即移风易俗。这也奠定了中国文化中的一个至关重要的意识形态基础，即中国文化的传承（从家族到国家）从来没有以血统的纯粹为基础，而是以"文"（以伦理行为为基础的价值观）来构成和区分不同群体的。这些群体是文化群体，而不是血统群体。直到"种族"等概念在19世纪末20世纪初传到中国后，中国的精英们才开始以"欧洲文明"的逻辑"解释"和"阐释"中国自身的文化和历史。由此，"田野"的概念，如同其他概念（如民俗、民族）一样，被视为一种方法工具概念，而不是意识形态概念。所以，20世纪中国的各个社会学科和人文学科（暂且用这两个学科分类概念）基本上是全盘引进和接受了西方"概念"，而没有甄别一些核心概念背后的意识形态问题。

进入21世纪，不论是从"民俗学"的学科角度，还是"科学"角度（如基因学对人类"种族"的新认识与界定），对一些基本概念的反思尤其必要，因为概念是思维的工具，是意识形态和价值观的表现，是在跨文化交流中话语权是否"平等"的表现。此时，有两条交叉的路可走：一条是继续维系已有的概念、政治和社会制度；一条是以现在的科学的和人类历史的事实去反思和修正在过去 500 年来所形成的以"殖民主义"和"种族主义"为基础的学科范式、价值观取向，以及信仰生活的权利等。

再比如，从学科领域的拓展来看，"都市民俗学"和"都市传说"等以"都市"为"田野"的研究视角已然成为民俗学必不可少的课题。[①] 同时，全球范围的"都市化"或"城镇化"的工业化发展使得以"田野"为中心的"乡村""怀旧"或"乡愁"等情结愈发突出。但是，学术的理性与感情的浪漫还是需要有个界定，否则，我们也模糊了意识形态和价值观的问题。

故此，本文提议以"实地"取代"田野"，为的是修正"田野"这个"范式性"的错位概念。在使用中，可用"实地调查""实地考察""实地观察""实地记录"。其实，"实地研究"和"实地工作"是人类学家李安宅在 1940 年代就使用过的词，以此翻译 fieldwork。[②] 民族学家杨堃则一直将 fieldwork 翻译为"局内观察法"或"居住调查法"。[③] 可见，他们都明确地避开了"田野"所包含的语义层面的误解。

通过使用"实地"这个概念，我们可以提倡将"民俗学者"与"研

[①] 例如，陶思炎：《中国都市民俗学》，东南大学出版社，2004；岳永逸："中国都市民俗学的学科传统与日常转向：以北京生育礼俗变迁为例"，《云南师范大学学报》2018 年第 1 期；"'杂吧地儿'：中国都市民俗学的一种方法"，《民俗研究》2019 年第 3 期；扬·哈罗德·布鲁范德：《都市传说百科全书》，李扬、张建军译，生活·读书·新知三联书店，2020。

[②] 汪洪亮："李安宅未刊手稿《十年来美国的人类学》及其解读"，《民族学刊》2019 年第 1 期。另，在该文中，李安宅也用"人本事业"翻译"ethnic affairs"。

[③] 杨堃：《民族学调查方法》，中国社会科学出版社，1992，第 13 页。杨堃所归纳的民族学调查法包括：宏观与微观相结合的调查方法；开调查会的调查方法；个别访问和观察；亲属称谓的调查方法；自传的调查方法；地图调查法；居住调查法（即"局内观察法"）；历史溯源法；统计调查法；综合调查法。其中，传统欧美人类学和民族学所采用的"居住调查法"（fieldwork）只是杨堃所指的"同吃、同住、同劳动"，以及"共同娱乐和共同学习"的方法。

究对象"视为平等的人和平等的阶级，具有平等的话语权，从而放弃"居高临下"的观念和态度。

2. "采风"与"做田野"的意识形态及其他问题：从历史上的中国到全球化中的中国

那么，面对"实地"（或暂且继续用"田野"），我们该如何行动？"采风"有着漫长的历史，而"做田野"或"下田野"是近代的新概念。特别是在20世纪初，在新文化思想运动的推动下，"走向民间"（以及"眼光向下"）成为知识分子"启蒙"民众的有效途径（如兴起于北京大学的"歌谣运动"便是民俗学在中国落地生根的开始）。今天，我们该如何理解和运用这些概念？

"采风"始终是指到"下层"社会或"眼光向下"地去采集"风俗"，而其中的风俗内涵有一部分是指"奇异"的习俗，并不是自己习惯的生活方式。当然，去采风的人首先是掌握"文字"的社会精英，由此才能"记录"下能表现某种现象的"证据"。"民俗"的表述意义在《史记》中已经"跟我们今天的民俗学的民俗概念近似"。① 而"采风""问俗"的目的是选择行为规范并灌输特定伦理。② 儒家的"大一统"思想

---

① 另见，《史记》中三处使用"民俗"：一是《周本纪》记载"耕者皆让畔，民俗皆让长"，指民间习惯；二是在《货殖列传》中的"民俗懁急"，指居民性格；三是《循吏列传》记孙叔敖的故事，有"楚民俗好庳车"的记载，指风俗好尚（司马迁：《史记》，中华书局，1982，第117、3263、3100页），转引自萧放："民俗传统与乡村振兴"，《西南民族大学学报》2019年第5期。

② 有关最早出现"民俗"的文献，可见，《礼记·缁衣》："故君民者，章好以示民俗，慎恶以御民之淫，则民不惑矣"（王文锦译解：《礼记译解》，中华书局，2001，第829页）；《韩非子·解老》也讲到"民俗"，"狱讼繁，则田荒，田荒则府仓虚，府仓虚则国贫，国贫则民俗淫侈。民俗淫侈，则衣食之业绝"（陈奇猷：《韩非子新校注》，上海古籍出版社，2000，第425页）。

便是希望达到"和而不同",即尽管生活习俗因地域而有所不同,但在伦理上是统一的。

纵观中国历史,"采风"是使用时间最长的概念之一。从《诗经》时代到1980年代民俗学重建后,"采风"一直是主导的术语和概念,有着"体察民情""采集民风""聆音察理"等含义。因此"民俗学"出现后,"采风"成为学科的研究方法,核心目的是搜集或产生文本,而文本是"民俗学"的支柱(对文本的搜集、分类,以及分析)。由于"民俗学"这些特性,其"学科性"曾经被(如博厄斯等)视为"服务性"的,而不是"分析性"的,民俗学是服务于人类学等学科的,是构成对人类历史的重构与分析的"史料"。

关于中国古代的"风俗"概念的内涵与演变,有的学者认为"风俗"等同于现在的"民俗",或包含了"民俗"的概念,[①]甚至"民俗就是风俗,民俗学家就是风俗学家"[②],因此可以将"风俗"视为"本土"的概念。[③]

而"做田野"便是"采风"的现代学术术语。两者都表明了重要的地域和社会阶层关系,也明确了行为方式(即文字记录)以及行为的施动者与接受者的关系。有一定差异的是两者的行为目的:在历史上,采风是为了问政、聆音察理,是社会治理手段,当然,其"副产品"便是文人们为日常生活"助兴"的诗词歌咏以及对奇闻轶事的"文化好奇"。到了"做田野"的学术时代,其目的是什么倒真成了需要反思的问题。是为了记录(记录是为了什么)?是为了分析(分析又是为了什么)?

---

① 参见,萧放:"'人情'与中国日常礼俗文化",《北京师范大学学报》2016年第4期;萧放、鞠熙:"实践民俗学:从理论到乡村研究",《民俗研究》2019年第1期。

② 参见,刘宗迪:"惟有大地上歌声如风",《读书》2004年第2期。

③ 参见,鞠熙教授在2019年5月的工作坊的发言稿《风俗:一个新概念的产生》,以及季中扬教授的发言稿《风土人情:"地方性"的民俗学视角》。

记录什么？分析什么？怎么记录？怎么分析？最终，是否达到了预期的记录和分析目的，而那个目的又是什么？进一步提问，民俗学的"做田野"与民族学、心理学、人类学、社会学等学科的"做田野"有什么差异？是方法上的还是理论观点上的差异？

中国的民俗学和相关学科（如人类学、社会学）是20世纪初从欧美全面引介的，其中最重要的是"民族主义"思想。这个思想正是中国在寻求摆脱殖民侵略、摆脱"异族"统治、走出贫困（即积弱积贫）的现实生活、建立新的国家的"导航"。因此，相关的"启蒙"和"理性"便成为良药，具体的实物就是西方的"科学"。但是，西方的科学与宗教是一对孪生兄弟。20世纪，当中国引进科学时，各种科学便在中国生根发芽了，然而宗教则只在概念上被接受了。到了20世纪末，国家政府有了"宗教司""宗教局"以及"宗教学院"等机构，可是西方的宗教概念与中国的历史上的宗教概念出现了严重冲突。当下，中国的许多相关研究领域都出现了这样的问题：学术概念与社会现实严重脱节。因为概念产生于西方（宗教文化和历史）或非中国的社会实践，而中国的社会现实在许多方面不同于其他社会（最重要的是信仰与价值观体系）。

20世纪初，中国的精英提出了"走向民间"的口号。这在一定程度上是被一种宣传所影响的结果：作为民俗学家的杰出榜样，著名的格林兄弟就是从民间搜集到了展现德意志民族优秀传统的民俗，特别是民间和童话故事，由此而推动了民族主义成为重建统一的现代德国的力量之一。被翻译为中文的《到民间去》（*Going to the People*）便是对19世纪末20世纪初中国精英"走向民间"的现象的解读。①

那么，"走向民间"（或"到民间去"，以及近些年使用的"眼光向

---

① 洪长泰（Hung Chang-tai）：《到民间去：中国知识分子与民间文学，1918—1937》，董晓萍译，中国人民大学出版社，2015。

下""朝向当下")这个概念有什么问题吗？①或者问，民俗学难道不就是"启蒙"民众的科学吗？民俗学难道不就是通过"做田野"去挽救濒临消失的文化传统的学科吗？

在回答这些问题前，首先要明确，民俗学家以什么去启蒙民众？要达到的目的是什么？其目的是理想的还是现实的？理想与现实（或理性与实践）的差异是否可以逾越？正如，当"天堂"或"地狱"被构建出来后，它是为了将现实的日常生活改变为"天堂"或"地狱"，还是为了"镜像"现实而使现实的日常生活有"希望"和"意义"？进而，谁有这样的权力和能力去"启蒙"他者？

这里，"启蒙"可以从两个层面去理解：一个层面是从纯理性的角度来理解，即知识分子可以将民众的"野蛮的"和"实践的"日常活动或传统引向"文明的"和"理性的"人类的行为；另一个层面是以二元对立的角度来理解，即知识分子是为了启蒙民众而存在的，而民众需要被启蒙才能从"野蛮"进化到"文明"。对此，从人类文化历史发展的角度上看，不可否认的是，知识分子或文化精英的确在一定程度上引导和提炼了民众的社会生活实践。但是，近代的"启蒙论"的最大问题是它将知识分子与民众视为对立而固化的群体，以静态的思维来认识现实。事实上，所谓的"知识分子"和"民众"——这两个群体通常体现在社会阶层概念中的上层社会与下层社会，但他们都是流动的。因此，以"眼光向下"或"走进民间"的态度去看待民众的传统实践，这本身是以固化的对立视角来看待传统及其实践者，并错误地认为："启蒙者"不是"民众"的一部分，民众没有理性去发现其传统实践本身所包含的

---

① 例如，赵世瑜：《眼光向下的革命》，北京师范大学出版社，1999；杨利慧："中国民俗学如何推进'朝向当下'的转向？"，《民俗研究》2014年第1期；王杰文："'朝向当下'意味着什么？——简评'神话主义'的学术史价值"，《民间文化论坛》2017年第5期；安德明："民俗学何以朝向当下"，《民间文化论坛》2018年第2期。

"文明"部分。事实上，启蒙者之所以能从民众中"发掘"出文明，正是因为民众以此来维系自己的传统，才使得这些世代积淀的人类文明传统得到传承。倘若民众没有能力提炼自己的传统实践，也就不存在启蒙者能发掘的文明了。同时，"启蒙者"之形成也正是受到民众的传统实践的滋润而成长起来的，而不是可以脱离其特定的社会和传统实践的。

作为民俗学的"启蒙者"之一，德国的浪漫民族主义哲学家、卢梭的追随者赫尔德就将"民众"（Volk）视为一个民族中的被统治者，而不是统治者，是一个民族中很少受到教育的，也是古代和现代都没有达到一定文明程度的人。赫尔德认为，"民众是一个不同于哲学家、诗人和演说家的阶层：一个不同于贤人的阶层。天生不明智没学识，他们一定是那些人为的文化培养方法难以奏效的人，而同样的方法对哲学家、诗人和演说家则行之有效。所以，他们更接近于自然人"，并由此将"自然人"理想化，以便构建出文学与民族的二元对立关系。[①] 赫尔德的思想无疑影响了其后的多代民俗学者，以至于"启蒙"思想仍是许多民俗学者所坚信的责任。

目前，有关"眼光向下"的反思，民俗学家刘铁梁提出要书写"感同身受"的"交流式民族志"。[②] 这也是建立在特定价值观上的方法论定位。但是，"走向民间"是方法论问题还是意识形态问题？或者说，它是学科的意识形态范式还是方法论范式问题？今天，对"田野"的反思，最重要的是从意识形态上的反思，基于特定社会和文化等历史背景的反思。之后，才是学科层面的，或者是方法上的，尽管两者同样重要。

[①] 转引自丹·本-阿默思（Dan Ben-Amos）：《民俗的承启关系：暗示与启示》，《民俗学概念与方法——丹·本-阿默思文集》，张举文编译，中国社会科学出版社，2018，第24页。

[②] 刘铁梁："个人叙事与交流式民俗志——关于实践民俗学的一些思考"，《民俗研究》2019年第1期。

为此,"走在民间"的概念是对"走向民间"的概念在意识形态上的根本转换。

首先,"走在民间"表明的是民俗学者与民众的"平等"——不是知识和社会地位的平等,而是对"人""社会""知识"等概念的平等态度。根本上说,是摆脱殖民主义与种族主义的思想束缚,追求人际交流的平等和文化上的平等。毕竟,只有从意识形态上将自己视为与对方平等时,才可能正确认知对方,同时也正确认知自己,才能把学问与民众的生活在本质上结合起来。(毕竟,学问的目的何在?)

其次,"走在民间"也揭示并迫使我们去反思"做田野"的方法问题,如观念、伦理、政治、经济利益、地方话语、学者话语,文化霸权、文化遗产拥有权等问题。我们还有必要去想一想,民俗学家(或启蒙者)来自何处,走向何处?无疑,首先他们来自民众生活,学会用"理性"和"理论"作为"工具"去看待"我"与"民"的关系,而后再通过"走在民间"去共同体验、感知和传承构成该文化群体核心的传统。

事实上,当以理性将自己或"我"与"民"分开时,其理论便被抽象化了,静止化了,而同时,民之实践则在不断因环境而发展。理论的目的是要"放之四海而皆准",而现实则因人因地因时而不断变化,所以两者总是有冲突的,这是一个层面。另一个层面,在"走在民间"时,要有什么样的"姿态":是为了达到"信服我(我是启蒙者)!"的效果,还是"我"可以理解"不同"并尊重文化的多样表现?这在根本上还是意识形态与价值观的问题。

将"知识""学问"等概念根据社会地位和权力(或话语权)来分化,也是"走向民间"意识形态的产物。其逻辑是:没有被"启蒙"的民众是没有理性的,因此也没有理性的知识,其对世界的阐释或解释是愚昧的,没有理性的,所以,他们的知识不是真正的知识。但是,民众的日常生活,或人类生活的意义正是建立在自己对自己行为的"有意义"的阐释之上；活着有意义才是人存在的前提。这种意义不是学者强加的或被学者阐释的，而是民众自己觉得活得有"道理"、有价值。学者的目的应该是从自己觉得没有意义的事物中发现实践者所感受到的意义，也就是邓迪斯所说的"在无意义中寻找意义"。

例如，在许多社会中，"少数民族"这个概念已经被界定为"落后""野蛮""不文明"的代名词，而同时又是有"原生态"的"遗留物"的"传承者"。于是，民俗学、民族学等在研究"原始"问题时，总是去寻找那些落后的少数民族群体。这个问题的关键是"民族""族群""民族认同""国家认同"等概念的构建，以及对不同文化群体的社会组织划分问题。一个核心问题是在引介"民族"这个概念时，忽略了它特有的（社会、宗教、历史）背景。由此，其错误是将"民俗认同"视为"族群或民族认同"或"种族认同"，从而将民俗传统问题视为固化的社会和政治上的种族问题。这个"民俗认同"也包括了一个文化群体形成的根本要素，即共同的群体意识和感情认同。

总之，"采风"是中国文化的概念：上风下俗；十里不同风，百里不同俗。"采风"是为了治理社会、维系社会行为规范、维系特定的价值观和伦理观。"做田野"是从表面上吸收的外来概念，忽视了其背后的意识形态问题。由此，发展出了"走向民间"等概念。现在，不但要用"实地"取代"田野"，还要用"走在民间"取代"走向民间"，其目的是完成一次民俗学意识形态范式和方法论范式的转换，尽管两个范式常常是不同步的。

3. 民俗与民俗学的关系：方法论与意识形态的文化基础

由于殖民主义与种族主义在过去的五个世纪里对人类社会的影响，民俗学中的"做田野"也多是带有殖民主义和帝国主义意识形态的。在与民俗学"做田野"相关的学科中（如人类学、民族学、社会学），曾经（乃至今天）最常用的"做田野"方法有两种，第一：殖民式，或强加式——认为自己的就是最好的，最正确的；第二：帝国式，或掠夺式——认为自己的解释或阐释便是唯一可行的。两者都是在物质资源与精神信仰层面将己所欲强加于人，以己所欲强取于人。始于1980年代的人类学的"写文化""反思"正是对这两种方法所产生的大量"民族志"的批评与思考。

而今天，我们需要真正的"实地调查"或"实地记录"的方法是：1）入乡随俗式：通过体验和包容以求"和而不同"；2）具体忠实式：利用影视设备等手段，对特定时空内有局限的"一人一事一时一地"的记录。两者都需要强调"己所不欲，勿施于人"和"尊重"对方"权利"和"权益"的原则。同时，也需要有妥当的表现方式，即"方法"和"方法论"，表里如一。例如，在对"非遗"传承人的记录拍摄过程中，就有过许多不妥当的例子："偷拍""摆拍""断章取义""编辑解说""免费拍摄"，无许可的拍摄和发行影像资料，以及"揭秘隐私"等现象。

可见，在"实地调查"方法上，提出"有温度"的要求无疑是个积极的导向，是本文所讨论的意识形态范式问题。而过去的"田野"的概念则是需要深刻反思和修正的。

从民俗学的学科方法范式上看，"文本"是19世纪中期到20世纪中期的主导范式。与文本对应的概念是"类型"（genre）。这是基于欧洲文化体系提出的对人类所有文化中的民俗事象的分类体系。但是，当"本族类型"（ethnic genre）提出后[①]，欧洲中心论的理论框架受到了挑战。

---

① 参见，丹·本-阿默思：《分析类别与本族类型》，《民俗学概念与方法——丹·本-阿默思文集》，张举文编译，中国社会科学出版社，2018。

由此，对"文本"的研究开始关注"语境"（或承启关系），不只是"文本"的直接语境，还有宏观的文化和社会历史语境。这个思想导致了"表演论"概念的出现和发展，而表演论在近些年被视为民俗学的基本方法之一，尽管它本身也有着特定的文化和社会特质。

与此方法范式相对应，但不一定重合的是意识形态范式。这个范式的前提是民俗学形成的背景，即19世纪的种族主义与殖民主义背景下"民族学"的出现。如上所述，早期的民族学与民俗学都是为了服务于殖民主义和种族主义的。

从中国历史来看，"种族"和"民族"都是20世纪初引介自西方的概念，由此开始有了"中华民族""少数民族"以及"56个民族"等概念。其实，真正维系一个文化的传承机制是特定群体的实践者所维系的群体生活方式、共享的生活方法以及价值观。而且，这样的群体是不断变化的：有的成员离开原群体加入其他群体，有的成员从其他群体加入到该群体。例如，婚姻和移民（逃荒、战争、流放等）便是普遍存在的形式。因此，维系一个群体的是其"民俗认同"（详见第二讲）。

民俗学一直被普遍视为"经验性"和"记录性"的学科。而关于民俗学的"分析性"，主要是1960年代美国的一些学者，如邓迪斯等，受到心理学（民族学、社会学等）的影响，开始强调"分析"，并构建学科的分析理论或"宏大理论"。民俗学在什么程度上是"分析性"学科，如何分析，也是值得反思的问题。这里的分析常常是指"阐释"，而不是"解释"。关于民俗学的"阐释"，在什么程度上是经过实践者的验证的？如何得到验证？如何将特定地域文化的"阐释"的有效性应用到其他文化群体，并提炼为学科理论？这也构成学科角色的认知问题。

总之，通过审视"田野""走向民间"等概念及其相关的学科方法论范式与意识形态范式，我们可以看出，每个学术概念都反映着特定的社会历史和价值观，也决定着学术研究的取向，但这些概念又不一定是与时代的需要同步的。对中国民俗学者来说，因为所使用的学术概念大多是直接引介自西方的，所以有必要，也是时候去反思每个概念背后的意识形态与价值观问题，反思它们是否有益于自己所研究的文化，是否符合时代的需要。

二、对"非遗"中的伦理问题的思考

"非遗"中的伦理问题经过了一个从被忽视到被认知再到被重视的过程。在"非遗"概念传到中国的初期，与之相关的伦理问题对学界来说还比较陌生。比如，2006年，在华中师范大学召开的"非物质文化遗产保护国际学术研讨会暨第四届民间文化青年论坛"会议上，笔者强调了在田野记录中所遇到的伦理问题，提到了托尔肯（Barre Toelken, 1935—2018）的故事（见本书P106下半）。记得当时许多人对这个话题没有什么兴趣，因为那时这个话题既不是教材中强调的内容，也不是实践中所关注的问题。2014—2015年，借助中美两国民俗学会的合作项目，笔者推动举办了"民俗影视田野记录工作坊"，坚持"伦理问题始终是工作坊的一个核心"，[①] 再基于这些讨论，主持编辑了《民俗影视记录手册》，附录了美国和日本的人类学会和民俗学会伦理规则的译文。[②]

2015年年底，联合国教科文组织通过了《保护非物质文化遗产的伦理原则》（以下简称《伦理原则》），并做了背景说明，由此将伦理问题推到了"非遗"工作的前沿，也成为讨论伦理与学科发展关系的新契机。其中提到的问题完全是"田野"的问题，或者说是"实地"调查和

---

① 参见，张举文："民俗的影像记录：从概念到实践的日常化"，《民间文化论坛》2016年第6期。
② 参见，张举文、谢尔曼主编：《民俗影视记录手册》，商务印书馆，2018。

记录的问题。至于为什么需要这个伦理原则，其解释如下：①

> ……鉴于《公约》将"社区"（communities）作为"非遗"的核心，任何有关"非遗"的活动都必须尽可能得到相关的社区、群体和个人自愿的、事先告知的参与，并且得到被告知者的认可。鉴于越来越多的"非遗"在未经当事人许可的情况下被商业化（包括数据或录音材料的获得未经当事人同意，并且/或者在不向当事人提供报酬的情况下进行商业使用），成员国表达了对有关伦理操作的方法开展指导的必要性，以便强化执行2003年的《公约》并保护"非遗"。

这一点与现有《伦理原则》的第4条一致：

> 与创造、保护、维持和传播非物质文化遗产的社区、群体和有关个人之间的所有互动，应以透明、合作、对话、谈判和协商为特征，并以自愿、事先、持续和知情同意为前提。

而在《公约》的"行动指导"（Operational Directives）中，只有两条相关的建议：

> 获得认定的非政府机构应该遵循可执行的国内和国际法律与伦理标准行事。（第93段）
> 鼓励成员国发展和采用基于《公约》和"行动指导"的伦理

---

① 笔者译自 Ethical Principles for Safeguarding Intangible Cultural Heritage; Why are ethical principles needed for intangible cultural heritage?（https://ich.unesco.org/en/background-of-the-ethical-principles-00867）。

规则，以便保证以妥当的方法提高对本地区"非遗"的保护意识。（第103段）

由此，我们可以看出，《伦理规则》是希望成员国根据各自的文化和社会情况，制定符合各自社会背景的伦理行为规范。所以，《伦理规则》的12条进一步诠释的是如何推动全球努力以便加强对"非遗"的保护，发掘2003年《公约》中的伦理维度；这些规则的目的是指导各成员国及机构（政府机构、公共组织、私人机构、国民社会组织等）发展出具体可行的、适于各种"非遗"活动的伦理规则。

其实，《伦理原则》的核心精神就是对"非遗"项目拥有者（社区、群体和有关个人）的"权利"（rights）的"承认与尊重"（recognized and respected）。相信已经有许多学者和机构对这个《伦理规则》做出了多方面的解读和建议，也提出了许多好的意见。笔者希望，相关学科和机构，至少是中国的人类学会和民俗学会，可以尽快拟定相应的"伦理规则"，并在今后的实践中进一步完善。在此，笔者主要就伦理的基本原则和对"非遗"影视记录的实践方面提出浅见，希望将对伦理重要性的认识与日常行为相结合，将伦理规范融入学术活动和社会实践。

1. 学者应当遵循的基本原则

首先，要将"非遗"的伦理原则与学科伦理，以及日常生活中做人与做学者的伦理原则结合起来。伦理规范不仅是一个人一生中的行为准则，也是一个社会和文化的特质及其秉持的准则。其实，正因人类有伦理原则，才有人类文化发展的今天；而每当出现战争动乱时，也正是伦理原则因政治、军事和经济等利益更受重视而被抛弃的时候。可以说，儒家伦理原则是东方文化的基础，亚里士多德的伦理观是西方世界的伦理基础。而孔子和亚里士多德都强调伦理行为的一贯性（一生性，而不是一次性）是人生幸福的前提。所以，一个学者在学术上的伦理行为必须是其生活中的伦理行为的延续，必须把做学者与在日常生活中做人（包括做"非遗"的传承人、实践者和消费者）的伦理结合起来。对保护"非遗"的伦理行为也必须与对待所有多样文化传统的行为一致。这种原则上的一致与不同文化有不同伦理规范是不矛盾的，因为这一切的前提是对所有传统实践者的"承认与尊重"，是对"己所不欲，勿施于人"的践行。

其次，在"非遗"与伦理的问题上，对传统的持续和维系是根，保护的"成果"或"效益"是叶，不可本末倒置。保护"非遗"的伦理行为体现在多个层面，特别是在多文化互动融合过程中：有的涉及核心信仰与价值观层面，有的则是在可变的日常表现的行为方式上。因此，必须对相关的文化传统有深刻的认识，才能做到合情合理，而不是本末倒置。同时，在保护"非遗"的进程中，记录、研究、传承和传播、发展和创新、销售和消费都是必要的环节，其中的伦理行为涉及全社会的每个人，因此，这也是整个社会的问题，而不是某个机构、学科或群体的问题。同样，在全球化的今天，跨国旅游与进出口贸易已经成为日常，对异文化的认识和消费也成为日常。因此，对所谓"异文化"中的"非遗"或传统的认识和消费也需要遵循承认与尊重这两个基本原则。

在日常生活中，对"非遗"或其他传统的物质和精神消费是不可分隔的；作为消费者与实践者或研究者（或保护者）也是两个不可分隔的层面。因此，从记录者、保护者，以及消费者角度（消费也是传承的一部分），都要把伦理实践作为做人、做学者、做文化保护者，以及做文化消费者的日常实践的必要部分。

不应以"保护"的名义去做违背伦理原则的事。例如，使用"偷拍"或"偷录"（或不说明真正目的的欺骗）手段来记录某项传统，进而将所获得的资料进行商业化处理（如以公共媒体"曝光"或"直播"等形式追求某种利益），或是以学术名义发表记录资料而获得名誉和利益，这些在近年来时有发生，值得学者和有关机构（如媒体平台）的关注和反思。

我们必须反思这些问题：如果没有记录下那些消失的传统，我们失去了什么？如果以文字和影像记录下那些消失的传统，这意味着什么（对实践者及其社区或其他社会和社区而言）？因遵循伦理而没有记录与违背伦理去记录，这二者相比，得失是什么？如何在不违背伦理的前提下记录正在消失的传统？

2. 从对"非遗"的影视记录层面来考虑

如上所述，对"非遗"的保护涉及社会各个层面的人：记录者、研究者、传承者、传播者，以及各种消费者，但是，就保护"非遗"而言，记录是第一步，因此也是伦理实践中最重要的一步。在此，着重探讨对"非遗"等类型事项的记录问题，尤其是影视记录中"记录者"在实地调查（fieldwork）中的伦理问题。

过去，"田野"方法主要是强加式和掠夺式的，服务于殖民主义和帝国主义。今天，"实地调查"应该是入乡随俗式和具体忠实式的，突出伦理实践与平等对话，应该是把自己视为"民"地走在民间，而不是超越于民的"启蒙"，更不是"利用"。毕竟，民俗学研究的前提是忠实记录，或者说是"记录我们自己"。

民俗影视以其独特的关注视角和叙事手段，尊重生生不息的文化传承力，依据美与崇高的价值观，塑造丰富和富有创造力的传统生活——这是其深层内核。因而，民俗影视记录，不是文明对于愚昧的猎奇，不是先进对于落后的俯瞰，也不是落后对先进的仰视，而是充满人文关怀的人类平等的对话与交流，是对于民俗生活的尊重与礼赞。借助于民俗影视，民族与民族之间、人与人之间达到交流与理解的目的。这也正是民俗影视无可比拟的魅力所在。为此，民俗影视工作者首先要能进入生活、走向民间，做好包括物质生活和感情生活两个方面的心理准备，要有吃苦的准备和能力。一旦与被拍摄对象有了感情，就不会去拍猎奇的画面。哪怕拍一间破茅屋，拍一位破衣烂衫的劳作者，画面也会充满生活气息，充满人情味，会从现实的贫困中找出他们和昔日的不同与发展，会从相对的落后环境中发现在现代城市里已经难以找到的情感与信任。只有这样，民俗影视记录才有真正的价值。

伦理问题不只是观念上的问题，也不只是学科方法论的一部分，更重要的是日常行为上的表现。目前，中国民俗学界在民俗与法律、民俗与伦理等方面没有普遍上可以执行的学科"伦理规则"，相关的人类学、社会学、心理学等学科也没有。不仅如此，对伦理的关注和研究也很有限。在构建类似的学科"伦理规则"时，我们可以借"他山之石"，但是，不同文化和社会背景需要有相应的伦理准则，不能生硬地照搬。切实可行的伦理规则是基于特定文化价值观的伦理实践。

在此，我们可以将两个事件作为前车之鉴。第一个是柏瑞·托尔肯的故事。他在1960年代开始民俗学研究，曾负责俄勒冈大学的民俗档案室和犹他州立大学的民俗项目，以及美国国家人文基金的民间艺术部，并在1977—1978年任美国民俗学会会长。他的《民俗动力学》等著述是美国民俗学的基础教材。托尔肯的民俗学之路始于他年轻时与纳瓦霍印第安人中一个叫"黄人"（Yellowman）的族人的接触。黄人把他从重疾中救了回来。从此，托尔肯成为黄人的家人，不论他在哪里，黄人及其部族人都始终与他保持联系。在1960年代，他利用录音设备，记录了约60小时的黄人和他的族人讲述的故事和唱的歌谣等内容。用托尔肯自己的话说，因为他与黄人的特殊关系，他得以发表一些独特的研究黄人和纳瓦霍文化的文章，由此而获得了晋升，也赢得了名声和地位。

但是，三十多年后，托尔肯做了一个令人意想不到的决定：他把只有自己保存着的录音带都归还给了黄人的家人。1998 年他在《美国民俗学刊》发表了一篇文章，说明了自己为什么这样做，后来又在 2003 年美国民俗学年会上的发言中特别论述过这一点[1]。托尔肯的解释是，由于他的传播，一些纳瓦霍的故事在错误的时间和地点被讲述，也被片面地理解了，而这些故事涉及纳瓦霍一些重要信仰的基础。后来，在他的姐姐，也就是黄人的妻子（那时黄人已经去世）的要求下，托尔肯把录音带都还给了她。"毕竟，这些故事是纳瓦霍人的，不是我的。"[2] 但是，托尔肯后来反思自己的所作所为，为了提醒后人，他总结道：在一个母系社会里，他没有关注女性讲的故事；他没有将为他提供各种帮助的纳瓦霍族人作为他文章的合作者；他没有明白故事中的多层意义，而仅凭自己所知道的一层意思去炫耀。托尔肯认为，一个学者只有在他所研究的文化的指导下才可能做好工作，哪怕这条路会被学术假设所中断。

托尔肯归还了录音带，"坦白"了自己在采录故事时对女性的忽视，在"运用"故事时的片面，也表明归还故事是因为这些故事被认为对讲述者有害，特别是在不恰当的时间讲述时。他承认自己终于在 50 年后才开始懂得其中的一些问题。但是，他的做法引发了民俗学界的一场辩论[3]：一种观点认为，尊重采录对象的意愿是符合伦理的行为；但是，如果违背这个伦理准则，将所录的故事好好翻译、保存，这可能是永远都不能再次得到的人类文化的宝贵的一部分；另一种观点认为，尽管故事

---

[1] Toelken, Barre. 1998. The Yellowman Tapes, 1966—1997. *Journal of American Folklore* 111: 381-391.

[2] Toelken, Barre. 2004. Beauty Behind Me; Before Me. *Journal of American Folklore* 117: 441-445. P. 443.

[3] Oring, Elliott. 2006. Folk or Lore? The Stake in Dichotomies. *Journal of Folklore Research* 43(3): 205-218; Sherman, Sharon. 2008. Who Owns Culture and Who Decides?: Ethics, Film Methodology, and Intangible Cultural Heritage Protection. *Western Folklore* 67(2/3): 223-236.

涉及讲述者的信仰核心，不以其应有的方式讲述将为族人带来伤害，但是，如果按照族人的传统来对待这些故事，在特定时间地点播放或讲述这些故事，难道不可以吗？这两个方面的伦理考量，以及与之相关的问题，也值得中国同行的思考。

第二个事例是关于人类学家列维-斯特劳斯的故事，从技术手段折射出了价值观问题。他在1930年代到巴西做过人类学田野记录，也拍摄了大量照片。近六十年后，他出版了那次考察的影像民族志画册《巴西回忆》（1995）。稍后，他当时的巴西助手，卡斯特罗·法利亚（Luiz De Castro Faria），也出版了一部与他同行时自己拍摄的图片集《另外的观看》（2001）。前者要展现的是自己想象中的"田野"、经过裁剪过的（或是当时使用了不同景别和景深的）画面，展现出了一种"原始"。因此，照片中的人物都是在"原始"的背景前的各种动作。而后者则展现的是当时的社会发展现状：同样的人物，在同一时刻，所处的背景中展现出前者所没有的房屋、栅栏、电线杆等"现代"村落的迹象。①

由此可见，无论是通过景别还是后期剪裁，都可以有意识或无意识地再现或消除"背景"，从而达到论证个人理论观点的目的。但是，这绝不是一个支持某个理论观点的问题，更重要的是对一个文化的现状的尊重，对人类文化发展进程现实的尊重，是一个人的信仰与价值观的表现。这不是对特写画面的真实性的质问，而是对拍摄这样画面的目的的质问。这也正是我们始终追问的"为何如此"（so what？）的问题。

在此，首先要彻底理解伦理原则的内核，它到底要表达什么；是针对什么问题提出的；其目的是针对某些文化或具体现象，还是要将其视

---

① 详见，邓启耀:《我看与他观》，清华大学出版社，2013，第12—16页。另见，Lévi-Strauss, Claude. 1994. *Saudades do Brasil: A Photographic Memoir*. Washington: University of Washington Press. Castro Faria, De Luiz. 2001. *Another Look: A Diary of the Serra Do Norte Expedition*. Translated by David Rodgers. Editor Ouro Azul, Rio de Janeiro, Brazil。

为普遍的，具有普世价值的；在伦理实践中，是否有普世标准；伦理的普世性是理想（概念）层面的，还是实践层面的；这与人的抽象的本质有何关系；等等。

其实，对"非遗"传统的影视记录，也体现在记录者的日常生活和学习中，再践行于实地调查中。不论是在准备进入现场，已经在现场，还是后期编辑或展示成果时，头脑中不但要有伦理这根"弦"，而且要时刻把这根弦"绷紧"。要加强自身在传统伦理方面的修养和实践，要在准备阶段思考一些基本的原则和常识问题。以影视方式进行现场记录所涉及的伦理问题，要比传统的纸笔记录（甚或录音）方式的田野调查所涉及的更复杂，也更有认真学习、实践和反思的必要。

民俗影视记录所涉及的伦理问题，从当事人层面来说，至少直接涉及四个方面：该拍摄项目所涉及的法律和规则问题；拍摄者的自我权益（包括名誉和良知）；被拍摄者的权益；所拍摄内容的取舍。其实，这些原则的前提是是否在记录过程中平等对待被拍摄者。这也是实地调查的最基本伦理原则。从拍摄项目角度，要考虑到所拍摄的作品对民俗传统的传承和实践的影响，以及可能的学术、社会、经济、政治，以及法律影响等。当然，还有与参与拍摄的同事、现场的"旁观者"等人的关系问题。充分尊重伦理，按照伦理原则进行拍摄是每一个民俗影视工作者都应当坚持的原则。

在实践上，一方面要遵循学科的原则；另一方面要遵循传统价值观，特别是所要记录的群体的当地伦理行为规范。民俗影视记录不仅要遵循特定伦理规范，也要为捍卫和传承这些规范做出贡献。

民俗影视记录的最基本原则是要尊重和保护被拍摄者（被记录者）的尊严和权益。对此，民俗影视记录者的良知有时比明文规则更重要。总之，我们需要将伦理原则融入实践，这一点要体现在各个阶段，包括准备阶段（个人道德、学科知识等）、实地拍摄阶段（拍摄技术、采访技巧等)、编辑阶段(话语、权益、观点等)以及展示与研究阶段等。

例如,在准备阶段要思考这样一些问题:民俗的影视记录仅仅是个学科问题吗?民俗影视记录是尊重传统或传承人的最佳方法吗?它还有什么价值?民俗的影视记录与该文化的价值观有什么关系?民俗影视记录是记录"我们自己"还是"他者"?谁拥有所记录的文化(民俗)?谁在以什么方式、为了什么、为了谁进行影视记录?在实地,要确认是否已经了解或熟悉了这些情况:当地特别的节庆或日子;当地有关辈分、性别、年龄的称谓与禁忌;需要注意的穿着(当地禁忌、习惯);需要注意的言行(当地禁忌、习惯);需要注意的饮食(当地禁忌、习惯);需要注意的行为(当地信仰);等等。此外,还要考虑到这些问题:是否事先得到了被拍摄者的许可?如何向被拍摄者解释自己拍摄的目的和方式?如何应对可能出现的情况(如被拒绝拍摄或采访)?如何处理好相关人员的隐私?在后期的编辑与成果展示阶段,要考虑对成品的处理是否得到了被拍摄者的认可?如何对成品署名?如何处理被拍摄者或其社区有关人员的权益问题?如何处置或保管素材片、不同样片,以及成片?等等。

在对伦理的反思中,一个观点是:如果不去记录某个民俗事项,它就有消失的可能,但是,我们还必须反思,如果所要做的拍摄行为违背了当事人的意愿,我们是否坚持拍摄行为;是否有其他记录方式;是否因为停止拍摄记录就会加快该民俗传统的消失。当然,其中最重要的是:如何协调好关系,以达到多方满意的结果。

我们可以设想这样一些尤其值得深刻思考和反思的场景(其实,在民俗学界就曾发生过):民俗记录者以自己的真诚得到了被记录者或其群体的认可,也得到被记录者的许可,并记录到了计划中的专题项目的核心部分,而这部分正是该群体或文化的信仰核心,甚至是神圣的、秘密的部分,那么,记录者是否应该将此部分"完整"和"真实"地展示给公众？如何保存这部分素材？如果被拍摄者个人与其群体出现不同意见，那么，该如何处理拍摄的内容？如果记录者个人因此得到了名利如何与被记录者分享？如果被记录者当时没有意识到被记录的内容会得到某种程度的公开，如果被记录者或其群体在事后不想让自己的"内部知识"公开，那么，记录者该如何处理？

在反思拍摄和记录过程中遇到的伦理和法律的冲突、伦理与现实的冲突、伦理与个人利益的冲突时，要常常重温和反省最基本的伦理底线：不能因为自己的拍摄，而使被拍摄者的各种权利和利益遭受侵害或损失，无论是暂时的还是长久的。其实，如果真诚地说明某项记录工作的意义和用途，使被拍摄者认识到其自身的价值和此后长远的利益，就不存在不可调和的矛盾了。

对伦理的维护体现在每个工作阶段，从设计到拍摄，到后期编辑，从成片的播放传播到档案保存，以及期间的版权和利益分配问题。例如，在制作成品片的时候，要注意，运用任何特技或配加任何画面和音声，都可能是强加的制作者的意图，压制了被拍摄者自己的声音。而这被消除的声音不正是民俗影视记录最需要聚焦的核心吗？不能为了画面的"美"，音响的"美"，而歪曲真实的美。（特别需要注意的是妥当利用文字进行补充说明不仅是必要的，也是完整的影视记录必需的。）这与其说是风格技术问题，倒不如说是伦理意识问题——是真实和平等地尊重被拍摄记录者，还是利用"他者"来强迫受众接受制作者的价值观？其实，伦理道德的准线决定了电影制作人如何选择拍摄内容以及如何拍摄，同时也受到参与者的影响。对于一部民俗影片，到底是谁在控制其制作？如果是被拍摄人物在控制，制作人是否能坚持自己的道德底线，结果是否会更接近生活真实？

伦理的维护，从目前的实际来看，体现在这几方面：1）知识产权等法律问题；2）民俗学学科的建设；3）个人发展；4）多元文化交流中的伦理维护；5）对相关学科未来发展的影响；6）对一个社会里的传统文化价值观和信仰体系的维护。

总之，每一次的实地调查、拍摄记录或课题执行都是一次伦理践行，但是，这样的职业伦理规则与做人的日常生活中的伦理准则应是一致的。对每个"非遗"项目的记录或保护也必须是多方面的伦理践行。因此，在"非遗"保护的过程中，虽然记录是以学者为主导的工作，保护常常是以政府为主导的工作，传承是以实践者为主导的工作，消费是所有民众的需要和责任，但是，"非遗"保护中的伦理问题是全社会的问题，是做人和做公民的核心问题。

民俗学因为走在保护传统的第一线，通过实地调查，与传承人有着面对面的接触，也因此更多地运用影视设备对"非遗"等传统活动和传承人生活进行了记录。因此，就尤其需要思考伦理的核心问题，并在实践方法上注意如何维系自己的价值观和伦理准则，吸取前人的教训，将伦理维护落实到保护工作的每个步骤。

通过对《伦理原则》的探讨，相信在不久的将来会出现符合中国文化和价值观体系的学术实践，和适用于相关学科的"伦理规则"，以便帮助学者在跨文化、跨区域和跨学科的"非遗"保护中发挥更积极的作用。

第六讲　民间叙事：母题·类型·生活信仰

【本讲包含的关键概念】

1）叙事中的母题与象征；文化象征与符号；最小有意义行为单元
2）民俗类型；民俗的本族类型；故事类型；童话；生活信仰
3）"命定婚"故事类型中的"月老"故事；历史地理方法；生命力与有效性

时至今日，"民俗学"与"民间文学"在许多国家的大学里是通用的，或者说没有很明显的界线。而这两者的复杂关系又起始于"民间文学"与"文学"的"分家"。其中，对各种口头叙事的分类（如故事、谚语、歌谣的三分法），故事类型的划分，母题定义的讨论一直是口头传统研究中的核心问题。

在本讲中，首先，对母题与作为民俗类型的童话从概念上做些探讨；其次，对"月老"故事的形成和发展做较为详细的介绍，并以此为例，说明文化融合的前提与文化基础。

一、民俗中没有母题，只有象征

1. 对母题概念的历史追溯

丹·本-阿默思（Dan Ben-Amos; 1934—）于1995年发表的论文是对他在1980年发表的《民俗学中母题的概念》一文的发展，[①] 其中的观点也与他此后有关母题的论述是一致的。他对叙事中"象征"的强调有助于学界改变现有观点：他建议将"母题"视为"较小"，但不是"最小"的叙事单元。[②] 依据民俗学家哈桑·艾尔-沙米（Hassan El-Shamy）的观点，本-阿默思有关故事类型与母题的研究迫使学界重新考虑"作为识别与分析工具的这些概念的有效性，并冲破这些概念原有的局限，使'象征'成为识别社会生活中所出现的传统以及分析其内容的单元概念"[③]。

在《民俗学中母题的概念》一文中，本-阿默思透彻地梳理了母题概念在不同思潮和学科中的演变及发展历程，为理解汤普森的《民间文学母题索引》（以下简称《母题索引》）中的母题概念提供了清晰的历史背景。首先，他从芬兰的历史地理方法论对母题的界定与运用入手，对那些以政治和历史为目的而追溯民间文学，特别是民间故事的"母型"（或地方性的原型，*ur-form*）的努力进行了剖析，认为此类研

[①] 参见，丹·本-阿默思：《民俗学中母题的概念》，载于《民俗学的概念与方法：丹·本-阿默思文集》，张举文编译，中国社会科学出版社，2018，第153—184页。

[②] 有关对本-阿默思的这个观点的评述，参见，Apo, Satu. 1998. "Motif." In *Folklore: An Encyclopedia of Beliefs, Customs, Tales, Music, and Art*, edited by Thomas Green, Pp. 563–565. Santa Barbara, CA: ABC-CLIO. P. 563。

[③] El-Shamy, H. M. 2017. *Motific Constituents of Arab-Islamic Folk Traditions: A Cognitive Systemic Approach*. IU Scholar Works Repository. Pp. 3–4.

究是为了与 19 世纪的未开化文化形成对比,具体做法就是通过证明故事的源头出自自己的文化传统而证明自己是文明的起源。由此,寻找"最小的叙事单元",或者叫寻找"母题",成为追求学术新发现的目标。从方法论角度看,邓迪斯界定的"母题素"(motifeme)和"异母题"(allomotif),① 并试图将这两个概念运用到"一切民俗类型"的努力,② 便是与这个目标相呼应的,因为他的最终意图是以母题的研究涵盖语境论(contextualist)的观点。③ 依笔者所见,语境论观点发源于欧洲的理性论(rationalist)思维,如同在近代自然科学中所看到的那样:每当有"最小的单元"被发现,就意味着人类对自然世界和人类本身的认识有了一次新的突破,在对普遍事物的分析上有了一次新的进步。但是,在社会和人文科学中,如果这个新发现没有考虑到其起源地的社会和文化因素,那么这个"发现"在方法论上的有用性就可能是很有限的。

  德国的浪漫主义运动利用文学、艺术乃至哲学,将以"母题"为最小单元的发掘努力推到了一个新的高潮。本-阿默思指出,在这种背景下,母题成了"不但是最小的,而且也是最大的,不但是具体的,而且也是抽象的"概念工具,并被视为不可或缺的概念,涵括了所有文学作

---

① Dundes, Alan. 1962. "From Etic to Emic Unit in the Structural Study of Folktales". *Journal of American Folklore* 75 (296): 95-105. P. 101; 1997. "The Motif-Index and the Tale Type Index: A Critique". *Journal of Folklore Research* 34 (3): 195-202. P. 196; 2007 [1982]. "The Symbolic Equivalence of Allomotifs: Towards a Method of Analyzing Folktales". In *The Meaning of Folklore: The Analytical Essays of Alan Dundes*, ed. Simon J. Bronner, Pp. 319-328. Logan: Utah State University Press. P. 321. 另见中文翻译,"母题位"(motifeme)和"母题变体"(allomotif);见,漆凌云、万建中:"'母题'概念的反思:兼论故事学的术语体系",《民俗研究》2019 年第 4 期。

② Bronner, Simon J. ed. 2007. *The Meaning of Folklore: The Analytical Essays of Alan Dundes*. Logan: Utah State University Press. P. 317.

③ 参见,张举文编译:《民俗学的概念与方法:丹·本-阿默思文集》,中国社会科学出版社,2018,第 190 页。

品的根本意义。① 他认为，"母题"从审美判断到文学研究的演变"将本土的文化元素与外来的区分出来"，并使"母题原则""基本上成为文化伦理原则"。②

然而，这些原则在本质上是欧洲中心论的，因为，正如布朗纳（Simon Bronner）所指出的，《母题索引》所立足的思想是，该母题分类体系"统一性地代表了全世界的传统知识"，但是，其自身的问题，也就是欧洲中心和父权制意识形态，仍然是这个体系的基础，"因为非欧洲的素材常被排除在外，而且也无法肯定其中某个母题项目是否真实地代表了此母题的讲述者或相信者转述的典型传统"。③ 尽管这个体系一般被认为"只是一种分类工具"④，而且也通过包含不同文化的传统而逐渐得到扩充。⑤

汤普森的《母题索引》中就体现出类似的哲学原则，尽管他宣称该书"不是基于任何哲学原则"。⑥ 对此，本-阿默思总结到，"母题是故事内在元素的象征，而不是叙事元素本身。现在，对这些叙事单元的划分和命名完全依靠汤普森所确定的分析体系了"⑦。之后，他在1995年发

---

① 参见，张举文编译：《民俗学的概念与方法：丹·本-阿默思文集》，中国社会科学出版社，2018，第161页。

② 同上书，第163页。

③ Bronner, Simon. 2017. *Folklore: The Basics.* Routledge. P. 63.

④ El-Shamy, H. M. 1995. *Folk Traditions of the Arab World: A Guide to Motif Classification.* Bloomington: Indiana University Press. P. xiv.

⑤ 例如，有关日本民间故事的类型与母题索引［Ikeda, Hiroko. 1971. *A Type and Motif Index of Japanese Folk-Literature* Helsinki: Academia Scientiarum Fennica.］，以及阿拉伯故事的母题索引（El-Shamy, H. M. 1995. *Folk Traditions of the Arab World: A Guide to Motif Classification.* Bloomington: Indiana University Press; 2006. *A Motif Index of the Thousand and One Nights.* Bloomington: Indiana University Press.）。

⑥ Thompson, Stith. 1955—1958. *Motif-Index of Folk-Literature.* 6 volumes. Revised and enlarged edition. Bloomington: Indiana University Press. P. 25.

⑦ 参见，张举文编译：《民俗学的概念与方法：丹·本-阿默思文集》，中国社会科学出版社，2018，第174页。

表了质疑母题存在的文章。此后又在 1980 年的文章中引用麦勒金斯基（Eleazar Meletinsky）作为结语，"（在民间故事研究中）下一步一定是从结构主义的视角对母题的分析。在此，必须考虑到母题在主题内的分布在结构上也是可以归纳成上述的程式的。但是，如果这个程式本身代表了一个特定的民间故事的合成机制，那么，母题就是分析的最基本的元素"，同时也提出了他自己的观点，"对母题重新产生的兴趣不能局限于《民间文学母题索引》中所展现出来的母题概念。必须要联系到在从浪漫主义到结构主义发展的过程中，所产生过影响的各种思想和争议"①。

在 1995 年发表的论文中，本-阿默思在严谨地审视了对"母题"概念的批评与辩护的两派观点的历史变化之后，明确提出"将母题视为象征"的论点，并坚持认为，"这不只是术语的使用问题，而是学术研究导向上一个更全面的转换"，他得出结论，"民俗中没有母题，而只有象征"。② 显然，这个结论是他三十多年对"母题"概念的研究和思考的结果，而绝非一时冲动和标新立异。笔者认为，这个命题与本-阿默思一直强调的在意识形态和方法论上对本土民俗实践的具体分析的观点是一致的。他的这个思想集中体现在他最早于 1969 年提出的"本族类型"（ethnic genre）概念上，③ 以及之后对"承启关系中的民俗"和"'承启关系'中的承启关系"的关注上。④ 如果对某个象征的特定文化和社会意义的背景不理解，研究者就可能以"母题是最小单元"这个理念作为出发点，生硬地套用形式主义的方法将"母题"视为具有固定意义的文化元素。其实，在 20 世纪前半叶，许多学者就是那样做的。从这个意义上讲，人类学家奥德丽·理查兹（Audrey Richards）是较早强调象征

---

① 参见，张举文编译：《民俗学的概念与方法：丹·本-阿默思文集》，中国社会科学出版社，2018，第 184 页。
② 同上书，第 197 页。
③ 同上书，第 104—127 页。
④ 同上书，第 3—18 页；第 34—53 页。

具有多重意义的学者之一。她认为,一个象征会因为使用的语境不同而具有不同意义。这是她在对成人仪式的观察研究中发现并加以运用的观点。① 此后,类似的研究得到进一步发展,如特纳的仪式研究。②

以"象征"取代"母题"所代表的不仅是概念上的进步,更重要的是民俗学科在依据特定语境或承启关系来阐释民俗活动方面的发展。越来越多的研究证明,以"象征"来阐释文化意义时,关注的是叙事的跨文化语境,而不只是以辨别和比较普遍存在的结构单元为目的。鉴于此,有必要引用本-阿默思的话来突出笔者下面要论述的事例:"母题概念是根植于音乐批评和视觉艺术评估之中的。乐曲中的副歌和反复出现的旋律乐句,以及绘画中的图案与模式,都是有着深层的文化和个人根基的感情、思想,以及主题的表面再现。将这个术语借喻性地运用到言语艺术上也无疑将其限定在言语的表面表达上了。但是,这样的言语表面表达只提供了对主题和思想的言语再现,而这样的主题与思想有着特定文化的象征价值……象征是由定义来阐释的,且正是在阐释中,它们才发展出其在文化中的作用、地位与意义。"③

为了说明主题与暗喻之间的象征性与母题性价值的差异,本-阿默思列举了两个来自不同文化的案例。一个是来自尼日利亚的口头传统;另一个是来自犹太人的书面传统。④ 在此,笔者以"叶限"故事——常被视为中国版的"灰姑娘"的故事,来从文化意义上说明对故事中的象

---

① 奥德丽·理查兹:《祈颂姑:赞比亚本巴女孩的一次成人仪式》,张举文译,商务印书馆,2017,第12页。

② Turner, Victor. 1967. *The Forest of Symbols: Aspects of Ndembu Ritual*. Ithaca, NY: Cornell University Press; 1974. *Dramas, Fields, and Metaphors: Symbolic Action in Human Society*. Ithaca: Cornell University Press. 另见, La Fountain, Jean, ed. 1972. *The Interpretation of Ritual*. London: Tavistock Publications. P. 185。

③ 参见,张举文编译:《民俗学的概念与方法:丹·本-阿默思文集》,中国社会科学出版社,2018,第196—197页。

④ 同上书,第296—326页;第357—376页。

征的不同阐释所得到的不同结果,即只有超越结构和形式上的比较才有可能获得对一个故事符合其自身文化意义的阐释。

2. 特定文化中的象征符号及其意义

在此,我们不去比较故事的结构,而是强调故事中的象征如何体现出特定时代和地域的叙事人与听者的生活实践与价值观。通过象征(符号)路径,我们可以更清楚地看出故事中象征的变化进程,这是结构主义的母题论路径所难以企及的。结构主义(或者形态论)对"母题"的分析将民间故事中的"行动"(或主题)视为结构元素,以便将其作为有普遍价值的功能,或以此来完成对一个故事的建构。这种做法极大地忽视了这些象征在特定文化、历史和地域中的文化价值,以及这些象征与继续讲述这些故事的人在现实生活中的关系。这里的关键问题是,结构单元是阐释特定文化意义的目的还是手段?

例如,邓迪斯界定"母题素"与"异母题"概念的目的是"推进民俗研究从客位模式转向主位模式",并以如下论述阐释他的观点:"必须把一个单元作为一个完整文化内的功能体系的一部分来研究,而不能将其孤立出来。"[1] 这个观点也得到本-阿默思[2]和布朗纳的支持。[3] 换句话说,这中间涉及两个意义范畴:一个是"具有普遍意义的功能范畴",其中的"母题"发挥结构作用,是没有特定历史时间和文化局限的,因此,它们的功能是构成民间故事或民俗的普遍事象。另一个是"具有特定意

---

[1] Dundes, Alan. 1962. "From Etic to Emic Unit in the Structural Study of Folktales". *Journal of American Folklore* 75 (296): 95–105. P. 101.

[2] 参见,张举文编译:《民俗学的概念与方法:丹·本-阿默思文集》,中国社会科学出版社,2018,第 190 页。

[3] Bronner, Simon J. ed. 2007. *The Meaning of Folklore: The Analytical Essays of Alan Dundes*. Logan: Utah State University Press. P. 9–128; 2017. *Folklore: The Basics*. Routledge. P. 63.

义的象征范畴",其中的象征需要通过确定它与特定地域和时间内的文化群体的关系来进一步明确其意义及其变化。

以"灰姑娘"(ATU 510A)[①]为例,其"普遍性"尤其突出地体现在现代媒介所做的各种再现当中,这些再现强调了"灰姑娘"故事的象征精神,以及其在跨文化语境中对象征符号的运用。[②]而在中国的"叶限"故事中,只有将其置于特定地区的文化语境中时,故事中的象征符号意义才可以与当地的文化意义相一致。例如,在《母题索引》中,与"灰姑娘"有关的母题有几十个,从B100.1(在被杀了的曾帮过忙的动物身上发现财宝)到D1470.1(祈求巫术的实物),从F823(非凡的鞋)到K1911.3.3.1(假新娘截肢的脚),再从L50(获得胜利的小女儿)到S31(残忍的继母),特别是D类母题(巫术,D0—D699),如D20(社会地位转换)和D1470(作为提供转换的巫术物)。但是,所有这些"象征",包括特定的衣服、鞋、戒指、动物、成仙的教母、老人以及相关的行动,都只有在将其置于特定文化背景中时才有文化意义。换言之,一种意义(或是一个象征符号或物)只有回到其自身的语境中才能达到文化交际的意义。如果忽视历史事实,而只是比较"母题",民俗学家就可能为了寻求原始"起源"及其"母型"的权威而陷入死胡同。例如,在对中国的"叶限"的许多研究中,研究者关注的结论性问题是这

[①] 民间故事ATU分类法是指汉斯·乌特尔(Hans-Jörg Uther)根据之前的民间故事AT分类法(即阿奈尔与汤普森创建的分类法,见 Antti Aarne and Stith Thompson. 1961. *The Types of the Folktale*. Helsinki: Academia Scientiarum Fennica.)扩充的分类法,参见,Hans-Jörg Uther. 2004—2011. *The Types of International Folktales*. Finnish Academy of Science and Letters。

[②] Beauchamp, F. 2010. "Asian Origins of Cinderella: The Zhuang Storyteller of Guangxi". *Oral Tradition* 25 (2): 447-496; De la Rochère, Martine Hennard Duthei, Gillian Lathey, and Monika Woźniak, eds. 2016. *Cinderella across Cultures: New Directions and Interdisciplinary Perspectives*. Detroit: Wayne State University Press.

个故事的起源是中国的南方还是印度或欧洲。① 无疑，追溯故事的起源（其本身是个无法论证的命题）不应是故事研究的目的，而只能是一种研究手段。

"叶限"故事在段成式（803—863）的《酉阳杂俎》中的原文如下：②

> 南人相传，秦汉前有洞主吴氏，土人呼为"吴洞"。娶两妻，一妻卒，有女名叶限。少慧，善淘金，父爱之。末岁父卒，为后母所苦，常令樵险汲深。时尝得一鳞，二寸余，赤鬐金目，遂潜养于盆水。日日长，易数器，大不能受，乃投于后池中。女所得余食，辄沉以食之。女至池，鱼必露首枕岸。他人至，不复出。其母知之，每伺之，鱼未尝见也。因诈女曰："尔无劳乎？吾为尔新其襦。"乃易其敝衣，后令汲于他泉，计里数里也，母徐衣其女衣，袖利刃，行向池呼鱼，鱼即出首，因斫杀之。鱼已长丈余，膳其肉，味倍常鱼，藏其骨于郁栖之下。逾日，女至向池，不复见鱼矣，乃哭于野。忽有人发粗衣，自天而降，慰女曰："尔无哭，尔母杀尔鱼矣！骨在粪下。尔归，可取鱼内藏于室。所须，第祈之，当随尔也。"女用其言，金玑衣食，随欲而具。及洞节，母往，令女守庭果。女伺母行远，亦往，衣翠纺上衣，蹑金履。母所生女认之，谓

---

① Waley, Arthur. 1947. "The Chinese Cinderella Story". *Folklore* 58: 226–238. P. 236. 另见，Jameson, R. D. 1932. *Three Lectures on Chinese Folklore*. Peking: North China Union Language School Cooperating with California College in China; Moioli, Mila. 2018. "Ye Xian and Her Sisters: The Role of a Tang Story in the Cinderella Cycle". Ph. D. diss., Universitat Autònoma de Barcelona; Mulh6ern, Chieko Irie. 1985. "Analysis of Cinderella Motifs, Italian and Japanese". *Asian Folklore Studies*, 44: 1–37。

② 另外其他翻译或概述，Waley, Arthur. 1963. *The Secret History of the Mongols and Other Pieces*. London: George Allen. Pp. 147–162; Zhang Juwen. 2019. "Fairy Tales in China: An Ongoing Evolution". In *The Fairy Tale World*, edited by Andrew Teverson, London: Routledge. Pp. 335–346。

母曰："此甚似姊也。"母亦疑之。女觉，遽反，遂遗一只履，为洞人所得。母归，但见女抱庭树眠，亦不之虑。其洞邻海岛，岛中有国名陀汗，兵强，王数十岛，水界数千里。洞人遂货其履于陀汗国。国主得之，命其左右履之，足小者履减一寸。乃令一国妇人履之，竟无一称者。其轻如毛，履石无声。陀汗王意其洞人以非道得之，遂禁锢而拷掠之，竟不知所从来。乃以是履弃之于道旁，既遍历人家捕之，若有女履者，捕之以告。陀汗王怪之，乃搜其室，得叶限，令履之而信。叶限因衣翠纺衣，蹑履而进，色若天人也。始具事于王，载鱼骨与叶限俱还国。其母及女即为飞石击死。洞人哀之，埋于石坑，命曰"懊女冢"。洞人以为媒祀，求女必应。陀汗王至国，以叶限为上妇。

　　一年，王贪求，祈于鱼骨，宝玉无限。逾年，不复应。王乃葬鱼骨于海岸，用珠百斛藏之，以金为际。至征卒叛时，将发以赡军。一夕，为海潮所沦。

　　成式旧家人李士元所说。士元本邕州洞中人，多记得南中怪事。①

　　许多对"灰姑娘"的研究关注的是"鞋"（或"水晶鞋""玻璃鞋"）这个母题，这导致出现许多文化意义上的问题。② 例如，这个母题是作为一个特定故事类型（ATU 510A）而出现的吗？在《母题索引》中的编号有什么特别的意义吗？它是不同文化实践中的象征符号吗？在许多欧洲异文中，"一见钟情"或"漂亮"这层意思是先出现的，而

---

① 段成式：《酉阳杂俎》，方南生点校，中华书局，1981，第200页。
② Cox, Marian. 1892. *Cinderella; Three Hundred and Forty-Five Variants of Cinderella*. London: Folk-Lore Society; Dundes, Alan, ed. 1988. *Cinderella: A Casebook*. Second edition. New York: Wildman Press; Rooth, Anna. 1951. *The Cinderella Cycle*. New York: Arno Press.

后才以"鞋"检验。但是，在中国的"叶限"故事中，"小鞋"是引发爱情的诱因。以此为例，民俗学家应该提出的问题是：为什么中国版的故事是这样的情节和逻辑？有的研究试图将此情节与可能在唐朝兴起的裹脚习俗联系起来。[①] 这种想法忽视了特定的文化背景，即"鞋"与"谐"的特殊象征联系。这种思路也代表了一种方法论问题，即忽视了这一历史时代（裹脚习俗）之前是否就存在以鞋作为婚姻象征的实践（或在什么社会中有这样的习俗，即地理文化的影响）。事实上，中国至今仍有许多地方在婚礼上有以鞋验婚的习俗。[②] 所以，还有必要考虑这个"和谐"象征是否在更早的时代就已经存在于民间生活之中了。

此外，"叶限"中具有巫术力量的"鱼骨"象征是其他地区的"灰姑娘"异文中所没有的。[③] 因为鱼骨体现了捕鱼地区的一种鱼崇拜，包括今天的广西与越南的接壤地区，这是由特定的地理条件与生活方式决定的。此外，对鱼骨的信仰也象征了灵魂不灭的信仰，具体的表现就是"二次葬"。二次葬在中国西南地区，以至环太平洋地区都有漫长的历史，但在内陆地区就没有这样的丧葬习俗。

叶限故事中的"洞节"（现在广西当地有不同汉字的表达，侬洞节、侬崮节、侬峒节、峒节、崮节、陇峒等）与西方的"教堂"或"安

[①] Ko, Dorothy. 2005. *Cinderella's Sisters: A Revisionist History of Footbinding*. Berkeley: University of California Press; Lai, Amy. 2007. "Two Translations of the Chinese Cinderella Story." *Perspectives: Studies in Translatology* 15: 49–56; Moioli, Mila. 2018. "Ye Xian and Her Sisters: The Role of a Tang Story in the Cinderella Cycle". Ph. D. diss., Universitat Autònoma de Barcelona; Smith, Tyler Scott. 2013. "Cinderella's Lessons on Footbinding: How Tiny Feet Found Their Way into the Chinese Cinderella Story". *Transnational Literature* 5: 1–8.

[②] 刘守华：《中国民间故事史》，商务印书馆，2012，第212页。

[③] Ting Nai-tung. 1974. *The Cinderella Cycle in China and Indo-China*. Helsinki: Suomalainen Tiedeakatemia.

息日晚会"①或"化装舞会"（如许多欧洲的异文）形成一个明显的对照。根据壮学学者许晓明研究，"陇峒"（loengzdoengh），汉语记音为"侬侗""侬垌""隆峒""陇端"等。陇（loengz）或侬（noengz）在广西南部壮语里有"下"或"去到"之意；而"峒"（doengh）是指山间有水源、河流或灌溉系统的平地。壮族是聚峒而居的民族，一个或几个自然屯即可成为一"峒"。许晓明也进一步强调了一些壮族史学者的观点，（壮族）一个"峒"就是一个小的生态环境，也是一个小社会。"峒"浓缩了壮族的历史与文化，成为壮族多姿多彩农耕文化的载体，他最后指出，唐代的"吴峒"正是在今日龙州县境内。而"叶限"故事中的"洞（峒）节"，就是峒民一年一度的隆重节日——"陇峒节"。②毕竟，壮族是中国人口最多的少数民族③，历史悠久，文化影响范围包括中国西南、越南、缅甸、老挝等地，其文化群体内部也具有极大的多样性。正如人类学家覃德清所指出的，"由于壮族没有本民族的政治中心、经济中心和文化中心，因此其文化生长处于一种自发的、不自觉的状态，……其结果必然是民间文化的异常繁荣"④。近些年利用与"灰姑娘"故事的关系而去开发文化经济资源的行为，以及对与广西"非遗"项目侬峒节有关的经济和文化活动，都是值得探讨的，⑤但不在本文的讨论范围。

显然，"叶限"仍然是活在特定地区的日常生活和信仰中的故事，反映

---

① 如爱沙尼亚异文，见 Toomeos-Orglaan, Kärri. 2013. Gender Stereotypes in Cinderella (ATU 510A) and The Prince on the Glass Mountain (ATU 530). *Journal of Ethnology and Folkloristics* 7: 49–64.

② 许晓明："琴瑟歌舞祈年丰：龙州县陇峒节侧记"，《当代广西》2010 年第 9 期，第 53 页。另见，潘其旭、覃乃昌主编：《壮族百科辞典》，广西人民出版社，1993，第 437 页。

③ 2010 年全国人口普查的结果是，壮族人口为 16,926,381 人，为全国人口最多少数民族。

④ 覃德清：《中国文化学》，广西师范大学出版社，2015，第 213 页。

⑤ 黄滨："又一曲传唱千年的壮族大歌"，《当代广西》2005 年第 4 期；黄铮：《崇左灰姑娘文化资源及开发研究文集》，广西人民出版社，2014。

并强化了当地的民俗认同。① 民俗学家刘晓春曾收集到流传在中国各地,包括许多少数民族地区的"叶限"故事异文,总计达七十多篇。② 其中最具代表性的是广西壮族地区的《达嫁(架)和达仑》故事。③ 这也说明了有关生活经验的故事是不能与真实生活分隔开的。可见,"叶限"表现出的是具有特定地域文化象征的"经验故事",仍象征着特定地区的特定生活方式。

但是,"灰姑娘"已经转化为童话世界的象征形象,与日常生活实践分离开了,其象征意义对那些追求美好婚姻的年轻女性来说是美好的希望。"灰姑娘故事"现在是具有特定价值观的"想象故事"。"灰姑娘"生活在书本或银幕中的神奇世界中,具有独特的信仰或想象世界的功用,是激励着女孩子"上嫁"的普遍性表达。④

对"叶限"故事中的关键象征的阐释说明,如果只是将其与"灰姑娘"通过"母题"做比较,是没有文化意义的,尽管它们都被列为同一个故事类型(ATU 510A),这一点也得到许多学者的关注。⑤ 近年来,

---

① Zhang Juwen. 2019. "Fairy Tales in China: An Ongoing Evolution". In *The Fairy Tale World*, ed. Andrew Teverson. London: Routledge. Pp. 335-346;2019. "Motif as Symbol in Context". In *Contexts of Folklore: Festschrift for Dan Ben-Amos*. Eds. Simon Bronner and Wolfgang Mieder. New York: Peter Lang Publishers. Pp. 343-353.

② 刘晓春:"多民族文化的结晶——中国'灰姑娘'故事研究",《民族文学研究》1995年第3期;"灰姑娘故事的中国原型及其世界性意义",《中国文化研究》1997第1期。

③ 周作秋等:《壮族文学史》,广西人民出版社,1986;胡仲实:《壮族文学概论》,广西人民出版社,1982。

④ Zipes, Jack. 2011. "The Meaning of Fairy Tale within the Evolution of Culture". *Marvels & Tales* 25 (2): 221-243.

⑤ 见,农学冠:"论骆越文化孕育的灰姑娘故事",《广西民族研究》1998年第4期;赵婷:"'灰姑娘'型故事的跨文化传播研究——以中国、德国和法国为例",《新疆大学学报》2009年第5期;李丽丹:"彝族'灰姑娘'型故事《阿诺楚》的类型研究及反思",《贵州民族大学学报》2013年第3期;"'灰姑娘'型故事研究批评",《民俗研究》2016年第6期;林安宁:"壮族灰姑娘型故事的母题分析",《广西民族师范学院学报》2014年第4期;和梦佳:"纳西族'灰姑娘'型故事研究",《民族艺林》2018年第1期。

有些追溯故事类型的研究发现，意大利的 3 世纪的文本就显现出这个故事类型的雏形了。① 而文本的记录是无法证明口头传统的历史的。可见，如上所论，对故事起源的追溯不应是研究的目的，而只可以作为手段。

3."母题"的"最小单元"与仪式象征的分析方法

本-阿默思在上述两篇重要的有关母题的讨论中，将"母题"概念中的"最小单元"成分与仪式分析中"象征"的"最小单元"做类比，这引发了笔者对仪式中的象征分析的思考，并由此提出"最小有意义行为单元"的新概念，作为对口头叙事与仪式分析的新探索。当然，这也是笔者多年来对仪式研究所做的思考的一部分（详见有关过渡礼仪的第四讲）。

特纳将仪式中的"象征"视为"仪式行为的最小单元，一个仪式语境中特定结构的终极单元"，其中，"最小单元"可以是一个字、一个物件、一个动作等。② 本-阿默思将此"象征"类比为可以"扩延到整个文化研究"的"民俗之林"。③ 对此，笔者赞同将母题视为象征的观点，但笔者认为在阐释仪式象征时，一个有效的路径是可以利用笔者所界定的"最小有意义行为单元"的概念，而不是运用形式主义论的"最小单元"概念，忽视每个象征符号的具体意义。

无疑，特纳的观点是在之前的结构形式论上的进步，犹如自然科学对最小物质单元的发现，如物理学中的量子或基因学中的核苷酸基因。

---

① Ben-Amos, Dan. 2010. "Straparola: The Revolution That Was Not". *Journal of American Folklore* 123 (490): 426–446. P. 439.

② Turner, Victor. 1967. *The Forest of Symbols: Aspects of Ndembu Ritual*. Ithaca, NY: Cornell University Press. P. 19.

③ 参见，张举文编译：《民俗学的概念与方法：丹·本-阿默思文集》，中国社会科学出版社，2018，第 197 页。

但是，在社会科学和人文科学中，这个路径也可能会走向死胡同，因为它对仪式采取的是极端的结构主义的形式处理方式，忽视了仪式中文化象征自身的社会和历史语境，单纯地将文化象征视为"母题"（最小叙事单元），其目的只是构建起分析类型或分类体系——这其实也是本-阿默思所反对的观点。

的确，一个仪式可以被剥离到"最小单元"以便发现各个仪式行为之间的关系，但是，其中的象征意义是不能基于"最小单元"阐释出来的。构成仪式意义的是一系列"最小有意义行为单元"①，而不是独立的"最小单元"。使用"行为单元"概念是为了说明不是一个"行为"，因此也可以理解为是"行为群"，因为中文的名词本身不能表达数量的变化。因此，依照本-阿默思提出的以象征取代母题的逻辑，特纳将象征视为仪式中"最小单元"的逻辑是无法演绎出这个概念可以"扩延到整个文化研究，可视为民俗之林"②这个类比性结论的。

在此，笔者所依据的仪式定义是，"一个仪式（ritual）是一系列习俗性的象征行为"，而其中的每个"礼仪（rite）都是一个习俗性的象征行为"。③这里所说的"礼仪"与特纳的作为"最小单元"的"象征"是可以类比的。但重要的是，"礼仪"是构成"仪式"的组成部分，不是可以独立使用的，也没有独立或固定的意义。下面的例证就是用来强调说明单独的仪式"象征"是没有文化意义的，而只有运用仪式中"最小有意义行为单元"的概念才可能发现特定语境中的象征意义。

---

① Zhang Juwen. 2016. "Les Rites de Passage: Reclaiming the Meanings Lost in Translations and Interpretations". Presentation at the Workshop of Reclaiming van Gennep's the *Rites of Passage* (1909), May 15–16, 2016, Hebrew University of Jerusalem.

② 参见，张举文编译：《民俗学的概念与方法：丹·本-阿默思文集》，中国社会科学出版社，2018，第 197 页。

③ Platvoet, Jan and K. van der Toorn. 1995. *Pluralism and Identity: Studies in Ritual Behaviour*. Leiden: Brill. P. 42.

中国文化生活中的"拜"或"磕头"行为，乃至"鞠躬"或"行礼"等行为，就可以作为这个观点的例证。在日常生活和非日常生活（如仪式）中，"拜"或"鞠躬"有多种语境：婚礼上的拜堂，丧葬礼中（对死者或活着的长者）的鞠躬，春节时小辈对长辈的磕头或鞠躬拜年，以及其他日常行礼行为（如见面问候、点头示意、上香磕头、鞠躬致谢等）。这些行为从形式上看都是一样的，也可以从行为者与接受者的关系上再进行分类处理。但是，每个行为的意义必须是根据它与其他"最小单元"或"象征"的关系来确定的，这样，几个能确定其意义的行为就构成了"最小有意义单元（行为群）"。换句话说，只有几个特定的行为（或礼仪、象征）合在一起才能决定每个行为在一个特定仪式进程中的意义。这些行为也包括说话人的语气语调、音乐，以及仪式的地点与时间等元素。总之，一个意义的确定在很大程度上需要依靠当时的场景或语境。

再以婚礼上的"三鞠躬"（或拜堂中的"三拜"）为例。正是这三次"拜"才明确了"婚礼""结婚""已婚"这些意义。而在丧葬礼上，同样形式的对亡人的"三拜"则象征着对亡人开始过渡到另外一个祖先神灵世界的祝愿或敬畏，对仍在世的长者的鞠躬则表达的是吊唁之情。在清明等节日的祭祀礼上，同样形式的三拜则是表达对先人的缅怀与敬畏等情感。因此，这样的"最小有意义行为单元"的目的是体现"过渡礼仪"中从"边缘"向下一个阶段的过渡。[①] 这样，"最小有意义行为单元"的概念有助于确定并正确理解一个礼仪行为本身的普遍性与特殊性及其文化背景，由此也有助于解析日常生活中的"意义网"[②] 或"人际关

---

① van Gennep, Arnold. 1909. *Les Rites de Passage*. Paris : Librairie Critique.; Zhang Juwen. 2012. "Recovering the Meanings Lost in Interpretations of Les Rites de Passage". *Western Folklore* 71 (2): 119-47；阿诺尔德·范热内普：《过渡礼仪》，张举文译，商务印书馆，2010；张举文："重访'过渡礼仪'模式中的'边缘礼仪'"，《民间文化论坛》2006 年第 3 期。

② Geertz, Clifford. 1973. *The Interpretation of Cultures*. New York: Basic Books. P. 5.

系网"①，包括"社会戏剧"。②

可见，如果将婚礼上的"拜"所表达的意义僵硬地从结构主义或形式主义角度去阐释，并将其运用到其他场合（如丧葬礼中、寺庙祭祀中）对同样行为的解释中，就会出现意义上的冲突，出现对行为者的价值观与信仰以及生活方式上的不同阐释。反之，如果将一个仪式中的行为界定为"最小单元"或"象征"，其阐释也可能是非常具体的，也可能是非常普遍的，犹如将此文化行为视为宇宙中的一个原子或量子，但最终是脱离具体文化背景的。因此，正如本-阿默思所正确地坚持的那样，如果说以"象征"取代"母题"是为了从文化语境中阐释行为或事件的意义，那么，在理解和分析仪式象征时，界定和阐释"最小有意义单元（行为群）"将是一条有益的路径。

总之，现有的民俗学的主要理论观点与方法都是源自19世纪欧洲的。每个概念都不仅是一个分析工具，同时也体现出特有的意识形态和价值观，特别是在涉及对"他者"文化的研究时。母题这个概念便是一个突出的例子。作为18和19世纪欧洲提出的文明论的印证工具，母题概念以欧洲文学和文化为背景被界定出来，随后便被用作一把尺子去衡量欧洲之外的文学和文化了。这当然是与处于高峰期的殖民主义和种族主义呼应的，尽管可能是隐性的。随着殖民主义和种族主义在法律层面的废除，对那些相关的学术概念的反思与再定义不但是必然的，也是必要的。正是在这样的背景下，母题得到重新理解和界定。本-阿默思比较了欧洲、美国和非洲的实践，提出了"本族类型"（ethnic genre）概

---

① Hsu, Francis L. K. [1953] 1981. *Americans and Chinese: Passage to Difference*. 3rd edition. Honolulu: University of Hawaii. P. 108.

② Turner, Victor. 1974. *Dramas, Fields, and Metaphors: Symbolic Action in Human Society*. Ithaca: Cornell University Press.

念,① 这是一次革命性的学科范式转换。② 同样,他在经过半个世纪的思考后,又提出了"民俗中没有母题而只有象征"的命题。对此,本文以叶限的故事佐证了这个观点,即一个故事及其象征是基于特定的地域文化而发展并延续的。在灰姑娘故事成为童话想象世界的象征时,它就脱离了欧洲的社会现实。而叶限故事则仍是基于地域文化的象征,并展示出了其内在的传承生命力。

基于相同的逻辑,对仪式的分析也同样存在于如何对特定文化中的仪式进行分析的问题中。本文基于中国的仪式实践提出了"最小有意义行为单元"的概念,指出以此单元作为一个完整的象征符号来表达一个符合特定场合的完整的意义。仪式突出表现了一个文化中的民俗认同,而不是种族认同或基于种族的民俗认同。这是对现有的仪式分析方法的批判发展,因为如果只以仪式中的单一行为或符号来分析,视其为"最小象征",就陷入了形式主义的结构分析,脱离了特定的文化和社会背景。正如在分析故事或叙事时不能以"母题"为最小单位并仅从结构形式上进行比较一样,对仪式的分析也不能以单一的最小符号为基础去分析其意义。可见,对概念的深究是有必要的。

二、作为民俗类型的童话及其生活信仰

童话作为一个文学概念是在特定的历史时期从西方引进中国的。最初它是作为一种文学类型在新文化运动时期被引介进来用于普及儿童教

---

① 参见,张举文编译:《民俗学的概念与方法:丹·本-阿默思文集》,中国社会科学出版社,2018,第104—127页。

② Zhang Juwen. 2020. The Concept of Ethnic Genre as a Paradigm Shift. *Western Folklore*. Special Issue in Honor of Dan Ben-Amos 79 (1): 13-44.

育，同时也受到民族主义影响，成为了新兴的民俗学的一个关注领域。在随后的实践中，童话愈发成为具有中国特色的文学类型。尽管中国文化里并没有西方童话中的"仙女"概念和形象，但在民俗学研究中，童话被普遍理解为幻想故事，并指代着一些中国的传统故事。

在此，以"童话"为例，介绍一些有关童话的新观点，并简要地探讨"类型"（或文类）的概念在学术与实践层面的差距，以及概念"挪用"中的学术分析与意识形态问题。

"童话"作为一项术语和一种新的文类，自新文化运动时期传入中国，至今已有百余年的历史，但关于其基本概念、核心因素和功能等，仍存在许多疑问。童话与传说、故事、神话等文类的区别是什么？中文的"童话"与其对应的英文 fairy tales 相比，二者的所指是否完全等同？在当下中国的文化语境中，"童话"的具体所指是什么？事实上，童话如同魔瓶中逃出的三头仙，从西方起源到进入中国的历程中，经历了并且仍旧在经历着一场蜕变。这一历程进一步说明，任何将童话定义为一种"类型"的尝试，都是"不合适"[①]，且"失败"的[②]。

1. 蜕变：从欧洲到中国

要回答围绕童话的种种问题，就必须回顾其产生和传播的历程，考察不同时期、地域的特殊的社会、宗教、文化环境。人们一般认为童话的产生应当追溯至格林童话诞生的时期，但事实并非如此。

目前学界公认的童话的起源地是法国。1670 年代至 1690 年代间，

---

① Ben-Amos, D. 1971. Toward a Definition of Folklore in Context. *Journal of American Folklore* 84(331): 3–15. P. 4.

② Zipes, J. 2011. The Meaning of Fairy Tale within the Evolution of Culture. *Marvels & Tales* 25(2): 221–243. P. 222.

法国一部分接受过教育的贵族妇女掀起写作仙女（*fée*）故事的风潮。法语中的 *fée* 与英文 fairy（仙女）相应，产生于中世纪欧洲，专指生活于密林深处、具有天使一般的翅膀、带有魔幻色彩的女性。围绕这一特殊主题，形成了沙龙性质的文学团体。17世纪的法国女性仍处于宗教与父权压制之中，即使是受过教育、拥有财产的贵族女性，也往往缺乏社会与家庭地位，写作于是成为她们追求自由，追求家庭、社会、宗教等层面的认可与尊重的手段。这类创作的主体与受众都不是儿童，其内容也会包含色情、暴力等因素。这些作品被结集出版后引起了风潮，在18世纪初期，形成了一种文学类型，时人命名为 *contes de fées*，即 fairy tales（字面意思是仙女的故事），并从法国陆续传播至英国、丹麦等地，其德文译为 *Märchen*，丹麦文为 *eventyr*。*contes de fées* 这一概念在不同国家的传播过程中，内涵也有所偏移，*Märchen* 通常指故事或神话故事，*eventyr* 主要指冒险故事，这两者都包括儿童故事，而非专指"童话"。

近年来，亦有学者认为童话的起源可以继续向前追溯至意大利。一种观点认为生活于15世纪意大利的作家斯特拉帕罗拉（Giovanni Francesco Straparola，1485?—1556?）的文学创作中，已经具有了后世童话的母题与类型，并影响到法国童话的起源，因而他应当被称作"童话之父"[1]。这一观点也受到了挑战，丹·本-阿默思便认为早在其之前，欧洲已经存在奇迹故事（wonder-tale）[2]，而斯特拉帕罗拉故事是否具备童话母题还值得商榷[3]。更有学者在意大利3世纪的文献中，找到了具有

---

[1] Bottigheimer, R. ed. 2002. *Fairy Godfather: Straparola, Venice and the Fairy Tale Tradition*. Philadelphia: University of Pennsylvania Press; 2009. *Fairy Tales: A New History*. State University of New York; 2012. "Europe's First Fairy Tales" and "Giovan Francesco Straparola 1485? -1556?" In *The Teller's Tale: Lives of the Classic Fairy Tale Writers*. Ed. Raynard, Pp. 7-24.

[2] Ben-Amos, Dan. 2010. Straparola: The Revolution That Was Not. *Journal of American Folklore* 123(490): 426-446. P. 426.

[3] Vaz da Silva, F. 2010. The Invention of Fairy Tales. *Journal of American Folklore* 123(490): 398-425. Pp. 398, 419.

童话因素的故事。事实上，尽管是西方的意大利和法国作家将"童话"的文学形式固定下来，反过来又影响了中东和亚洲的童话，但如果向更古老的时间追溯，在古亚洲、古埃及和古希腊罗马时代，也能找到童话起源的痕迹[①]。因此，在考察法语的"童话"对其他语言文化产生的影响时，不仅要关注语义层面，也要考察意识形态层面。

到 19 世纪的德国，格林兄弟搜集童话时，*Märchen* 与它的起源 *contes de fées* 已经有所区别。格林童话的出版，并非一朝一夕的工作。1812 年，第一版格林童话《儿童和家庭故事集》分为上下两册，共收录 156 个故事；1867 年，至第七版故事集中，已收录 210 个故事，其中 10 个被特别注明为宗教故事。这半个世纪中，格林兄弟针对童话的定义、内容、对象等方面不断进行调整，重新界定童话概念，其核心目的是德意志现代国家的建设。这与当时的浪漫主义思潮、德意志民族主义思想的兴起密不可分。

总的来说，1690 年代，法语"童话"（*contes de fées*）一词的形成，以及后来 1750 年代英语"童话"（fairy tales）一词的传播，都伴随着特殊的社会和宗教文化语境。早先，这些故事通常是由属于特定社会阶层的女性创造的，用以"抵抗她们的生活环境"[②]。而少数人的创作最终成为席卷欧洲的普遍活动，正表明童话能从欧洲向世界不断扩散生长，还有更深更广的原因。这些原因包括：16 世纪的改革；社会和家庭对欧洲妇女的双重压制；从维科到康德、赫尔德的民族主义观念；从 1750 年代至 1840 年代的英国工业革命，其直接导致了 19 世纪末和 20 世纪初期的殖民统治与帝国主义的高峰。因此，尽管法国的 *contes de fées*，德

[①] Zipes, Jack. 2015. *The Oxford Companion to Fairy Tales*, 2nd edition, Oxford University Press. P. xxi.

[②] Zipes, Jack. 2011. The Meaning of Fairy Tale within the Evolution of Culture. *Marvels & Tales* 25(2): 221-243. P. 224.

国的 *Märchen*，丹麦的 *eventyr*，都得到了自身的发展，但却是英语的 fairy tales 这一具有语义和意识形态意义与功能的概念，同"民俗学"和"民族主义"一起，吸引了 20 世纪初期中国学界的目光。

20 世纪初期是中国历史上前所未有的、对这一古老帝国今后道路产生了重要影响的历史时期。这期间，欧洲列强使用鸦片和大炮在中国的土地上强取豪夺，彼此争斗；清王朝（1644—1911）最终崩溃，延续两千年的封建王朝走向终结；中华民国成立（1912）；要求走向西化（现代化）的新文化运动应运而生（1910 年代—1930 年代）。为了拯救中国于殖民沦陷危机之中，寻求国家独立并追求现代化，中国的精英们发现了民族主义，以及作为其呈现方式的民俗学（包括童话），企图将它们改造为唤醒民族精神的催化剂。

概念的选择不仅意味着选择了一个故事应当被称为什么，也是在选择它可能被如何使用——其超越了文学类型，是意识形态的一部分。童话概念的产生也是如此，从意识形态层面来说，中国对于"童话"的介绍和接受，是特定历史情况下的产物。要推动新文化运动、推动国民教育，从日本舶来的"童话"，就成为了精神武器之一。国内现有的童话研究，如刘守华的《中国民间故事史》以及其他人的专著中[①]，对这一段历史均有涉及，但对基本语义层面的差异，尚缺乏剖析。与 fairy（森林中有翅膀的仙女）接近的中文词语是"仙"，然而中文语境下的仙往往与道家文化密不可分，"仙"的性别、形象、功能等都与 fairy 有所差异，将 fairy tales 译作"仙话"，显然不符合中国文化传统。汉字"童话"，包括"民俗"，都是周作人等新文化运动领导者直接自日本借用而来的概念，是现代儿童观、教育观的产物。

---

① 参见，刘守华：《中国民间故事史》，商务印书馆，2012；吴其南：《中国童话史》，河北少年儿童出版社，1992；金燕玉：《中国童话史》，江苏少年儿童出版社，1992。

1909 年，孙毓修（1871—1922）策划主编了一系列童话丛书，首次采用了"童话"概念，并以欧洲的 fairy tales 和 Märchen 作为例证。孙毓修借此在中国的图书分类体系中增添了新的文学类型，被人们称为"中国童话之父"。这一做法的最终目的，是推动儿童教育。周作人亦抱持同样目标，在 1910 年代，他翻译了王尔德、安徒生、格林兄弟等作家的童话作品。至 1920 年代，童话作为一种新的文学类型，已经被普遍接受。同时，隶属于民俗学的童话，也因唤醒了民间文学意识，推动了新文化运动的发展，特别是由于童话作家受到了社会的认可与欢迎，童话开始扎根于中国本土。

可以说，正是因为"童"意味着儿童，周作人等才选择了"童话"而不是"仙话"，来翻译 fairy tales 和 Märchen。童话是为推动社会与政治变革而创造的，由此也造成了此后的概念纷争。

2. 定义与分类问题

在现今的中国，童话经过一百多年的发展后，又呈现出了新的样态。一方面，学界想要廓清或更改其定义，规范其内容，或确立它所属的类型时，总会遇到问题。考察童话在今天的状况，可以发现，与它相关的概念越来越丰富也越来越复杂。作家文学领域，有"童话文学"（包含童话与幻想故事，不专为儿童）与"儿童文学"（为儿童创作）的争议；民间文学领域，有"童话"与"民间童话"的争议；民俗学领域，"叙事"与"民间叙事"相互区分，童话却同属于两者。不同领域中童话的不同概念，使它难以成为学者的研究资源，并获得学术地位，以至于目前国内学界仍旧缺乏对童话的深入研究。另一方面，在大众文化和民间文化中，童话却得到了广泛传播，被人们普遍接受。童话在中国的蜕变已经超越了原本的文学体系，与它在法国、英国、德国等地的概念分道扬镳，成为魔瓶中释放的"三头仙"，在三个领域各自发展，并具有了本土化特征。

在作家文学领域，童话借助"儿童文学"这一概念获得了稳定地位，得到了中国作协的认可，随后又出现了两本关于童话史的专著①。另外，职业"童话作家"群体出现，他们中大部分人都生于1950年代，在国内外获得了越来越多的认可。其中最为人熟知的代表作家是北京大学中文系教授曹文轩，他在2016年获得了国际安徒生奖。

在民间文学领域，尽管童话已广为熟知，却仍有很大的争议。在过去三十年的权威教科书中，主要有民间故事、神话、民间传说和民间歌谣四类民间文学体裁。民间故事又可分为幻想故事、生活故事、寓言和民间笑话，童话是幻想故事的另一名称②。此外，为了区分民间文学与作家文学的童话，又有"童话"与"民间童话"的分野。

在民俗学领域，则有人提倡使用"民间叙事"的概念，以图模糊"作家文学"与"民间文学"、"童话"与"民间童话"、"童话"与其他类型的"故事"之间的概念分歧。在钟敬文影响深远的教材《民俗学概论》中，"口头散文叙事"取代了"民间口头文学"，分为神话、传说、民间故事及笑话三类。民间故事的分支之一，是幻想故事，也称作神奇故事、魔法故事或民间童话③。在日渐兴起的民间文学研究领域，生活故事、民间寓言、民间笑话、幻想故事和民间童话，都属于民间故事④。"民间叙事"作为新兴的概念，因其包容性得到了广泛认可。在刑莉的

---

① 金燕玉：《中国童话史》，江苏少年儿童出版社，1992；吴其南：《中国童话史》，河北少年儿童出版社，1992。
② 钟敬文编：《民俗学概论》，第2版，上海文艺出版社，2009，第204页。
③ 同上书，第247页。
④ 万建中：《中国民间文化概论》，北京师范大学出版社，2010，第264页。

《民俗学概论新编》中,"民间叙事"取代了"民间文学"①。这是近年来学术研究的新进展,"民间叙事"不仅模糊了传统类型的界限,也同样强调了更广泛的交际语境②。

然而事实上,作为学术类型的童话概念,已经被最初创造它的学者打破了。对中国学者来说,牛郎织女、孟姜女、梁祝和白蛇传等故事既是神话也是传说,更是民间故事或奇幻故事,当然也是童话故事。在西方话语中,它们可以被看作童话(fairy tales);但在中国,它们更多地被认为属于神话或传说。

中文语境下的童话类型提供了超越童话研究的话语方式,即它反映了中国试图在平等的"国家"地位和平等的学术话语方面,与西方并驾齐驱的愿望。从这一角度来说,童话在中国的产生,与 Märchen 在欧洲产生的背景并没有太大区别。中文的童话作为类型,一开始就具有文化上的独特性,它不仅是简单的"形式",更是话语权力的问题。中文世界对民间文学、民俗学的定义,乃至民间文学的类型,都受到欧洲话语的影响。尽管中国的古代故事,实际上有着传统的类型名称。如叶限故事,在《酉阳杂俎》中属于"诺皋"类。中国的不同地区,对故事也有不同的称呼,如讲古、编瞎话、侃大山等。但统一的学术话语抹消了传统的、地域上的差异,以西方概念来衡量所有的口头传统与类型,则传统的牛郎织女、孟姜女等故事就会面临无从分类的尴尬。正如丹·本-阿默思所言:"对散文叙事的分类,很大程度上取决于对故事的文化态度和口头传统的本族类型。"③ 他所辨析的"分析类别"(analytical

---

① 邢莉等:《民俗学概论新编》,北京师范大学出版社,2016。
② 吕微、安德明编:《民间叙事的多样性》,学苑出版社,2006;林继富:《民间叙事传统与故事传承》,中国社会科学出版社,2007;刘魁立等:《民间叙事的生命树》,中国社会出版社,2010。
③ Ben-Amos, D. 1971. Toward a Definition of Folklore in Context. *Journal of American Folklore* 84(331): 3–15. P. 4.

categories)与"本族类型"(ethnic genres)概念,正是对西方话语霸权的反思①。1960—1970年代的美国民俗学界,普遍认为当时西方的民俗学类型分类,可以适用于全世界的民俗研究。丹·本-阿默思前往非洲进行田野调查之后,意识到事实并非如此,当地人对于神话、谚语、故事等有着全然不同的定义,是以提出"本族类型"的概念,即研究者应当基于当地人的本族文化,关注当地人本身所使用的类型概念。这一思索对于我们研究中国民间文学类型大有裨益,为何会选择神话、童话、故事等定义?我们的历史与文化中,是如何对这些文本分类的?唯有厘清相关问题,才能够避免概念上的混乱。

目前西方学界已经开始反思欧洲中心标准所导致的问题,质疑现存文化中的定式结构,以及曾在欧美的"类型"形成中发挥至关重要作用的殖民与新殖民假设的观点,欧洲中心的话语机制正在受到挑战。而身为中国的童话研究者,也应当拓宽国际童话研究的视野,反思本国学术历史,发现欧洲中心标准掩盖下的文化多元性及地方文化的特殊性,关注概念"挪用"中的学术分析与意识形态问题,厘清学术概念和意识形态霸权之间的关系。为此在使用概念时,必须清楚其概念源流,清楚要在何种层面上使用它,区分本土分类概念与文化价值观的差异。

3. 超越民俗类型的生活信仰

为了向西方(科学、学术)看齐,构建现代国家,建立与西方平等的交流,国人有意识地构建了对内-对外的话语体系:对外,中国

---

① 参见,张举文编译:《民俗学概念与方法:丹·本-阿默思文集》,中国社会科学出版社,2018年。

要立于世界民族之林，追求独立强盛；对内，要普及儿童教育、社会教育、文学教育，提高国民素质。这是童话在中国扎根的文化（不仅是文学）土壤。与"童话"类似的是，近百年来引进的各个学术概念，例如"民俗"与"民间文学"（folklore）、"类型"、"文类"、"门类"、"种类"、"体裁"（genre, type）、"民族"（nation, ethno）等概念的界定与翻译，都需要梳理和再界定：它是学科分析工具，还是价值观传播的手段？是对文化多元的尊重与容忍，还是以权力界定话语的体现？每种话语都有特定的文化价值体系基础。因此，不应以一种话语体系强迫（压制）另一种；要尊重各自文化的实践者的分类概念；要有平等的文化态度。童话类型，或文学类型，不仅是文学研究中的文本问题，更是文化价值观的表现，不能因对某文学类型的关注而忽视每种类型概念自身的价值观和话语权问题。

围绕童话概念产生的种种问题，均是由于将其视为文学的"类型"所导致的。而更重要的一点是童话中所蕴含的超越类型的核心信仰与文化价值。童话在中国的蜕变再次证明了这一观点。童话本身是一种信仰，正如杰克·齐普斯（Jack Zipes）所言："童话意味着超自然的信仰，而非信仰的停滞。我们相信很久之前曾经发生过超乎寻常的故事。我们需要去相信。我们借助童话来做梦和生活。"① 此外，还要进一步追问并研究这一生活信仰如何作为工具参与到日常交流与意义生成的过程中，揭示不同文化中的不同信仰体系与文化价值，以及它们在跨文化交流中发挥的作用。这方面，齐普斯的研究值得我们关注。齐普斯立足社会政治语境，从意识形态层面对童话的内涵、历史、功能等进行了批判性分

---

① Zipes, Jack. 2011. The Meaning of Fairy Tale within the Evolution of Culture. *Marvels & Tales* 25(2): 221-43. P. 221.

析，提供了许多富有启发性的见解①。

所谓生活信仰是说童话在日常生活中创作出了一个信仰世界，从中人们可以满足欲望、发泄不满、治愈心理挫折等，然后再返回到日常生活，让日常生活充满希望和意义，这也是童话的神奇魅力所在。所以说，我们的日常生活中必须有童话。童话是对过去的怀旧、想象，对现实不满的宣泄、逃避和抵抗，亦是对未来的幻想与期望。恰恰是这些心理情感的调整，才使得现实生活具有了意义。当人们不再想象未来时，就放弃了对未来的期许，生活的意义便无从存在。超越类型，将童话视为生活信仰，这并非消极的宿命论，而是寄托了积极和主动的情感。童话便是在最日常的程度上揭示了这一道理。

三、民间故事的吸收与传播：历史地理方法的发展

在此，以中国故事"定亲"或"命定婚"（ATU 930A）中的"月老"（即"订婚店"故事）为例，在广义的文化语境下，运用历史地理学方法具体探讨故事中的"月老"形象在两千年的岁月中是如何传承和变异的、如何至今仍被人们口口相传以及故事中的元素是如何随着它们与文化核心价值的关系的变化而变化的。

由此提出的观点是，外来故事中的关键元素一定和本土有相似的特征，才使得它们能够满足本土观众的需求，并融入本土；反过来，这些关键因素又深化了隐含的信仰和价值观，而且故事的改变可以说是我们日常生活中文化整合的前奏。

---

① 有关齐普斯的民间故事、童话故事以及儿童文学的研究，参见，张举文："一位改变英语世界对格林兄弟童话认识的学者：杰克·齐普斯"，《民间文化论坛》2019年第5期。另见，即将出版的《民间故事与童话故事研究：杰克·齐普斯文集》（中西书局）和《齐普斯童话研究文论》（明天出版社）。

阿彻尔·泰勒（Archer Taylor）对"定亲"的研究为一般意义上民间故事研究中的历史地理学方法设定了一个标准，对 ATU 930A 故事的研究尤其如此。[①] 但是在过去的半个多世纪中，没有人再对此故事关键元素（母题或符号）中的象征主义以及研究方法[②]做进一步的研究。故事的基本研究方法、故事类型（在主要母题基础上进行的民间故事分类）、母题（构成故事的元素）和历史地理学研究方法，这些都值得我们对这个故事进行后续研究，不仅要研究它的内容和结构，而且还要研究它被传播和扩散的深层的文化基础。历史地理学研究方法因为它"技术和方法上的缺陷"[③]，以及不能"成功地解释故事研究的结果"而一直饱受学界诟病，但这种研究"作为一种方法，而不是理论"[④]，却获得了学界的认同并在一定范围内得到了运用。尽管"类型索引只是一个工具而不是民俗学者的终极目标"[⑤]，但如果只是批评它忽视了故事的背景和价值观及只关注构成故事索引的框架，这是不合适的。民俗学者应该在它的优点上做进一步的研究。

泰勒在他的故事研究中使用这种方法，其目的不仅仅是用它来追溯故事的源头，而且还用它来考察故事的传播。泰勒发现这个故事近

---

① Taylor, Archer. 1959. The Predestined Wife (Mt. 930*). *Fabula* 2(1): 45–82. P. 48. 930 类型在汤普森《故事类型》（阿奈尔和汤普森）的第二版中改为 AT 930A 型。在丁乃通的《中国民间故事类型索引》（1978）中，"定妻"故事被划分为 930A。在艾伯华（Eberhard）的《中国民间故事类型》（1937）中，这个故事是 No. 149。在汉斯·乌特尔的《国际民间故事类型》（2004）中，它是 ATU 930A。本书中称此故事为"ATU 930A"。

② 见阿尔奈和汤普森的《民间故事类型》（1961: 327），AT 930A（先前 930*）。泰勒的研究可以看作是主要根源。

③ Hodgen, Margret. 1942. Geographical Diffusion as a Criterion of Age. *American Anthropologist* 44(3): 345–368. P. 368.

④ Goldberg, Christine. 1984. The Historic-Geographic Method: Past and Future. *Journal of Folklore Research* 21(1): 1–18. P. 12.

⑤ Dorson, Richard M. 1965. Foreword. In *Folktales of China*, ed. Wolfram Eberhard, p. xv. Chicago: University of Chicago Press. P. xv.

十二个世纪以来在欧亚大陆还有 44 个异文本，这就为研究故事的细节和特殊故事的类型提供了极好的范例。有人认为此类故事是从印度传到中国的，且此类故事的所有版本"都起源于佛教"，此外还有研究认为俄狄浦斯（Oedipus）故事也是由此类故事"改变性别"而来的，泰勒对此表示怀疑[1]。泰勒还质疑阿尔奈所提出的"定亲故事依赖于东方的信仰，具有典型的印度特征"这一观点。[2] 泰勒反对地方性的原型（ur-form）的观点，却赞成故事的多元传播。[3] 泰勒的质疑和观点在今天依然颇具远见和鼓舞人心，他的贡献是巨大的。事实上，泰勒涉及了民间故事研究中的关键点——不同文化渊源和文化背景的故事研究应该使用不同的研究方法。正是出于对这一颇具启发意义的研究方法的欣赏，笔者将探讨中国故事和社会中的"月老"形象变异和传承的深厚文化语境。

然而，泰勒的文章中提出的有关"月老有多久的历史"和"这个故事起源于何处"这两个核心问题似乎仍然没有得到解决，而本讲将致力于回答它们。泰勒注意到，这个故事在中国已有一千多年的历史，在分析新证据和大胆推论之后，他认为这个故事"已两次跨越亚洲大陆，且很明显是源于中国而非印度"[4]。但他也承认，"中国最早的版本或是历史或是伪历史传统"[5]，而"要判断这一原始故事是否受到外来宗教或历史的影响很显然是不可能的"[6]。泰勒着重研究这些元素本身，但并没有进一步考察特定文化中这些元素（和故事本身）形成和转变的文化和历史语境。

---

[1] Taylor, Archer. 1959. The Predestined Wife (Mt. 930*). *Fabula* 2(1): 45–82. P. 48.
[2] 同上书，第 81 页。
[3] 同上书，第 82 页。
[4] 同上书，第 78 页。
[5] 同上书，第 47 页。
[6] 同上书，第 81 页。

在继承泰勒的事业，继续对这一特定故事进行研究并反思先前的研究方法时，本文将分别考察唐代此类故事形成时的月老元素；周朝末期故事文本中月老的原型；月老元素的发展和唐代以后的民间故事；中国当前口头传统民间故事的异文等。① 本研究的目标是：

1. 证实月老元素（泰勒认为月老并非是故事类型中的关键元素）对于故事本身的形成是必不可少的，并且这一元素的转化和故事本身都深深植根于中国兼容的信仰和价值观当中。月老因其独特性，而在中国版本中至关重要，它并不等同于其他文化故事中的先知元素（ATU 930）。

2. 通过追溯月老元素两千年的历史，揭示它如何演变成各种观点中的深层象征，为泰勒关于故事起源的问题，以及"原始故事是否受外来宗教或历史的影响"这两个问题② 提供可能的答案。

3. 得出如下结论：一个元素或一个故事的存在取决于它是如何或是否植根于某一文化的核心信仰和核心价值，取决于故事所采用的是被修改以适应现有的象征系统，还是新的文化体系中有相似的表现形式或意义。

4. 指出历史地理学方法，在结合文化语境的前提下，可以继续作为一个有用的工具来考察故事元素传承和变异意义的过程。

1. 唐代故事中的月老

（1）"订婚店"中的月老

如泰勒所指，"定亲"故事在中国最初是以标题"订婚店"出现在 9 世纪早期完成的搜集整理中的，③ 此后一直保存在各种故事文本或口头变

---

① 中国新版本和欧洲、韩国（或其他地方）的故事比较不在本文的讨论之列。
② Taylor, Archer. 1959. The Predestined Wife (Mt. 930*). *Fabula* 2(1): 45-82. P. 81.
③ 故事收录在李复言的《续幽怪录》（约 827—836）。泰勒在他的研究中称为"订婚店"。

文中，直至今日。①

借用泰勒对故事的研究，让感兴趣的读者了解整个故事内容，将有助于进一步研究故事中的月老元素，兹译泰勒文本故事情节如下：

> 一个名叫韦固的年轻人想结婚，但是找不到一个合适的妻子。他遇到一个正在翻看奇怪书稿的老人。这个年轻人能看懂好几门外语，包括梵文，却看不懂这本书稿，于是便询问这是什么。老人告诉他这是天下人的婚姻簿。年轻人问他是否会迎娶自己喜欢的姑娘，老人说不会，但是他的脚已经和他未来妻子的脚被一根红线绑在了一起。这个女孩现在只有三岁。老人带年轻人去看那个小孩，年轻人非常不高兴，因为这个女孩既丑陋又贫贱。他决定杀死小女孩，逃离自己的命运。他派了个仆人带刀去杀她。但仆人只在女孩的眉心划了一刀。十四年后，年轻人当了官，迎娶了一个美丽的上流社会女孩，她总是在额头上点一颗美人痣。在他们婚后一年多，她告诉他自己小的时候曾经被一个疯子刺伤。之后丈夫向她解释了一切。从此他们幸福地生活在一起。年轻人第一次与老人相遇的那个店铺后来被人们叫作"订婚店"。

泰勒总结此故事类型的基本要素为：1）与下层女孩的注定姻缘，2）蓄意谋杀者与其造成的伤疤，3）由疤痕所揭露的预言的应验。汤普森就是主要基于这三个因素划分了此故事类型：AT 930A。

泰勒没有将月老元素归入他所概括的故事基本要素之内。从他的分析中可以推断，首先，他将月老等同于先知，而先知元素是"定亲故事类型 Mt. 930 的典型母题"；他认为对月老的追溯也可以在"西方版

---

① Taylor, Archer. 1959. The Predestined Wife (Mt. 930*). *Fabula* 2(1): 45–82. P. 45.

第六讲　民间叙事：母题·类型·生活信仰

本"中找到；他推断，在这一故事类型中"这不是必要的和最初的元素"。他还指出月亮（不是月老）与婚姻的关联，并不能证明"这个故事是中国创造"，因为这种关联"相当普遍"。其次，泰勒没有将这个故事中的月老与同类故事中相似的"老人"或是先知对比，这似乎也能解释他的某种程度的矛盾思想：一方面，他认为月老并非"中国创造"，但另一方面，他又认为月老元素、红线元素"不像是印度的思想"，它们"具有中国的特点"。因此，泰勒看重其他元素（例如，红线、疤痕、头发），期望将来能有所发现，为"这个故事的历史找到一条有价值的线索"。

然而，在此做出区分是非常重要的：与泰勒的推断不同，月老与婚姻的关联并非普遍元素，而是植根于中国的信仰和习俗中的，尽管月亮与婚姻的关联确实是一个普遍元素。月老元素与婚姻的关联无论是在这个故事形成的 9 世纪之前还是之后，在中国的文化中都是非常独特的。本研究的目的就是要证明不管是在历史文本还是在日常实践中，月老对于此类故事都是非常重要的，它后来被用于传达宗教信息，并蕴含了中国的基本文化价值观。

关于故事类型和母题，值得一提的是，"命定丈夫"（命中注定的丈夫）不是一个与"命定妻子"（命中注定的妻子）（ATU 930A）[①] 相匹配的故事类型，尽管两者有着相同的母题（T22.3）。[②] 从 AT 930 到 AT

[①] 据阿尔奈和汤普森（1961: 325-8），相关故事类型叫 AT 930 "先知"；AT 930* "作为惩罚的命运预言"；AT 930A（先前叫 930*）"定妻"故事；AT 930B "预言：16 岁时公主会爱上 40 个阿拉伯人"；AT 930C "命中注定的新娘被抛弃于船中"；AT 930D "命中注定的新娘的戒指掉在海上"；AT 931 "俄狄浦斯"。

[②] 据汤普森（1955—1958, 卷 5: 335），相关母题包括：母题 T22 "命中注定的恋人"；T22.1 "出生前就订婚的情侣"；T22.2 "定妻"；T22.3 "定夫"；T22.4 "同时出生，注定成为夫妻的情侣"。

949，AT 故事类型的缺陷已在其他文化背景下的故事中表现出来，①学者们也曾用犹太故事例子对之加以修正。②在关于中国故事类型索引的开创性工作中，丁乃通依然遵循这些相关故事的 AT 类型，尽管他划分了200 余种中国故事类型③而只用了两本故事集作为原始资料。④此外，故事类型 AT 930A 和母题 T22（命中注定的恋人）既不存在于西非、中非、马达加斯加、西印度群岛，在澳大利亚原住民的口头叙述和早期的爱尔兰文学中也没有出现，在泰勒对十余个国家，如保加利亚、波利尼西亚、北美的大量搜集整理中也不存在。AT 类型并不适用于也不包括其他文化的故事，这一事实揭示了欧洲中心主义文化取向在编制故事类型索引中的历史局限性。但是，正如乔治斯（Robert Georges）指出的，"故事类型作为故事构想的一个术语，它的出现与故事类型索引的发展以及历史地理学方法的演变息息相关"，他还认为"故事类型作为一个概念和构想是有生物学基础的"⑤。因此，无论是否认可这一构想或这一故事类型术语概念的存在，我们都必须承认在不同的文化中有不同的"概念、特征、叙事手法和叙事艺术的分析"。然而，最近出版的《国际民

---

① 见 Racenaite, R. 2007. Structural-semantic analysis and some peculiarities of Lithuanian novelle tales. *Folklore: Electronic Journal of Folklore* 36: 101-112. 也见 http: //haldjas. folklore. ee/folklore/vol36/racenaite. pdf。

② 见，Shenhar, A. 1983. The Jewish Oicotype of the Predestined Marriage Folktale: AaTh 930* E (IFA). *Fabula* 24(1-2): 43-55. 森哈认为这个故事类型在犹太社区非常普遍，他另外增加了几个类型以补充汤普森的索引：AT 930*E "订婚在：神奇的分离"；AT 930*F "井和鼬鼠作为见证人"；AT 930*H "婚配中失败的人体试验"；AT 930*J "制服岳父"。

③ 参见，Ting Nai-Tung. 1978. *A Type Index of Chinese Folktales*. FF Communications No. 223. Helsinki: Suomalainen Tiedeakatemia. P. 152. 在这部著作中，丁乃通（Ting Nai-Tung）将相关故事分类为 AT 930 "先知"；AT 930A "定妻"；AT 934A "注定死亡"。

④ 同上。

⑤ Georges, Robert A. 1983. The Universality of the Tale-Type as Concept and Construct. *Western Folklore* 42(1): 21-28. P. 21.

间故事的类型》一书有意改变了故事类型的分类,而且"已消除或减少了这些错误",例如过于强调男性角色,欧洲中心主义以及缺乏体裁区分等①。

我们应该仔细看看,相比于后来的故事版本,最早出现在唐代的版本中的月老的特点。这个考察提出了这样的问题:如果没有月老元素,这一故事在中国(官方和民间)传统中会流传至今吗?

故事中对月老的描述本身就相当独特。泰勒说道,月老是在读"阴间的书,是关于天下人的婚姻簿的"。根据早期版本的描述,这个"老人"笑着答道:"这本书世上没有……这是一本幽冥之书。"年轻人接着问,"那你这个幽冥之人怎么会在人间出现?"……老人答道:"管理人的命运是阴间官员的职责,他们又怎能不在人间行走呢?事实上,路上人鬼各半;只是很少有人知道罢了。"年轻人又问道:"那你的特殊职责是什么呢?"老人答道:"人世间的姻缘。"……在老人指出那个女孩之后,年轻人生气地说:"我一定要在娶她之前杀了她。"老人说:"你这是白费劲。她注定会借她儿子之力成为一个富贵女人。"接着老人就消失了。

很明显,中国所有的版本和故事变体中都强调了月老人鬼各半的特点,虽然在近现代版本中,他更多地具备了人类的特点。这个不断变化的角色(鬼-官员-人)最早是以"老人"的形象出现在小说中的,他耐心、文雅、总面带笑容,具备了睿智人士的所有特点。这个故事中的月老比定亲(ATU 930)故事类型中的先知具有更复杂的象征意义,因此月老不应该与广为人知的先知元素(或母题)等同。

就语义层面而言,同类型故事中,也没有一个形象与"幽冥之人"

---

① Uther, Hans-Jörg. 2004. *The Types of International Folktales: A Classification and Bibliography, Based on the System of Antti Aarne and Stith Thompson*. FF Communications. Helsinki: Suomalainen Tiedeakatemia. Pp. 8–9.

的月老相符合的。例如，成书于10世纪的《太平广记》①卷159中记载了七个同类型故事，卷160中记载了五个同类型故事，其故事中的"媒人"元素也与月老大相径庭②：作为预言的梦、善相人和泄露的秘密、女巫、能预测婚姻的和尚、专业媒氏、善易者、卜人，以及飘落的树叶上面写满预测未来的诗句。而且，本研究中所使用的"月老"，在故事中并没有使用这一称呼，在后来的演变中才有所提及，并和媒人、红娘等一起沿用至今，取代了之前的称呼，如伐柯、大冰。

在意识形态上，佛教在中国唐代发展到了顶峰。然而，一个重要的事实是佛教的一些思想是借用了道教中关于鬼魂和转化的故事来进行传播的。而且，正是在与佛教思想的斗争中，宋明时期程朱理学才在儒家思想家们的倡导下得以发展，比如朱熹（1130—1200），他对儒学的演绎成为当时中国的主导思想，并一直持续至今。然而，朱熹又接受许多与儒家思想并不一致的做法（例如，朱熹提倡风水，而这是道教阴阳先生的传统），这点在他颇具影响的《朱熹家礼》中可以看到，这显示了中国思想兼容性的本质。

直到现在，我们仍认为月老元素涵盖了道教的大部分特点，尽管它的"命中注定"观点在佛教中也同等重要。正如泰勒所说，月老没有出现在中国的佛教故事中；印度的故事版本中有几个"智者"，却没有这样的"一个老人"。我们还注意到月老是基于宇宙观、历史、伦理和宗教价值观的一个独特的标志，蕴含着简明的含义；它与非中国源头故事

---

① 李昉奉命编撰《太平广记》，此书完成于977—978年。同时，他还校订了《太平御览》。

② 在"崔元综"故事中，它是一个关于先知的梦。在"武殷"中，故事情节与"订婚店"一样，占卦的人是一个善相的朋友，他和问婚姻的年轻人喝完酒后就告诉了他婚姻的秘密。在"卢生"（《续幽怪录》中叫"郑虢州陶夫人"）中，它是一个女巫。在"郑还古"和"李行修"中，它是一个梦。在第160卷的"秀师言记"中，和尚是婚姻的预言者。在"灌园婴女"中，有专门的媒氏，是善易者和卜人。在"侯继图"中，是上面写满诗句的树叶。

中的先知不同，它展示了中国文化和历史中的这些基本信仰：

1. 阴阳五行的思想，它可"追溯到中国古代，有完全独立的源头"，"可以认为是中国早期在形而上学和宇宙学观上的尝试"，"中华文明的任何方面都摆脱不了这一印记，无论是形而上学、医学、政治或是艺术"①。这些思想"对中国的科学思想历史非常重要，"而且"是古代中国人能想象的最终原则"②。他们在后来的道教教义和实践中得到了很好的践行。这一流派的思想在汉代得到阐释，其元素被借用到当时新进的佛教思想中。虽然"阴阳"首次出现在道教的《老子》中（已知的最早版本出现在公元前 4 世纪至公元前 3 世纪），但这一思想早在之前就很盛行，因为其被广泛运用到周朝晚期的经典著作中。这些思想通过传统阴阳先生的某些仪式或其他活动在中国继续传播，例如算命、墓地的选择（或选址、风水）、包办婚姻等。

2. 灵魂不灭的信仰，这在中国的许多故事和祖先崇拜中都可以看到。

3. 趋吉避凶的实践，它体现了对命运的乐观而非消极的态度③。中国老百姓对算命的普遍信仰和实践也推动了中华文化的创新性和灵活性。儒家思想没有讨论人的来世，道家思想强调宇宙的自然规律，只有佛家思想才对冥界做出了解释。但是人们远不满足于这些思想。鬼故事满足了娱乐和心理安慰的作用，同时也实现了教育功能。

4. 儒家教育伦理观，它提升了教育在维持社会秩序和提高个人的社会地位中的价值。中国人仍信仰并践行"学而优则仕"这一观念。由程

---

① Chan, Wing-tsit. 1963. *A Source Book in Chinese Philosophy*. Princeton, NJ: Princeton University Press. Pp. 244-245.

② Needham, Joseph. 1956. *Science and Civilisation in China*. Vol. 2. Cambridge: Cambridge University Press. Pp. 216, 232.

③ Li, Yih-yuan. 1995. "Notions of Time, Spece and Harmony in Chinese Popular Culture". In *Time and Space in Chinese Culture*. eds. Chun-Chieh Huang and Erik Zurcher. Pp. 383-398.

朱理学家完善后的科举制度进一步推动了这一思想的发展。

5. 家庭价值观，这是儒家礼教在婚姻观中的突出体现。而且，有儿子的婚姻被看作是先祖的恩赐，也能为后代带来福分。因此，一段好的姻缘是算命和命运的结果。这样看来，作为传统媒介的算命先生，或是这里的月老，强化了人们赖以生存的价值观和希望。

因此，月老这一象征给在中国延续了一千多年的此类故事带来了活力。但是，这一象征并非在唐代才有，而是深深植根于历史的。如下可见：

（2）"订婚店"及其他同类故事

"订婚店"最先出现在李复言的《续幽怪录》（约827—836）中，这是牛僧孺（779—847）[①]《幽怪录》[②]的续集。但是戴孚的志怪传奇集《广异记》（约757—779）[③]中的《阎庚》清楚地描写了月老和红线元素。[④] 戴孚的作品在文学史上具有重要地位，由此可推断牛和李均受其影响。下面是《阎庚》白话文的故事梗概：

> 阎庚的父亲批评他不像其他年轻人一样努力，于是他便与一个朋友开始了求学之路。他们在旅店遇到了一个住客。在交谈中，那个人说道："我不是人，我是阴间掌管姻缘的地曹，用红线绑住男女

---

① 根据《丛书集成新编》（1986，第82卷）。《续幽怪录》是怪异故事续篇。《幽怪录》是传奇故事集。

② 这里"幽"是"玄"的代称。（张元济的《宋本续幽怪录》，续古逸丛书之三十一，江苏广陵古籍刻印社，1994，第805—836页。）宋代因避赵匡胤始祖玄朗之讳，改名《续幽怪录》。在中国古代，人们对皇帝或尊长不能直呼或直书其名，就常用意义相同或相近的别的字来代替要避讳的字。

③ 戴孚的《广异记》收录有三百多个故事，大多故事来源于《太平广记》。

④ 对红线的精神分析将更能阐明这个故事，但限于文章篇幅，这里不做讨论。值得注意的是红线不仅在中国的婚礼中，在许多其他文化中也都有一定的象征和实际作用。

的脚。"看到包里的红线,他们方才相信,就向他询问自己的官位和年寿。他说阎庚的朋友会活到八十多岁,并位极人臣;但是阎庚注定贫穷,无官无禄。除非他与一个富家女孩缔结姻缘才能摆脱贫穷。现在北边百里外的一个村庄有个女孩,她已与未来的丈夫捆绑在一起了。但是那个幽灵愿意解除他们的婚约来帮助阎庚。如果阎庚立马出发,到达那个村子的时候会遇上一场雨,以此证明那个幽灵的话。阎庚跟他的朋友一起去那个村子,并遇上了大雨。他们找到那户人家,见到了那个女孩的母亲。她告诉他们今天是她女儿订婚的日子,但是男方的父母不接受女方的嫁妆,订婚取消了。阎庚的朋友成功地劝说那位母亲把女儿许配给阎庚,于是他们结婚了。后来阎庚成了一位地方官,而他的朋友成了大臣。

首先,这个故事具备除蓄意杀害和疤痕元素以外的 ATU 930A 故事类型中的所有元素。由此可见,月老元素并不是首先在"订婚店"中形成的。其次,这个版本展现了其他版本中所没有的,却对理解中国历史和中华文化很重要的东西,这就是为改变命中注定的不幸而做出的积极的努力,这表现了中国人趋吉避凶的基本信念。正是如此,月老才被视为只安排美好姻缘的鬼或神。这个故事后来被收编入《太平广记》的鬼篇中。①

牛僧孺的作品现存 4 卷共 37 个故事,牛僧孺曾任宰相,是历史名人。他的故事因充满了道家命定劫数的思想而广为流传。在他的第一卷中记载了"韦氏"的故事,与"定亲故事"极为相似。故事里的妈妈想要把女儿许配给一位年轻人,女儿前两次都拒绝了,直到第三次才同意让那个年轻人当她的丈夫。问及原因,女儿说在梦中看见了年轻人的所

---

① 《太平广记》第 328 卷,第 13 章,关于鬼故事。

作所为。

作为《幽怪录》的续集，李复言的《续幽怪录》共 4 卷 23 个故事。其中有 4 个故事可以划入定亲的故事类型中，其余的故事则是关于道家、佛家的变形、转世和定命（或死亡）等。其中"郑虢州陶夫人"①故事和上面谈到的"韦氏"都可以看作是"定夫"的典型案例，与 ATU 930A 是同类型故事，只不过这类故事中，主角是女儿、她的妈妈和女巫-萨满，丈夫先前是和别人缔结了婚约。

唐代属于文学范畴的成百上千的神异小说（如可见于后世辑录的《太平广记》和《四库全书》中的那些故事），其中几乎都没有与月老相同的人物形象。或许是因为这个原因，还有文学、道德以及宗教价值，李复言《续幽怪录》中的故事版本很受欢迎，②一个世纪之后还被收录到官方的百科全书《太平广记》中。考虑到这部史书的地位，这一收录进一步影响了接下来的几个世纪。

在《太平广记》中，"订婚店"没有明显改动，被收录在第 159 卷中，属于定数类。定数类包含了从 145 卷到 160 卷的 15 卷，共 150 个故事。所有故事都是从先前已有标题的书籍中收录的，例如《定命录》和《前定录》。显然，定命的思想是神异小说繁荣的重要基础。这些故事也使得小说在唐代成为一种单独的成熟的文学体裁。③反过来，在以后的几个世纪（14—19 世纪）中，神异小说的风潮也促进了"订婚店"之类的故事的传播。

---

① 这个故事，在《续幽怪录》中叫"郑虢州陶夫人"，后来收录在《太平广记》第 159 卷中，名叫"卢生"。
② 王仁裕（880—956）的"开元天宝遗事，牵红线娶妇"和彭大翼的《山堂肆考》（1595，240 卷）都有红线；这两个故事都收录在《钦定四库全书》和《中国古籍善本书目》中。
③ 见鲁迅的《中国小说史略》（1958）中分析唐代小说类型以及它对中国后世文学的影响。

泰勒指出，收录在《太平广记》第 160 卷中的故事"灌园婴女"与"订婚店"颇为相似。①这个故事中没有变化的月老形象，而是一个俗人的形象（见上文），而且没有像红线这样的元素。然而，我们需要与现代口头变体进行对比，这一点很重要，我们会在后文中讨论。

2. 唐代以前文本和语境中的月老

下面的选段旨在探讨月老的象征意义之间的联系以探究这一元素的转变。在民间艺术和其他文学体裁中能找到文化渊源的许多线索，但此处省略不议。下面简要勾勒有代表性的交叉点以使月老元素更为清晰。

1.《诗经》已知是在公元前 11 世纪至公元前 6 世纪形成的，由孔子（公元前 551—前 479）编定的最早的文本之一。《诗经》中有几首诗强调了"媒"的角色。"媒"字与"谋（计划、策略）"字相关，意思是运用语言和谋略将两个家庭结合在一起。②

a.《卫风·氓》中有"匪我愆期，子无良媒。将子无怒，秋以为期"。儒家思想强调婚姻必须有个中间人，这一思想是植根于儒家礼教"六礼"中的，影响了中华文化两千多年。

---

① 这个故事最早出现在王仁裕的《玉堂闲话》中，后来出现在《太平广记》的第 160 卷。这两个故事常被认为同一源头（汪辟疆 1958: 224）。泰勒把这个故事称为"花匠的小女儿"，并将故事概括如下：一个年轻的读书人想结婚，甚至找了专门的媒人，但最终还是无果。最后，他请教了算命先生，算命先生告诉他，他未来的妻子是一个花匠的女儿，住在某个地方。年轻人不喜欢自己命中注定的妻子，他一直都想娶个富裕家庭的女儿。他进了城，找到了花匠住的地方。他发现小女孩正在一个人玩耍，就用针刺小女孩的头。小女孩被刺伤了，却没什么大恙。小女孩的父母死后，她被一位官员收养。年轻人这时候也当了官，他和小女孩的养父是朋友。他跟女孩结婚了。他认为算命先生说的都是鬼话，骗人的。在天气阴冷时，他的妻子经常头疼。她去看了医生，医生从她头里找出了一根针。这时，年轻人知道他的妻子就是花匠的女儿（泰勒 1959: 46）。

② 参见《尔雅注释》（2010）或《说文解字注》（1973）。

b.《豳风·伐柯》中有"伐柯如何？匪斧不克。取妻如何？匪媒不得"。在对这首诗歌的理解中，亚瑟·韦利（Arthur Waley）认为那时媒人不是必须的。① 相反，高本汉（Bernhard Karlgren）在翻译之前评论道："婚姻应该遵循由传统制定，在家庭中不断实践的规则：一位已婚长者作为媒人为年轻人牵线搭桥；婚礼应该与惯例要求的祭祀相结合。"② 从《诗经》开始，伐柯人就成为了媒人的代名词，并在后世的不同作品中沿用千年。③

c.《邶风·匏有苦叶》中有"士如归妻，迨冰未泮"。正是由于冰的比喻，"大冰""冰人"发展成（男性）媒人专用术语，这在两千多年前关于神话和习俗的另一部有价值的作品中也可以看到，④ 接下来《晋书》中的例子也会提及。

2. 安排并决定婚姻在周朝是公务。《周礼》是中国最早（自公元前3世纪以来）的文本之一，其中对于媒人的地位是这样描述的："媒氏掌万民之判。凡男女自成名以上，皆书年月日名焉。令男三十而娶，女二十而嫁。……凡嫁子娶妻，入币纯帛无过五两。"⑤ 这些记录不仅表现了官方地位的重要性和必要性，也体现了相关（合法的、道德的）法律执行的强制性。接下来我们看看通过交合阴（女性；另一世界）阳（男性；这一世界）两界来安排婚姻的月老的原型。

---

① Waley, Arthur, trans. [1937] 1960. *The Book of Songs*. New York: Grove Press. P. 68. 韦利翻译了这句，而且还评论道，"我认为，这首诗代表了一种普遍的观点，即婚姻是小事，也不一定非要媒人不可"。

② Karlgren, Bernhard. 1950. *The Book of Odes*. Stockholm: Museum of Far Eastern Antiquities.

③ 例如，吴自牧的《梦粱录·嫁娶》（1270）这样描述："既已插钗，则伐柯人通好，议定礼，往女家报定。"

④ 参见应邵（153—196），《风俗通义》，卷8，第454页。

⑤ 参见《周礼》第2章《地官司徒》。

3. 如下面引用的儒家重要文本所示，儒家伦理强调婚姻中媒人的角色。而且，儒家重要的"天命"论也影响了命运这一思想内涵，这一点也体现在中国人对待婚姻的态度上。

a.《礼记》有云："男女非有行媒，不相知名。非受币，不交不亲"；"是故夫礼，必本于大一，分而为天地"；"昏礼者，礼之本也"。①

b. 在《孟子》中，孟子运用类推表达其对古代传统的遵循："丈夫生而愿为之有室，女子生而愿为之有家；父母之心，人皆有之。不待父母之命，媒妁之言，钻穴隙相窥，逾墙相从，则国人皆贱之。"这也是中国人爱"面子"的价值观在社会行为中形成的早期依据。

4. 早期汉语里"昏因"（或婚姻）二字表明婚姻是男方（婚）父亲与女方（姻）父亲之间的协议，这个"婚"也暗指"昏"，也就是阴（女方）与阳（男方）的结合时间。② 因此，那个男性角色，或者是老人，也成为媒人的原型，这与《周礼》中媒氏的官职有关。婚姻的礼数也体现了阴阳思想。

5. 司马迁（约公元前145—前90）是一个道教信徒③，他的《史记·留侯世家》中记载了历史人物张良的故事，该角色因加入月老元素而被神化：

> 良尝间从容游下邳圯上，有一老父，衣褐，至良所，直堕其履圯下，谓良曰："孺子，下取履！"良鄂然，欲殴之，为其老，彊忍，下取履。父曰："履我！"良业为取履，因长跪履之，父以足

---

① 参见《礼记》的"曲礼""礼运"和"昏义"。

② 参见《尔雅注释》(2010)和《说文解字注》(1973)：女婿的父亲叫姻；儿媳的父亲叫婚。新郎和新娘的父亲连起来就叫婚姻。

③ 尽管司马迁在董仲舒和孔安国的教育下，体现的是一个儒家学者的风范，但他本质上还是一个道家信徒（可参见，邢璐："'和光同尘'——浅论司马迁的道家思想"，太原教育学院学报，2005年第1期。相关研究很多，仅举一例）。

受，笑而去。良殊大惊，随目之。父去里所，复还，曰："孺子可教矣。后五日平明，与我会此。"良因怪之，跪曰："诺。"五日平明，良往。父已先在，怒曰："与老人期，后，何也？"去，曰："后五日早会。"五日鸡鸣，良往。父又先在，复怒曰："后，何也？"去，曰："后五日复早来。"五日，良夜未半往。有顷，父亦来，喜曰："当如是。"出一编书，曰："读此则为王者师矣。后十年兴。十三年孺子见我济北，谷城山下黄石即我矣。"遂去，无他言，不复见。旦日视其书，乃太公兵法也。

这个故事是神化中国历史人物的范例。这里的老人能在人间和阴间、白天和黑夜之间变换，是一个典型的道家神灵。①

6. 佛学和道学在 3 世纪至 5 世纪间得到最大的融合，迄今为止，其广泛传播的结果（如，般若 Prajpramit）揭示了一些特殊的历史和宗教背景，如当时社会的更迭、战乱以及中国的兼容文化。各种神异小说（如《太平广记》包含 92 大类，150 多个子类）的大量出现或口头的传说故事的文本化也显示出各种思想以故事形式在民间传播的繁荣。一个特殊的现象是道教对不断传播的佛教思想的演绎，从而形成了道家佛教研究。这也解释了道士和佛家和尚通过故事传播思想的现象，这一现象在唐代达到鼎盛，因此故事的形式和内容也进入到重新整合的新阶段。

7.《晋书》中第 56 章的故事《索紞》进一步将《诗经》中的 "冰人" 发展成为媒人的术语。这个故事是这样的：一个官员梦到自己站在冰上与冰下的人讲话。他让索紞解梦。索紞说："冰上是阳（男性），冰下是

---

① 比如，李亢的《独异志》卷 1 中的故事：唐代有个很有名的画家，名叫韩干，他擅长画马，有天他被一个不知道从哪个地方来的人请求画一幅骏马图，那个人说他是地狱的使者。

阴（女性），男女（婚姻）就是阴阳。这是阴阳的对话。也就是你将是一桩婚姻的媒人。"晋代也是占卜术（如，算命）的繁荣和高潮，这主要与道家思想有关，出现了中国历史上有名的术士，如管辂、郭璞和葛洪。

至此，回顾月老元素原型在"订婚店"中的最完美成型，我们可以看到各种错综复杂的成分：阴阳的思想、鬼神信仰（或灵魂不灭）、官家权威、父权思想、日常伦理规章、从无名到有名（或是创造一个文化英雄）、（儒家）天命思想、（道家和佛家）定命思想、积极改变命运的回馈等。我们也可以看到月老元素发生了如下改变：掌管婚姻的"官员"（媒氏）的实际作用、张良故事中住在月亮里通过书来提供知识和能力的智慧老人（道教神仙）、能通过冰与阴间交流的能人、为证明定命（与道家定命思想相似）而用超能力来解决问题的佛家云游和尚，最后就是故事"订婚店"中的月老。显然，月老是社会中出现的所有流行元素的大整合。这也证明了一点，能在社会动荡中幸存下来的传统，是根植于文化基本信仰的基础上的，一定能迸发出生命力。

此后的一千年，如果对月老元素的发展历史做一个描述，也许可以解答泰勒的困惑："似乎不能界定它到底是中国本土的传统还是佛教的说教故事……一方面，这是一个非常古老的中国传统或伪历史传统……却未能在大量众所周知的佛教故事中发现。但另一方面，它……讲述了佛教中比较重要的一课。"这也说明这个故事的源头在中国，后来被借用于对"定命"思想的阐释当中。"定命"思想并非来自佛教，因为许多佛教故事都借用或改变了现有元素，从而使故事以一种新的面貌呈现在人们面前。唐朝故事中各种思想的高度交融使人们很难完全区分历史或伪历史、宗教或非宗教的中国故事。

3. 唐代以后文本和语境中的月老

"订婚店"在被收录到钦定《太平广记》后变得更受欢迎，特别是手拿红线的月老。根据丁乃通对这一故事类型的研究，这个故事至少在十个不同的版本中被重新整合和重新讲述[1]。这个故事受欢迎的原因在于，故事讲述者为之赋予的内涵，以及观众对其的理解，不同人能从文中提取出不同的思想。仅仅从下面几部中国文学作品中我们就可以看到月老元素不断转变的历史：

1. 与之前的男性媒人不同的是，"红娘"作为正面的女性媒人，她的形象不仅得到了发展，而且自13世纪以来一直很流行。"红娘"是诗人元稹（779—831）的故事《会真记》中一个丫头的名字。这个故事在唐代被视为传奇或小说，其唐代版本很流行，因为故事讲述的是自由恋爱而不是定亲，还有个年轻人在当媒人。但是这个故事的结局很悲伤，两个相爱的人没有成婚，而是分别有了不同的婚姻。剧作家王实甫（1260—1336）在以《会真记》为蓝本而作的《西厢记》中改变了剧情，将悲剧变成喜剧，不为人知的角色"红娘""变得如此突出，连后世的一些改编剧的剧名都以她的名字命名……至今都一直是地方戏的保留剧目"。[2] 最后，红娘和月老都成了今天仍很流行的或俗或雅的术语。

2. 在冯梦龙（1574—1646）的《情史》中，"订婚店"以"韦固"的标题被划分在情缘类中。在这本书中，冯梦龙搜集了900个故事，分为24类，汇集了两千年封建社会中形形色色的男女之情。冯梦龙用惯用手法在"情痴类"中突出了这些故事，"夫和妻不是这一世的缘分，而是五百年前就注定了的"；"月老系了红线"；"冰人传了话"。鉴于冯

---

[1] Ting Nai-Tung. 1978. *A Type Index of Chinese Folktales*. FF Communications No. 223. Helsinki: Suomalainen Tiedeakatemia. P. 152.

[2] 还有一个例子就是著名剧作家刘兑（1383）的"月下老定世间配偶"故事。

梦龙的知名地位，他的讲述无疑增加了这一故事的知名度。

3.《聊斋志异》是中国最重要的鬼怪故事集之一，由蒲松龄（1640—1715）所著，书中共有491个故事，① 分为"志"和"异"两类。本书被认为延续了晋唐两代的风格，专门讲述神异故事。至此，月老元素得到了广泛运用。如在书的第七章《刘生》故事中就有月老和红线两个元素。事实上，这里的月老兼有魔法师和世俗人物的特点，他也接受贿赂。书的第三章《毛狐》中也提到了婚姻是月老事先安排好的。

4. 曹雪芹（1724—1764）的《红楼梦》是中国文学史上最重要的长篇小说之一。在小说第57回中描写了手拿红线的月老的故事，重述了月老作为将天涯海角的夫与妻捆绑在一起的婚姻之神的角色。这种用妇孺皆知的俗语讲述故事的方式，显示了月老元素在民间生活中的普及。

在这些文献中，我们可以看到月老不仅仅是道家掌管婚姻的神仙，这在宋代的《八仙全传》（无垢道人）② 中亦可见；月老还是民间之神，如沈复（1763—1825）的《浮生六记》对此亦有清晰的描写：月老是一个鹤发童颜的老人，他一手握红线，一手拿挂着婚姻簿的权杖，腾云驾雾③——这一形象现常见于寺庙中。

从意识形态层面上而言，约17世纪至18世纪间佛家思想和本土思想的冲突也促进了大量神异小说的出现，这些神异小说多反映了道家思想或借用了道家故事的形式。宋朝建立17年后皇帝下令李昉编纂的两本百科全书《太平广记》和《太平御览》就旨在为统治思想寻找新的

---

① 有一些英文的翻译，如：*Strange Stories from a Chinese Studio* (Pu and Giles [1880]1969); *Of Fox-Fairies, Ghosts and Other Marvels*: Liaozhai Stories (Pu and Yang 1987); *Strange Tales from a Chinese Studio* (Pu and Minford 2006)。

② 这本书收录在宋朝的《搜神秘览》中，后来在《续古逸丛书》（大众书局，1937）中也有收录。月老安排婚姻在第8和9章。

③ 《浮生六记·卷一》："世传月下老人专司人间婚姻事……一手挽红丝，一手携杖悬姻缘簿，童颜鹤发，奔驰于非烟非雾中。"

方向。例如，唐朝大兴火葬就是受佛家思想的影响，而宋代提倡土葬则是为了复兴儒家伦理和礼教①。结果，中国多神崇拜的文化进一步促进了不同信仰的融合。事实上，没有哪一种信仰能单独存在于中国故事或日常行为中。就这点来说，泰勒提出的问题"原始的故事是否输入了历史或宗教因素"似乎很难回答，因为历史和宗教元素从一开始就交织在一起。

4. 当前口头传统中的月老

在中国民间文学的历史长河中，有着两种相互平行又交互影响的倾向：文本传统和口头传统。《诗经》是个经典案例，"三大集成"是全国范围内最新的文本传统的例子。②前面的讨论表明文本传统是相对稳定的，虽然最早的版本经过多次再版有些许改动，但从文本传统中我们仍可看到月老、红线是这个故事中最大的影响元素，而疤痕则联系着定亲故事中的预言以及预言的实现（仅就故事类型而言）。下面，就从口头传统的角度来看看同一类型的故事在当下以口传形式传播和传承的情况。

1）1980年在中国东北辽宁省进行的田野考察中搜集了17个版本的口头故事，后来收录到了"三大集成"中③；2）在那里搜集的4个故事后来得以分别出版④；3）还有笔者2006年搜集的一个口头版

---

① 张捷夫：《中国丧葬史》，文津出版社，1985，第157—247页。
② 《中国民间文学集成》包括《中国民间故事集成》《中国民间歌谣集成》和《中国谚语集成》。这件国家工程编撰的时间为1984—2009年。每部大集成都有至少30卷，涵盖三十多个省市和地区，每省还有省卷。完成后共有298卷，440册。
③ 参见《中国民间故事集成——辽宁卷》（1994）。
④ 比如，江帆整理：《谭振山故事精选》，辽宁教育出版社，2007，第160—163页。

本。① 接下来将会围绕这些进行讨论。总之，这个故事的口头传承表明故事本身有着适应本土信仰和价值观的顽强的生命力。②

收录在"三大集成"中的 17 个"订婚店"故事版本或变体，它们的讲述者多是文盲或半文盲，他们世世代代生活在当地，他们是从先辈那里听到了这个故事。辽宁省是 18 到 19 世纪大移民的终点站或中转枢纽，也是清朝的统治集团——满族的发源地，这些历史渊源在故事中都有所反映。有趣的是，月老元素（以及疤痕元素）是故事的核心，而红线元素和阴间的婚姻簿元素在所有版本中都没有出现。在当地的版本中，用来伤害那个女孩的是石子或土块，而不是刀或针。这也说明在山区耕作是东北地区的生产方式，而织布则在南方比较普遍，书相对于农民的生活就有点太不切实际了。

第二组的四个版本进一步揭示了这些特征。月老在三个版本中都以"老人"的形象出现，在另一个版本中则是"月下老人"。三个版本中清楚地写到谋杀失败后年轻人逃了数百里到达了东北——这可能反映了他们对于过去约两个世纪的家族迁徙（大部分来自河北和山东省）的记忆。而且所有这些版本中的"年轻人"都是农夫，不是学者。

在洪福来的版本（1989）中，疤痕元素很独特。③ 与其他版本（眉心的疤、眉毛上的疤或者肚子上的疤）不同，这个版本以失去小脚趾为重要元素。如果我们将这个元素与满族的发源地新宾县联系起来会很有

---

① 2006 年 6 月 20 日在谭振山（1925—2011）的家乡辽宁省新民市罗家房乡太平庄村，面对 15 到 20 名左右的观众，包括研究生和村童，谭振山讲述了这个故事。本次采录是由辽宁大学的江帆教授安排的。在采录的基础上，江帆教授编辑、出版了《谭振山故事精选》（2007）。笔者也和同学们一起，借宿在谭的家里，用录像记录了谭振山讲的两场故事，其中包括月老故事。2005 年，谭振山被列入国家第一批非物质文化遗产名录，是唯一一个以个人名字进入国家名录的项目。谭的故事集包括 1040 个故事。2011 年谭振山去世，享年 86 岁。

② 泰勒（1959: 47）使用了艾伯华（1937）收集的中国故事的口头版本。

③ 故事讲述时间是 1985 年 7 月 15 日，地点在辽宁省新民市。

意义。这也与广泛流传的民间信仰相呼应：满族人与汉人的不同就在于小趾的形状。在中国历史上的战争或社会动荡期间，掩饰自己少数民族的身份是很常见的。这一变化了的元素揭示了独特的本地文化。

第三个例子就是 2006 年搜集的谭振山的口头版本。[①] 与他之前的版本（在前面的第一组和第二组的版本中）相比，这个版本的主要元素没有改变，但其他小的元素有所改变，例如，年轻人名字和女孩的村庄名都改变了。这在和观众面对面的口述中是很常见的现象。丁乃通在中国故事类型的研究中指出，"为了提高兴趣，古代故事类型的文学版本，尤其是职业说书人讲述的故事，经常提及一些特殊的人名和地名，甚至真正的口头故事有时会本土化（带有地方人名特点）"[②]。

下面是谭振山 2006 年讲述的长达 7 分钟的故事的概要：[③]

> 一个叫王小柱的年轻人很穷，父母很早就过世了。有一天他到一个庙里看到一个老人正在搬土块。王小柱问他为什么这么做，老人说："我是给人们安排婚事的月老。这些土块就是男人和女人。把他们放成对儿，他们就成夫妻了。"王小柱问，他能不能有个老婆。老人给他看了一大一小两个土块，然后说他的老婆是二十公里外一个村子的小丫头。王小柱很不高兴，他去那个村找到了那个摇篮里的小孩。他想杀掉她，就用土块砸了她。土块砸到了小孩的脸，流血了。他以为她死了，便跑到了几百里外的一个村子。打了几年工

---

① 这个故事版本收录在《谭振山故事精选》中（江帆 2007: 161—163）。除了主人公的名字有点变化外，谭的故事基本维持原貌。

② Ting Nai-Tung. 1978. *A Type Index of Chinese Folktales*. FF Communications No. 223. Helsinki: Suomalainen Tiedeakatemia. P. 10.

③ 2006 年 6 月 20 日，在谭振山家中采录。此次访谈是由辽宁大学江帆教授带领，同行的还有她的一些学生。

后，他开了一家店铺，有了一些帮手。现在他是快四十岁的人了，也没老婆。有一天，一位老妇人和一个女孩在他店门口乞讨，说他们从山东来，因为洪水不得不逃到东北。帮手们给了她们一些食物。老妇人觉得他们是好人，说自己无处可去，但女儿到了婚嫁年龄，想把她嫁给一个好人。帮手们劝老板娶了那个女孩，老板同意了。他们很快就结婚了。在婚礼上他们一起吹灭了蜡烛，他看到她脸上有疤，问她是怎么弄的，她说是小时候被砸到了。王小柱问她以前住在哪里。他听后感到很惊讶并承认是他砸的，就把一切都告诉了她。她说无论他做了什么，她都是他的，现在他们结婚了，再也分不开了。从此夫妻俩幸福地生活在一起。

现在我们知道月老元素和疤痕元素在过去的一千年中对故事是必不可少的，但是婚姻簿和红线元素变成了本地农民日常生活中的石头和土块。这里我们可以将它和前文提到的"灌园婴女"中的变体联系起来，其中也没有红线元素。我们也可以看到这个口头传统与文本传统并不一样，这也意味着这个故事在民间口头传统中的顽强生命力。这个变异了的口头传统对地方认同很有意义，由此这个故事从地方的日常行为中获得了生命力和有效性。谭先生从他叔叔伯伯们的口述中听到这些故事。其他的一些故事讲述者甚至是文盲或半文盲。由此我们可以推测，这一地区的这一代人是通过口述传播故事的，但我们仍不清楚这一故事口头传承的历史。我们可以合理地推测口头传播和文本传播在过去的一千年里时时相互影响着，这样故事的情节和主要元素才能基本不变并维护传统信仰和价值观，而一些次要元素则改变并适应了当地风俗，以此共同形成故事的文化语境。

在一些算命流行和旅游繁荣的公共场所，月老元素有着各种不同的表达方式，这是口头传统的另一方面。互联网对月老元素以及故事本身在口头和书面形式的传播和转化中的作用也非常值得学者们的研究。

总之，这个故事在中国的普及很大程度上取决于月老元素。唐代月老元素的形成表明兼容的文化互动在中国达到顶峰，月老这个形象是各种思想高度浓缩的象征，而这些思想又根植于兼容的多神信仰的中国社会和文化。变异的过程也表明，月老元素在语义和意识形态维度都蕴含了各种意义和起源。它有自己的历史来源，这体现在《诗经》《周礼》等典籍中；其宗教源头体现在道家的阴阳思想和佛教的定命思想中。然而，这两点之间很难有清楚的界限。实际上，从中国的每个故事中我们都能看到源于各种教义和观念的思想或象征，他们通过复杂的元素得以反映。这也是为什么丁乃通认为"中国的佛教文学并不像欧洲学者想象的那样包含很多民间故事"[1]。

新思想总是通过适应故事中现有的形式或元素而植入的。因此不同的意思混杂在一起。中国历史上，尤其是7世纪到19世纪的大量的鬼故事揭示了道家思想和佛家思想在过去和现在都像主导的官方儒家思想一样流行。

其次，月老故事在中国的普及也显示了其"阴阳"的基本信仰，而在中东和欧洲的传播则揭示了对"先知"的信仰。因此，这个故事在形式（或某种程度上不同版本中的角色替换）上看似相似的，但就意义而言，在意识形态上对本土观众来说是不一样的，对文化基本信仰的传播也是不一样的。这一思想进一步解释了"原型论"（oicotype）（强调基于本地信仰或习俗的故事或母题的地域性）[2]，甚至把它延续到了文化的

---

[1] Ting Nai-Tung. 1978. *A Type Index of Chinese Folktales*. FF Communications No. 223. Helsinki: Suomalainen Tiedeakatemia. P. 17.

[2] von Sydow, Carl Wilhelm. 1948. "Geography and Folktale Oikotypes". In *Selected Papers on Folklore*, Pp. 44-59. Copenhagen: Rosenkilde and Bagger; Cochrane, Timothy. 1987. The Concept of Ecotypes in American Folklore. *Journal of American Folklore Research* 24(1): 33-55.

核心思想中。

我们也可以看到：1）那些经过了社会变迁而依旧存在的元素或故事是根植于文化的基本价值观和信仰中的——他们是信仰和价值观的表达，反过来又在日常生活中巩固了这些信仰和价值观；2）故事的传承和变异依靠那些在新社会有着共同特征或价值观的元素的保留和发展。那些元素要么保留了形式要么保留了内容，因为他们能被本土说书人和听众所认同，并为面对面交流的小群体们创造文化内涵。①

普罗普在他历史性的考察中所使用的方法是试着将"民间故事作为整体"进行研究。②普罗普注重同一故事中不同元素之间的联系，以便找出共同功能，这个共同功能在文化价值观和历史渊源中的形式和特征具有一致性。他进一步研究了特定民间故事人物和情节是如何建立在民间信仰和习俗基础之上的这一问题，其研究与这里讨论的思想更有关联③。作为整体的故事必须生动，并同时能让不同社会和文化背景中的讲述者和听众理解。运用这一思想来反思历史地理学的方法，我们可以看到这个方法往往忽视一个元素形成和转变的文化背景。如汤普森所说，"历史地理学研究主要关注故事的内容。这些研究的结果表明即使故事的形式在不断变化，故事的情节还是保留了下来"④。泰勒对故事历史源头和宗教源头的质疑使汤普森将"定妻"归为"小说（浪漫故事）"一类（850—999），而不是"宗教故事"类（750—849）。而且，在某些文化中很独特的相似故事类型都没有列在 AT 类型系统中。泰勒将"订

---

① 丹·本-阿默思把民俗定义为"小群体内的艺术性交际"，并指出"小群体"的关键就是面对面的交流。

② Propp, Vladimir. [1928] 1968. *The Morphology of the Folktale* (2nd edition), trans. Laurence Scott. Revised by Louis A. Wagner. Austin: University of Texas Press.

③ Propp, Vladimir. [1946] 1986. Исторические Корни Волшебной Сказки [The historical roots of the folktale]. Leningrad: Izd-vo Leningradskogo universiteta.

④ Thompson, Stith. 1946. *The Folktale*. New York: Holt, Rinehart and Winston. P. 447.

婚店"("定妻")与俄狄浦斯的比较也表明历史地理学方法忽视了故事中表面相同元素背后的文化和象征意义的不同。研究文化背景时，丁乃通注意到"虽然俄狄浦斯这个主题似乎在（中国故事中）并不存在，而不同形式的乱伦"则确实存在[①]。所有这些都表明，在运用历史地理学方法时，我们不应该忽视构成故事元素背后的深层的文化背景，而应该将"故事内容"置于更广泛的文化和社会背景语境下，考察其意义形成的过程以便使这一研究方法更加充满生机。

---

① Ting Nai-Tung. 1978. *A Type Index of Chinese Folktales*. FF Communications No. 223. Helsinki: Suomalainen Tiedeakatemia. P. 22.

第七讲　谚语研究方法探索：以有关老年的谚语为例

【本讲包含的关键概念】

1）谚语学与谚语研究；谚语发展的历史阶段；谚语的来源；谚语基础知识库；反用谚语；戏用谚语
2）老年与老龄化；"老"概念的历史变化；谚语与老年
3）姜还是老的辣；起源；变异与异文；传承与创新
4）人生观；入世观；出世观；来世观；渡世观

中文谚语之丰富与普及是世界上任何其他语言都难以媲美的。这个观察是一百多年前研究和翻译中文谚语的西方人所总结的。而且，完成于十多年前的《中国谚语集成》搜集了各地流行的谚语共计七百多万条。但是，有关研究谚语的谚语学建设则远远落后于相关的其他学科研究，如民间故事和神话等。

在此，针对"姜还是老的辣"这条谚语，以中国谚语发展史的阶段划分和特征归纳为前提，探讨该谚语的起源与变异，同时简单介绍"反用谚语"和"戏用谚语"等谚语研究概念和方法，最后以有关老年和老龄化现象的谚语来阐释中国文化中的人生观及其所反映出的中国文化中的核心信仰与价值观体系的关系。同时，通过审视该条谚语的起源与变异进程，试图在谚语研究方法上做出新的探索。

　　本讲的局限是，所用的谚语以汉文化中的谚语为主，没有包括中国少数民族语言或方言中流传的谚语；也没有涉及其他有关学科对谚语的更多的研究，如语言学和对外翻译等。另外，本文不去详细讨论谚语的定义问题，而采用国内代表性的观点，即"谚语"是"俗语"的一种；"俗语"包括"谚语""歇后语"和"惯用语"三类①，也不讨论谚语的"创作者"问题，尽管国内主要的观点是认为谚语是集体创作的②，而国外的谚语学者多认为谚语是个人创作，然后由集体改造，最后成熟的③。

一、中国谚语搜集与研究状况

　　尽管可能会挂一漏万、失之偏颇，但本讲还是想借机会对中国谚语的搜集与研究历程的阶段性提出自己的概括观点。毕竟，有关中国谚语的研究著述即使在中文也很少④，更不用说外文的⑤，尽管有关中国谚语

---

　　① 参见，吕叔湘："《中国俗语大词典》序"，《语文研究》1987年第8期；温端政主编：《中国谚语大全》，2卷，上海辞书出版社，2004，第1页。

　　② 参见，钟敬文主编：《民俗学概论》，上海文艺出版社，1998，第310页；温端政主编：《中国谚语大全》，2卷，上海辞书出版社，2004，第9页；中国民俗学会 https://www.chinesefolklore. org. cn。

　　③ Mieder, Wolfgang. 2014. Origin of Proverbs. In *Introduction to Paremiology*. Eds. H. Hrisztova-Gotthardt and M. A. Varga. Warsaw/Berlin: De Gruyter Open Ltd. P. 28.

　　④ 见，陈娟娟："中国谚语研究70年"，《民间文化论坛》2019年第4期；安德明：《谚语编》，载于祁连休、程蔷、吕微主编：《中国民间文学史》，河北教育出版社，2008，第581—608页。

　　⑤ 如 Mateo, Fernado. 1971—1972. Linguistic and Literary Structure of the Chinese Proverbs. *Tamkang Review* (2-3): 453-466; Eberhard, Wolfram. 1985. Proverbs in Selected Chinese Novels. *Proverbium* 2: 21-57; Kordas, Bronislawa. 1990. The Poetic Function and the Oral Transmission of Chinese Proverbs. *Chnoperl Papers* 15: 85-94; Weng Jianhua. 1992. Körperteilbezeichnungen in deutschen und chinesischen Phraseologismen. *Proverbium* 9: 249-266;

第七讲　谚语研究方法探索：以有关老年的谚语为例

的词典和对外翻译方面的著述出版了不少①。而在国外，一百多年前传教士们的翻译仍然在重印销售。的确，中国谚语之丰富与普及是世界上独有的。例如，编纂过《中国谚语700句》的哈特（Henry H. Hart）曾感叹道，"没有任何别的国家有像中国那样繁荣和丰富的谚语"②。编纂过《中国谚语》的传教士明恩溥（Arthur Smith, 1845—1932）曾认为，"更重要的是谚语作为展示中国的思想模式的价值"③。

对中国谚语的起源与搜集做阶段性的概括，这不同于历史学或文学史的阶段划分。④这一分法在根本上与安德明对谚语发展史的分段不矛

Yan Hairong. 1995. The Concept of 'Face' in Chinese Proverbs and Phrases. *Proverbium* 12: 357–373; Park, Nancy. 1998. Power in Imperial Chinese Proverbs. *Proverbium* 15: 243–263; Rohsenow, John S. 2001. *Proverbs*. The Columbia History of Chinese Literature. NY: Columbia University Press. Pp. 149–159。见中文主要数据库（www.cnki.net; www.eqvip.com），英文见JSTOR，ProQuest，ProjectMuse，MLA International Bibliography等数据库，检索关键词为"Chinese proverbs""proverbs of Chinese"及"proverbs in Chinese"。

①　如 Lau, Theodora. 1995. *Best-Loved Chinese Proverbs.* NY: Harper Collins; Heng Xiaojun and Zheng Xuezhi. 1998. *A Chinese-English Dictionary of Idioms and Proverbs*. Tubengin: Niemeyer; Lin, Marjorie and Leonard Schalk. 1998. *Dictionary of 1000 Chinese Proverbs*. NY: Hippocrene Books; Huang Huanyou. 1998. *Chinese Proverbs, Quotations, and Fables*. Fellinfach/Wales: Llanerch; Rohsenow, John S. 2002. *ABC Dictionary of Chinese Proverbs*. Honolulu: University of Hawai'i Press; Herzberg, Qin Xue and Larry Herzberg. 2012. *Chinese Proverbs and Popular Sayings: With Observations on Culture and Language.* Stone Bridge Press; Zhou Yanxian. 2016. *Two Thousand Zhuang Proverbs from China with Annotations and Chinese and English Translation.* New York: Peter Lang。以及转引自 Paczolay, Gyula. 1997. *European proverbs in 55 languages with equivalents in Arabic, Persian, Sanskrit, Chinese and Japanese.* Veszprem: Veszpreni Nyomda。

②　Hart, Henry H. 1937. *Seven Hundred Chinese Proverbs*. Translated. Forewarded by Patrick Pichi Sun. Stanford: Stanford University Press. P. 19.

③　见，崔若男："明恩溥与中国谚语俗语研究"，载于阎纯德主编：《汉学研究》第26集，学苑出版社，2019，第291—304页。以及，Smith, Arthur H. 1902. *Chinese Proverbs*. Shanghai: American Presbyterian Mission Press。

④　有关中国历史，见，白寿彝主编：《中国通史》，22卷，上海人民出版社，1980；有关中国文学史，见，袁行霈主编：《中国文学史》，4卷，高等教育出版社，2005。

盾，即以先秦、秦汉至隋唐、宋至清为三个阶段①。这里所分出的四个阶段一方面突出了各个阶段的谚语搜集与使用情况，另一方面，这四个阶段的特色也代表了中国谚语的四个主要源头，从中可以看出与西方谚语的起源和源头有着明显的不同。②

1. 第一阶段暨第一源头：古典时代（7 世纪以前）

这是中国文化思想成型和成熟的阶段。6 卷本的《古今俗语集成》③前两卷从古典文献中搜集了八千三百多条谚语，其中一半以上都属于这个阶段。而现今的成语绝大多数也是来自这个阶段。例如，《诗经·国风》中有：

> 投我以木桃，报之以琼瑶。（《卫风·木瓜》）

而后一句在《诗经·大雅》中则被"雅"化为：

> 投我以桃，报之以李。（《大雅·荡之什·抑》）

随着"成语"的成熟和影响，这句表达又被提炼为：

---

① 见，安德明："谚语编"，载于祁连休、程蔷、吕微主编：《中国民间文学史》，河北教育出版社，2008，第 581—608 页。

② 米德（Mieder）归纳的欧洲谚语的四个主要源头是：古典时代的文献、圣经、中世纪的拉丁文，以及近现代美国的影响，见 Mieder, Wolfgang. 2014. "Origin of Proverbs". In *Introduction to Paremiology*. Eds. H. Hrisztova-Gotthardt and M. A. Varga. Warsaw/Berlin: De Gruyter Open Ltd. P. 32。

③ 见，温端政主编：《古今俗语集成》，6 卷，山西教育出版社，1989。

第七讲　谚语研究方法探索：以有关老年的谚语为例

投桃报李。

但是，其内涵则在民间得到传承和发展，出现了：

人敬我一尺，我敬人一丈。
滴水之恩当以涌泉相报。

类似的情况可从追溯到很多来自古典时代的谚语性表达。这里不再赘述，而只需提到有关古典谚语的研究近年来出现了增长的势头①。这些研究中有些侧重谚语的政治、社会或文学功能②，也有对《水经注》等地理文化的关注③，又因为中国是以农业为主的文化，所以对农业和天气方面的谚语的关注尤其多④。例如，《齐民要术》中的谚语包括：

天气新晴，是夜必霜。
湿耕泽锄，不如归去。

---

① 赵瑶丹："中国古代谣谚研究三十年（1978—2008）"，《社会科学评论》2009 年第 1 期；马洋洋、赵瑶丹："近十年来中国古代谣谚研究（2008—2018）"，《淮阴师范学院学报》2019 年第 1 期；齐向语：《史记》谣谚研究，2013，辽宁大学，博士论文；王轶："两汉谣谚兴盛探源"，《古籍研究》2015 年第 2 期；孙立涛："汉代谣谚文化研究综述"，《兰州学刊》2013 年第 8 期；黄锦石：先秦两汉的谶谣研究，2015，西南民族大学，博士论文；许逸民："唐以前歌诗谣谚的总集"，《文史知识》2015 年第 10 期；王凯旋："关于中国古代谣谚民俗研究的几个问题"，《文化学刊》2010 年第 5 期；刘明怡："风俗通义的文体特点及其文学意义"，《文学遗产》2009 年第 2 期；王素珍、贡觉："俗说、谣谚与叙事"，《民间文化论坛》2014 年第 1 期等。

② 见，王树山主编：《中国古代谚语》，山西教育出版社，1999；李晓瑞："政治谣谚：中国古代社会一种重要的舆论形态"，《新闻爱好者》2007 年第 2 期。

③ 见，徐中原：《水经注研究》，天津古籍出版社，2009。

④ 见，韩忠治："《农政全书》与《齐民要术》农谚异文考辨"，《河北师范大学学报》2015 年第 1 期；田冲："《齐民要术》中的谚语研究"，《潍坊教育学院学报》2009 年第 2 期。

耕而不耨，不如作暴。

儒家思想在这个阶段占有重要地位，也是家庭和社会伦理教育的核心，中国的"家书"传统便体现了这个历史传承。例如，《颜氏家训》就影响到后来的《朱子家礼》等家书的形成。这些训诫性的教导多以"古人云"或"古谚曰"来突出谚语的权威性。颜之推在其序言中就使用了"屋下架屋，床上施床"。在谈论对少儿的教导时，引用孔子的话，"少成若天性，习惯如自然"，以及"古谚""教妇初来，教儿婴孩"。在谈到对孩子的惩戒时，使用了"父母威严而有慈，则子女畏慎而生孝矣"。① 这后一句在后来又发展为"慈威并济方得良子"，也无疑铺垫了现在"严父出孝子"和"棍棒底下出孝子"的说法。其中，他所引用的汉代刘向在《说苑·建本篇》中故事，促进了这些谚语的流传：

少而好学，如日出之阳。（或，幼而学者，如日出之光）
壮而好学，如日中之光。
老而好学，如炳烛之明。（或，老而学者，如秉烛夜行）

总之，如同民歌等其他民俗和民间文学类型一样，所记录下的谚语在古典时代主要被用来"教化""移风易俗""观风""聆音""察理"等，最终推崇"仁"之德行。

2. 第二阶段暨第二源头：后古典时代（7世纪至19世纪）

这个阶段的分隔主要是因为"俗文学"在唐代的产生和发展。这样

---

① 引文内容均来自颜之推：《颜氏家训》，中华书局，2011。

做是从谚语研究的视角来看的，而不是说民间文学传统的断裂。此外，唐宋时代的多民族、多语言、多方言的互动，加之印刷技术的发展，都是促进谚语从文言向半文言或"俗"语发展的因素。

这一阶段记载谚语的主要文献有《全唐文》《太平广记》《太平御览》《册府元龟》《永乐大典》，以及《四库全书》，当然也有许多没有被收入到这些百科性的典籍之中的。这些文献也记录了大量的其他民间文学作品，如民间故事[①]。《太平广记》收录了《酉阳杂俎》，而后者记录了"叶限"故事，成为中国版的"灰姑娘"（ATU 510），也被视为这一故事最早的文字记录。《太平广记》中的谚语有：

一饮一啄，系之于分。（卷一百五十八·定数十三）
一鸡死，一鸡鸣。（卷三百六十三·妖怪五）

而《太平御览》中有：

不救蚀者，出行遇雨。（卷二十二）
天有冬夏，人有二黄。（卷二十二）

《册府元龟》中的谚语包括：

以心度心，间不容针。（《将帅部·轻敌》，卷四百四十七）
天无二日，土无二主。（《帝王部·宽恕》，卷四十一）

此外，还有许多以谚语为主的文集所收录的，如：

---

① 如，刘守华："道教与谚语"，《中国道教》2004 年第 3 期。

恭敬不如从命。(清·林伯桐：古谚笺)①
远亲不如近邻。(清·曾廷枚：古谚闲谭)②
六十勿过夜，七十勿过吋。(清·范寅：越谚)③

明代的《增广贤文》所收录的近千条谚语无疑是珍贵的记录，但遗憾的是该谚语集没有提供语境或背景信息，是所谓纯文本的记录。该集子中的不少谚语也被19世纪的传教士翻译成西文④。仍被常用的包括：

狗不嫌家贫，儿不嫌母丑。
枯木逢春犹再发，人无两度再少年。

《古谣谚》⑤似乎是这阶段最具研究性的谚语集。该集子包括了选自八百多种古籍的三千三百条谚语，涉及生活的方方面面（如其中有34条是关于气象的，王建莉2018），例如：

豹死留皮，人死留名。
好事不出门，恶事行千里。

尽管古典文献中包含了大量的谚语文本和谚语集，但是这些收集者

---

① 引自温端政主编：《古今俗语集成》，6卷，山西教育出版社，卷二，1989，第681页。
② 同上书，第685页。
③ 同上书，第703页。
④ 例如，Perny, Paul. 1869. *Proverbes Chinois, Recueillis et mis en ordre*. Paris: Firmin Didot Fraeres, Fils et C^{le}.
⑤ 杜文澜：《古谣谚》，中华书局，1958。

或研究者都"只重视谚语文本"①。正是由于这个原因,当代谚语研究就需要文本与语境并重,正如安德明所指出的,"在搜集整理过程中,应调查与谚语作品相关的语境信息,了解其流传的时间和地域;理清所搜集的谚语的字面意思和实际意义;拍摄与重要谚语对象相关的图片;全面记录谚语的自然文化背景、适用场合、使用方法、应用时的上下文关系、使用者和表达效果等,并予以释义"。②此外,对谚语的起源、变异(如反用谚语、戏用谚语)、翻译、流行度等问题都需要借助跨学科的方法去深入研究。

3. 第三阶段暨第三源头:现代(20世纪)

20世纪初,随着新文化运动而出现的"白话文"运动对谚语有着重大影响。当时的"歌谣征集"活动所收集到的歌谣中包括许多谚语。这阶段的一个特点是谚语的"白话"化或"俗语"化。例如,"孤掌难鸣"更多地被"一个巴掌拍不响"所取代。

这期间最重要的谚语研究是郭绍虞③和薛诚之④的研究⑤,他们的研究

---

① 见,安德明:"谚语编",载于祁连休、程蔷、吕微主编:《中国民间文学史》,河北教育出版社,2008,第585页;陈娟娟:"中国谚语研究70年",《民间文化论坛》2019年第4期,第35页。

② 《中国民间文学大系:出版工程·通讯》(第三期)中的"谚语卷编纂体例",《中国民间文学大系》出版工程协调委员会办公室印制,2018年5月15日,第85页。另见,陈娟娟:"中国谚语研究70年",《民间文化论坛》2019年第4期,第34页。

③ 郭绍虞:《谚语的研究》,上海商务印书馆(原载于《小说月报》1921年第2—4期),1925。

④ 薛诚之:谚语研究,1936,燕京大学研究院国文学系,硕士论文。

⑤ 见,岳永逸:"谚语研究的形态学及生态学——兼评薛诚之的《谚语研究》",《民族文学研究》2019年第2期;陈娟娟:"中国谚语研究70年",《民间文化论坛》2019年第4期,第28页。

代表了现代谚语研究起始。而在 20 世纪后半期，朱介凡（1912—2011）的《中华谚语志》①（1989 年出版 11 卷，包含 5.2 万条谚语）将中文谚语研究推到一个新高度②。同时，温端政主编的 6 卷本《古今俗语集成》（1989 年出版）③从古文献中收录了约二万条，稍后编辑的《中国谚语大辞典》（2011 年出版）④也包括一万五千条，但这些都是纯文本的再收集，而不是民俗学者可能会做的对口头的搜集。

史无前例的《中国谚语集成》⑤，作为"三套集成"（民间故事、歌谣、谚语）的一个部分，包括了 30 卷，718 万条谚语⑥。其重大意义是对当时的口头应用的收集，但遗憾的是相应的语境信息不足。希望正在进行的《中国民间文学大系》能够在这一方面有新的突破。

4. 第四阶段暨第四源头：当代（21 世纪）

21 世纪伊始，"非遗"推动了民俗学和相关学科的进步。对谚语也有直接推动作用。比如，"沪谚"（2011 年第三批）和"陕北民谚"（2014 年第四批）都被列入国家级非遗项目。启动于 2017 年的"中国民间文学大系"工程无疑是注意到了先前工作的不足，计划将近百年来的民间文学，特别是那些没有被"三套集成"收录的故事、歌谣、谚语等，尽可能完整地收录或记录下来。这项工程将"谚语"作为一个重点内容，

---

① 朱介凡主编：《中华谚语志》，11 卷，商务印书馆，1989。
② 见，过伟："民间谚语学家朱介凡与《中华谚语志》"，《广西师范学院学报》1997 年第 3 期。
③ 温端政主编：《古今俗语集成》，6 卷，山西教育出版社，1989。
④ 温端政主编：《中国谚语大辞典》，上海辞书出版社，2011。
⑤ 马学良主编：《中国谚语集成》，30 卷，中国 ISBN 中心，1984—2009。
⑥ 见，刘锡诚：《20 世纪中国民间文学学术史》，河南大学出版社，2006；陈娟娟："中国谚语研究 70 年"，《民间文化论坛》2019 年第 4 期，第 33 页。

凸显了对谚语研究的重视。无疑,"大系"工程与当代的"非遗"等其他文化活动以及经济和政治的发展,特别是国际交流,是分不开的。

总之,21世纪也意味着建设中国谚语学的条件成熟了。一些学者开始对谚语进行更系统的理论研究,提出了"谚学"[①]和"谚语史"[②]等概念,相关论文有几十篇。

有关"谚语学"(paremiology)的理论与方法,在国际上已经有了一定的框架规模,而国内还很少形成这些方面的对话研究。例如,除了对传统或标准的"谚语"(proverb)的研究外,还有必要对"反用谚语"(counter-proverb)和"戏用谚语"(anti-proverb)进行研究。本人在试图翻译这两个概念时,几乎找不到相关的中文论文,这情况本身便说明很多问题。

反用谚语是指与某一"传统"或"标准"谚语意义相反的谚语,而两者之间是相对,即彼此是对方的反用谚语。换言之,一条谚语与其反用谚语是相对的,即如果A是"传统"或"标准"谚语,那么B就是它的反用谚语,反之亦然,如"光阴似箭"与"度日如年";"有缘千里来相会"与"不是冤家不聚头";"姜是老的辣"与"青出于蓝而胜于蓝"。

戏用谚语是指对惯用的谚语的戏用,即改变某个词或字的用法,由此改变整个谚语的意义,为的是便于表达(无论是要说明一种观点还是要推销一种产品)。一般来说,戏用谚语有特定的修辞效果,但如果过分歪曲原本的意思,就可能是滥用谚语,在用法和意义上的极端,常常得不到流传。还需要指出的是,有些戏用谚语因为得到流传可能也会获得正常谚语的地位。例如,"量小非君子,无毒不丈夫"便是"量小非君子,无度不丈夫"的戏用,并且得到了流传。其中原来的"度"是

[①] 李耀宗:"中国谚学若干问题谭要",《海南大学学报》2009年第1期,第30页。
[②] 付建荣:"论'多元一体'民族观视域下的中华谚语史构建",《内蒙古社会科学》2018年第4期。

"度量""宽容";而戏用谚语中的"毒"则是利用相似的发音和完全不同的意思,表达一个人要"毒""狠毒""耍横"(不道德的事)才能成为"大丈夫"(有财气的男人)。

戏用谚语这个概念的界定最早是由沃尔夫冈·米德(Wolfgang Mieder)在1982年提出的。尽管这种用法从古至今都有,但将其作为一种谚语类型而提出,则无疑是方法论上的巨大进步。①

2020年年初在世界流行的"新冠肺炎"疫情,使得"义不容辞"被戏用为"疫不容辞","仁至义尽"被戏用为"仁至疫尽",成为一个褒义的用法,得到民间、媒体和官方的认可。②

令人备受鼓舞的是当前的许多研究扩展了传统的课题。除了"传统地"将谚语作为一个学术课题的夯实外③,对气象谚语④、农业谚语⑤、古典谚语⑥、谚语的哲学和宗教意义⑦的研究也有发展。同时,词

---

① 有关沃尔夫冈·米德的谚语研究,参见,张举文:"谚语学家沃尔夫冈·米德",《民间文化论坛》2020年第2期。

② 参见,关于这次疫情的谚语、防控、抗击疫情的谚语以及关于疫情的顺口溜(https://www.fangjial.com/yanyu/26925.html)。更多戏用谚语的表达和图片见于互联网及中文社交媒体平台。另见,仁至疫尽、疫不容辞:上海司法局推出依法战"疫"成语新编(https://www.thepaper.cn/newsDetail_forward_5893673)。

③ 见,许晋、李树新:"20世纪中国谚语搜集整理与出版",《中国出版》2016年第18期;温端政、周荐:《二十世纪的汉语俗语研究》,山西人民出版社,2000;安德明:"谚语编",载于祁连休、程蔷、吕微主编:《中国民间文学史》,河北教育出版社,2008,第581—608页。

④ 见,王建莉:"古谣谚二十四节气谚语研究",《中国典籍与文化》2018年第3期。

⑤ 见,李林青:"20世纪以来中国农谚研究概评",《山西农经》2016年第5期。

⑥ 见,安德明:"谚语编",载于祁连休、程蔷、吕微主编:《中国民间文学史》,河北教育出版社,2008,第581—608页;赵瑶丹:"中国古代谣谚研究三十年(1978—2008)",《社会科学评论》2009年第1期;马洋洋、赵瑶丹:"近十年来中国古代谣谚研究(2008—2018)",《淮阴师范学院学报》2019年第1期。

⑦ 见,刘守华:"道教与谚语",《中国道教》2004年第3期;李丽芳:"谚语格言中的儒家思想精髓",《民族艺术研究》2005年第2期。

典①也数量可观。此外，还出现许多新的课题，如谚语中的性别（女性）问题②；少数民族的谚语③，如哈萨克族④、蒙古族⑤、土族⑥、藏族⑦、维吾尔族⑧等；方言中的谚语⑨；对外汉语教学中的谚语使用⑩；行业谚语，如医学⑪、手工艺⑫、武术⑬；以及当代政治领导人对谚语的使用⑭。

但是，作为谚语学建设的第一步，还需要利用多种科学方法，特别是统计学方法，构建出"谚语基础知识库"（paremiological minimum），如利用数据库筛选三百个最常用的谚语进行研究。沃尔夫冈·米德认为

---

① 见，温端政主编:《古今俗语集成》，6卷，山西教育出版社，1989；温端政主编:《中国歇后语大词典》，上海辞书出版社，2002；温端政主编:《中国谚语大辞典》，上海辞书出版社，2011；郑宏峰、姜瑞良主编:《中华谚语》，4卷，线装书局，2008。

② 见，Zhang Hong. 1992. Image of Women in Chinese Proverbs. In *Locating Power*. Ed. Kira Hall, et al. Vol. 2. Pp. 601–609. Berkeley, CA: Berkeley Women and Language Groups；耿静静：2005，谚语中的中国古代女性文化透视，河北大学，博士论文；王利："谚语中的中国古代女性文化透视"，《兰州学刊》2006年第12期。

③ 见，李耀宗："中国谚学若干问题谭要"，《海南大学学报》2001年第1期。

④ 见，袁勤："国内哈萨克谚语研究综述"，《长春师范大学学报》2013年第1期。

⑤ 见，美丽："蒙古族谚语研究综述"，《中国蒙古学》2018年第3期。

⑥ 见，雷艳：土家族谚语研究，2006，中南民族大学，博士论文。

⑦ 见，扎西华旦：藏族谚语研究，2011，中央民族大学，博士论文。

⑧ 见，付东明、陈得军："维吾尔谚语研究趋势与反思"，《语言与翻译》（汉文版）2014年第1期。

⑨ 见，张静容："现代化进程中的闽南俗语研究"，《南阳师范学院学报》2012年第8期；胡晓研："近百年来东北官话俗语研究回顾与前瞻"，《通化师范学院学报》2015年第11期。

⑩ 见，沈立冉："近二十年对外汉语俗语教学研究综述"，《聊城大学学报》2011年第2期；王江英：对外汉语教学及教材的俗语研究，2012，中国海洋大学，博士论文。

⑪ 见，罗宝珍、林端宜：福建谚语的医药文化内涵，《中华中医药学会议论文集》，2008。

⑫ 见，庞娟：汉语传统工匠类谚语研究，2017，内蒙古大学，博士论文。

⑬ 见，彭卫国编著:《中华武术谚语》，电子工业出版社，1988；崔花云："中华武术谚语文化特征管窥"，《上海体育学院学报》2008年第6期。

⑭ 见，冯凤麟："试以《邓小平文选》的谚语选用谈谚语的修辞作用"，《淮海工学院学报》2001年第10期；李社："习近平讲话中的古语名言"，《理论与当代》2015年第3期。

知识库是每个语言或国家研究谚语的必要前提,但必须是通过对不同群体的日常应用的统计分析得出的,而不是以历史文本得出的[①]。这也许是对当下谚语学者的最直接的挑战。

二、谚语"姜还是老的辣"的演变及其反映出的老年观念

在中国传统中,对"老"的认知并非一直不变,以至于今天人们继续在调整着传统观念,不但从传统文化角度,而且也从国际惯例和国家法律角度来确立个人与群体的身份。所以,讨论"老"的观念变化及其谚语表达是一个很有意义的视角。

从语义上看,"老"在甲骨文中是挂着拐杖的老人,是个象形字。《尔雅·释言》中"老"被用来解释"耋",而《易经》和《左传》认为70岁为耋,《诗经》和《说文》则将80岁释为耋。此外,还有专门指不同年龄的老人的词语,如黄发、齯齿、鲐背、耇、寿等。

《说文》很清楚地把"老"解释为70岁以上。这与《礼记·曲礼上》是一样的。而《管子·海王》认为"老男"是60岁以上,"老女"是50岁以上。

将年龄与个人寿命联系在一起,特别是在儒家伦理盛行的两千多年里,孔子的话可能是流传最广的说法之一:"吾十有五而志于学,三十而立,四十而不惑,五十而知天命,六十而耳顺,七十而从心所欲,不逾矩。"(《论语·为政》)

相关的立志谚语也由此流行起来:

---

① Mieder, Wolfgang. 1992. Paremiological Minimum and Cultural Literacy. In *Creativity and Tradition in Folklore,* ed. Simon J. Bronner. Logan: Utah State University Press. Pp. 185-203.

第七讲 谚语研究方法探索：以有关老年的谚语为例

人老则守旧。

少壮不努力，老大徒悲伤。

因为相传孔子 73 岁去世，孟子 84 岁去世，所以，"七十三，八十四，阎王不叫自己去"（或，"七十三，八十四，阎王不叫自己死"）得到流传。

《增广贤文》中的一些有关"老人"和"老年"的谚语包括：

莫笑他人老，终须还到老。

养儿防老，积谷防饥。

堂上二老是活佛，何用灵山朝世尊。

欺老莫欺小，欺人心不明。

善必寿老，恶必早亡。

幸生太平无事日，恐防年老不多时。

三贫三富不到老，十年兴败多少人！

天晴打过落雨铺，少时享过老来福。

修起庙来鬼都老，拾得秤来姜卖完。

当然，民间的"寿星"，作为"三星"之一，也是对"老"和"寿"的信仰与价值观的体现。此外，"三世同堂"或"四世同堂"也是长寿或老的正面象征。在面临今天的老龄化等问题时，这些传统概念必然受到冲击。例如，过去的"半百"在今天不再被视为"老"了。

将 50 岁视为"老"，这个观念体现在古典谚语"五十不为夭"。比如，颜之推在《颜氏家训》中就用此谚语表达自己已过六十，死而无憾的态度。王维（701—761）在写"老年唯好静"时还不到六十岁。白居易（772—846）也在《咏怀》等诗中写道："五十不为夭，吾今欠数年。"当然，孔子的"五十知天命"对文人有着很深的影响。

将60岁视为"老",这主要是受"甲子"之说的影响,60为一轮。民间仍然以60为重要的转折点,有"花甲"和"还历"之说。而孔子的"耳顺"则主要是对文人的影响。总之,60岁生日的庆祝在中国、日本和韩国都有很深的影响。与此相关的谚语有:

五十岁不交钱,六十岁不交言。
六十不赴宴,七十不留宿。
六十岁学吹打,心有余力不足。

以70岁视为"老"有着悠久的历史,如上所示。民间常用的谚语包括:

人过七十古来稀。
人生稀有七十余,多少风光不同局。
七十不留步,八十不留饭,九十不留坐。

与这些"老"概念相关的就是"风烛残年"等描述(见后文)。因此,死亡也是不可回避的,如对应婚礼的"红喜"就是丧葬的"白喜"。

现在,受到联合国或国际上的概念和法律影响,中国将"老龄化"的年龄也从几十年前的60岁改为65岁。[①]对此,中国预测到2040年65岁以上的人口可达总数的30%。而"退休"等概念就是现代对"老年"

---

① 参见,联合国文件,"World Population Ageing 2019: Highlights":全世界,65岁以上的人口比例从1990年的6%增长到2019年的9%。预计到2050年将达到16%,即,每六个人中就有一位是65岁或以上的老年人,很显然,65岁就是用于界定是否步入老年的界限。(https://www.un.org/en/development/desa/population/publications/pdf/ageing/WorldPopulationAgeing2019-Highlights.pdf)

的一种社会意义上的界定。因此,"告老还乡""落叶归根"等观念也在不断修正。近年来流行的歌曲《常回家看看》① 以及类似主题的音乐影视作品充分反映了当代民众与社会对"老年"的伦理反思。

1. 谚语"姜还是老的辣"的起源

根据现有的一些谚语词典②,"姜还是老的辣"的最早书面记录是《宋史·晏敦复传》。其中的记载是,绍兴八年(1138),宰相秦桧为了达到私利,欲与金媾和,派部下去说服大臣晏敦复。晏敦复断然拒绝道:"吾终不为身计误国家,况吾姜桂之性,到老愈辣,请勿言。"③ 从此,"姜桂之性,到老愈辣"成了代表刚正不阿、忠诚报国的象征。但是,"姜桂之性"在此前就已成为一种说法,如汉代刘向的《新序·杂事五》记载,"夫薑桂因地而生,不因地而辛",刘勰的《文心雕龙·事类》有"夫薑桂同地,辛在本性",只是没有与人品连在一起,而"到老愈辣"则是一个谚语的发展,隐喻的运用,也由此使这个表达成为标准的谚语。

2. 变异与异文

这条谚语的文本变异经过了三个阶段。第一个是将此谚语分为两部分,只用其中一个部分,或合并为一个简单句,符合歇后语的用法,同

---

① 戚建波作曲,车行填词,歌曲发行于1999年2月15日,收录于专辑《好好工作》。1999年"春晚"演唱。
② 见,朱祖延:《汉语成语大词典》,河南人民出版社,1985,第560页;宋永培、端木黎明编:《汉语成语词典》(修订本),四川辞书出版社,2001,第365页。
③ 引用《宋史》内容,参见,脱脱:《宋史》,中华书局,1985。

时也有谚语隐喻，还符合四字"成语"的句式，如"姜桂之性"[①]。宋代的李昂英在一首献寿诗中（《水调歌头·寿参政徐意一》）写道："松柏苍然长健，姜桂老来愈辣，劲气九秋天。"第二个阶段是直接以比喻手法使用，并具有口语性，如"姜是老的辣"[②]。第三个发展是加上副词"还"，"姜还是老的辣"[③]，这也突出了使用语境，突出使用者与使用对象的关系等问题。此外，也发展出多个异文：

  姜桂之性，到老愈辛。（清·程允升《幼学故事琼林·花木》）
  姜桂之性，老而愈辣。（清·沈复《浮生六记》卷四）
  薑桂之性，至老不移。（清·陈康祺《郎潜纪闻》卷六）

这句谚语的流行，不仅是隐喻本身，也与当时使用者和使用对象有很大的关系。毕竟，秦桧被视为民族败类，而晏敦复及其上下几代都以忠孝扬名，载入史册。

3. 当代应用：传统与革新

谚语的一个重要特征是它的两面性，是一把"双刃刀"，其具体意义必须根据使用语境来确定。下面这些在传承中的革新便说明了这条谚语具有很强的生命力：

  姜桂之性，愈老愈辣

[①] 见，刘洁修：《汉语成语考释词典》，商务印书馆，2000。
[②] 见，董小玉编：《俗语小词典》，第3版，四川辞书出版社，2005。
[③] 见，胡家喜、傅玉芳编：《谚语小词典》，复旦大学出版社，2006。

姜桂之性，愈老愈辛

姜还是老的辣

姜老姜辣，蔗老蔗甜

姜老辣味大，人老经验多

姜老味辣，人老胆豪

姜是老的辣，醋是陈的酸

姜了老的辣，沟葱白儿长

姜是老的辣，酒是陈的香，辣椒还是老的红

姜是老的辣，梅子嫩的酸，夕阳也晒人

姜是老来辣，茶是后来酽

姜越老越辣，藕越老越粉

姜在地里长，土里要干爽

其中，可能现在最常用的是：

姜是老的辣

姜还是老的辣

姜是越老越辣

之所以说"可能"，也是想借此说明一个谚语研究方法问题，即谚语的生命力在于其当下的流行性，而流行性是需要借助一定的科学方法来印证。在这方面，谚语学家们曾借助统计学方法，利用民俗资料室、参访、问卷等结果来看一条谚语在什么年龄群体、性别群体、社会阶层、语言或方言中达到多少百分比的使用程度。这里所说的"最常用"就没有经过任何统计调查（在这方面，米德的一些研究文章是很好的样板①）。

在近年对广州民众的一次调查中，出现了这条谚语，"蔗要老来甜，姜要老来辣"，这明显体现了一种结合当地生活方式的革新②，尽管该调查没有提供更多的语境信息。而上面的有关"醋""茶""酒""葱"等革新应用就反映了不同地域和行业的情况。

自然，反用谚语和戏用谚语也会得到发展。例如，

姜是老的辣；葱是嫩的香

姜是老的辣；辣椒可是小的辣

姜是老的辣；腕是老的大

姜是老的辣；情是旧的好（老婆还是原来的好）

有些没有用"姜桂"，但也表现了类似的隐喻意义：

老将出马，一个顶俩

青出于蓝而胜于蓝

初生牛犊不怕虎

老汉不提当年勇

人老不值钱，拖累讨人嫌

门神老了不捉鬼

长江后浪推前浪，一代更比一代强

长江后浪推前浪，后浪把前浪推到沙滩上

---

① Mieder, Wolfgang. 1996. No Tickee, No washee. Subtleties of a Proverbial Slur. *Western Folklore* 55 (1): 1–40.

② 华夏：广州话谚语与歇后语使用状况调查：兼论詈语，2010，中山大学，硕士论文。

长江后浪推前浪，把前浪拍死沙滩上

长江后浪推前浪，前浪死在沙滩上

可见，"姜还是老的辣"逐渐包容了多层意义，也发展出多个异文甚至独立谚语。至此，我们可以进一步讨论有关"老年人"的谚语所反映的人生观问题了。(作为"语境研究"，这里应该提供一些日常生活中使用此谚语的例证，但受篇幅所限，有关例子在此省略。)

三、谚语体现的人生观：以老年谚语为例

谚语的谚语性除了体现在语音韵律、句式结构等语言学层面的特征外，从民间文学或民俗学角度来看，就体现于两面性或模糊性以及灵活性上，也就是同一句谚语可以表达两个对立的意义或态度。所以，"姜还是老的辣"既可以是赞美老年人的睿智，也可以表达"老滑头"等贬义意思。无论如何，有一点可以明确，有关老年的谚语反映了中国文化中的四种人生观，也体现了中国文化中的核心信仰与价值观。这里使用的"人生观"概念基本上与方东美所论述的相符[①]，也就是说这种人生观不同于西方哲学和政治经济学意义上的"人生价值"或"生命价值"，也不是"宇宙观"层面的"世界观"，而是突出"过日子"或"生活"的综合意义，寻求人生和谐的思想。以下是简略的概括：

---

① 方东美：《中国人的人生观》(中文版)，台北幼狮文化事业公司，1980 (英文版 *The Chinese View of Life*)。

1. 入世观

　　这个观念体现出了中国文化中的"灵魂不灭""和而不同"以及"入乡随俗"等核心信仰与价值观。这些也是儒家伦理观的核心，反映在日常对孩子的教育和自我修养的态度上，是一种积极向上的人生观，例如：

> 活到老，学到老
> 活到老学到老，一生一世学不了
> 蚂蚁爬树不怕高，有心学习不怕老
> 不怕人老，就怕心老
> 不怕人的年龄大，就怕人的心态老
> 树老果不多，人老心不老
> 人怕老心，树怕老根
> 人老志不衰
> 人穷莫泄气，人老莫丧志
> 年老心不老，人穷志不穷
> 世无老而不学之理
> 年龄长一岁，责任重一分
> 少不惜力，老不歇心
> 明珠尽出老蚌
> 人老智多，树老根多
> 姜老辣味大，人老经验多
> 酒陈味香，人老识深

　　当然，作为谚语，其两面性也反映在反用谚语和戏用谚语中：

松树越老越青，人越老越精明（其中，"精明"可以是褒义的，
　　　　　　　　　　　　也可以是贬义的）

有志不在年高，无志空活百岁

后生可畏

小人手多，老人口多

狗老咬人痛，人老还击狠

人老无能，神老无灵

冷铁难打，老竹难弯

树老生虫，人老无用

人老珠黄不值钱

老而不死是为贼

2. 出世观

　　这种人生观体现了道家的"无为""隐逸"和佛家的"超脱"思想，与"入世观"形成互补关系。这不同于一神崇拜中的"异教"观，而是人生过渡中的阶段性选择。儒家的《论语·公冶长》所载，"道不行，乘桴浮于海"，《论语·泰伯》中的"天下有道则见，无道则隐"便是明确的表述。而《周易·系辞》中的"君子藏器于身，待时而动"也是这种思想的较早的表述，其核心信仰与价值观是"天人合一"。历史人物如唐代的王维，便是在"入世"与"出世"之间几次改变，遵行的就是这种人生观。现代的人物如邓小平，"几上几下"，也是最终以"出世"达到"入世"，成为对社会有益的人。表达这些人生观在老年的体现的谚语或俗语常有：

少而寡欲颜常好，老不求官梦亦闲
告老还乡
人生苦短
返老还童
百年随时过，万事转头空
老年唯好静，万事不关心
劳其身者长寿，安其乐者短命
人不可不知有生之乐，亦不可不怀虚生之忧
人生知足何时足，到老偷闲且是闲

3. 来世观

这种人生观将希望更多地放在未来，自己的"来世"或后代的"福分"上，以此来帮助度过（或"忍"过）眼前的困难。当然，这种人生观主要体现在佛家和道家的思想与行为上，也融合了儒家对"家"的兴旺的期待。因此，当代的"小皇帝""小太阳"现象也就自然成为传统的"望子成龙""望女成凤"的再表达。某种程度上也是"出世观"的表现。在有关老年的谚语中，以下谚语既可以从积极也可以从消极角度来理解，取决于使用语境：

今天脱下衣和袜，不知明天穿不穿
人老猫腰把头低，树老焦梢叶儿稀
人老无用，物老出古，禽兽老了成精
长江一去无回浪，人老何曾再少年

相应地，这些表达死亡的俗语更多地体现了儒家珍惜"现世"的态度：

老了　　　去世
去了　　　故世
走了　　　谢世
作古了　　百年（之后）
入土了　　落叶归根

而这些体现了道家的人生观和宇宙观：

升天　　　仙去
登仙　　　仙逝

佛家的思想则体现在这样一些俗语中：

西去了　　驾鹤西归（去）
上西天了　见阎王了

当代有政治意义的是：

去见马克思
见马克思去了

4. 渡世观

这种人生观主要表现在"趋吉避凶"这个核心信仰与价值观上。当然，在日常生活中，这种人生观也体现在"入乡随俗""和而不同"的行为中。从古代占卜到当代算命，人们希望"求好运""求福命""求吉祥"，在日常生活中"积善积德"，由此达到度过此生并履行家庭和社会责任的意义。的确，以"天人合一"或中国文化之根本的"久"思想来看，人生就是需要完成自己的"任务"。这个任务在不同信仰与价值观体系中有不同阐释，但多是要做对社会有益的事、传宗接代，而不是做对家庭、社会和自然有破坏性的事。《论语·述而》中记载的孔子说自己是"述而不作，信而好古"，《庄子·至乐》中记载的庄子为自己的妻子去世而"方箕踞鼓盆而歌"，佛家的"普度众生"等，这些都是以不同方式的"渡世观"的表达。

当然，渡世观也可以从积极和消极两个方面去理解或阐释。民间的"混世"观便是一种，可能最有代表性的是"好死不如赖活着"，但积极的谚语表达有：

  雁过留声，鸟过留名
  雁过留声，人过留名
  先天不足后天补
  积善积德，必有余庆

在日常生活中，对待"老人"的态度有：

  家有一老，黄金活宝
  牛老角硬，人老艺精
  不听老人言，吃亏在眼前
  不听老人言，吃苦在眼前
  树老半心空，人老事事通

老马识途

吃过的盐比吃吃过的饭都多，走过的桥比你走过的路都多

以"养生"来"渡世"的价值观融合了儒家与道家的思想。由此，也出现了中医和各种健身术，如，太极、五禽戏等。而有关"武术"的谚语表达就有几千条[①]，如：

饭后百步走，能活九十九

节食以去病，少食以延年

拳后百步，到老不进药铺

一日三笑，人生难老

一日三恼，不老也老

高兴一回，年轻一岁

笑一笑十年少

老来忙，寿命长

有钱难买老来瘦

山中易找千年树，人中难找百年翁

人老不以筋骨为能

筋长一寸，寿长十年

此外，对老年人的"描述"也是一种心理上的调节。这些谚语帮助进入"老年"的人调整对自己所处的新身份认同，毕竟，人是万物之一，有生有灭，正确调理好心态是"渡世"的关键。常见的谚语有：

---

① 见，彭卫国编著：《中国武术谚语》，电子工业出版社，1988。

人老猫腰，树老焦梢

人老病多，树老根多

树老根多，人老话多

马老腿慢，人老嘴慢

人老先从腿上多

树怕空，人怕松

黄土埋到脖子了

同时，人生的"福"和"幸福"之感也常常表现在"天伦之乐"中：

老婆孩子热炕头

患病需要好医生，年迈需要好老伴

不怕年老，就怕躺倒

好人老睡成病人，病人老睡成死人

树老怕空心，人老怕冷清

人老疼孩儿，猫老嚼孩儿

买尽天下物，难得子孙贤

要求子孝，先敬爹娘

敬老得富，敬田有谷

夕阳红；黄昏恋；二度青春

最后，有关"姜还是老的辣"，一个戏用谚语表达谚语形成与变异的特征。1961年上演的歌剧电影《洪湖赤卫队》[①]中，有一句地下党接头的"暗号"："人老了弦也调不准了。"对于那个时代的观众来说，这句

[①] 谢添等导演，112分钟。同名的歌剧首排于1958年，2012年再排演出。

话很快就流传开来，包括在儿童群体中。直到今天，笔者作为那个时代成长起来的人也仍然常用这句谚语，并常听到同辈人使用。无疑，它体现了一条谚语诞生和发展的特征。同理，作为谚语，它也产生了反用谚语和戏用谚语，可以用在不同的语境中，具有不同的谚语意义，如：

人老了，弦也（都）调不准了。（肯定或陈述句式，表达的是老人在行动上的迟缓，是对现实的肯定。）

人老了，弦都调不准了（吗）？（以疑问句式，表达的是"不服老"或再肯定的意思。）

人老了，弦真的调不准了吗？（以强调的疑问或反问句式，表达的是要"老骥伏枥"的意思。）

总之，研究和阐释有关老年人的谚语，这会有助于对老年人的自我心理调节，有助于社会态度的修正。更重要的是，我们每个人都将或快或慢地步入"老年"。

以上，通过概述谚语在中国历史上的搜集与研究工作，以及教化等作用，特别是以"姜还是老的辣"为代表的有关老年的谚语作为范例，进一步说明这些谚语与中国文化中几种人生观的关系。同时，也提出一些有关谚语研究的概念和方法问题，其主要目的是探讨谚语研究的方法上，也是对建设中国的"谚语学"的呼吁。毕竟，中国谚语之丰富与普及，中国文化之深厚，不仅是跨文化交流中的中国人的文化认同之根本，也是交流活动中的"调料"。正如一百多年前的传教士所注意到的，"中国谚语是无人不用的，从龙椅上的皇帝到磨坊中的农妇"[1]。

---

[1] Smith, Arthur H. 1902. *Chinese Proverbs*. Shanghai: American Presbyterian Mission Press. P. 7.

第八讲　民俗影视记录：从概念到实践的学科新日常

【本讲包含的关键概念】

民俗影视；影视民俗；民俗纪录片；民族志纪录片；民俗影视分类；民俗影视特征；民俗影视基本原则；民俗影视与民俗学的发展阶段；民俗影视与文化遗产保护；民俗影视记录中的伦理

影视技术为民俗学调查研究带来了新的手段、局面和领域，也迫使民俗学者重新界定、理解和运用"文本"（text）、"语境"（或承启关系，context）、"亚文本"（texture），以及"亚民俗"（metafolklore）等概念，因为民俗影视关系到田野记录、教学、科研著述等各个方面。

以影视作品记录民俗活动是20世纪初电影技术与民族学和人类学结合的产物，进而形成了民族志电影，并成为纪录片中独特的影视作品类型，又在20世纪后期发展出视觉人类学这一学科。早在1930年代，就出现了"民俗电影"（folklore film）的概念，指的是有关民俗的非商业电影。但是，作为民俗学的一个研究概念和领域，民俗电影或民俗学电影（folkloristic film）形成于1970年代。现在，可以把所有记录并再现民俗活动的影像与音声作品统称为民俗影视（或民俗影像）作品，它们都是民俗影视研究的对象。

第八讲　民俗影视记录：从概念到实践的学科新日常

一、概念与分类

　　民俗影视的概念建立在对民俗与影视的关系的认识上，形成了与其他纪录片可进行比较的一种影视作品类型以及阐释角度。首先，民俗学研究是以记录为前提的，这也表明民俗影视的目的应该是以记录民俗为主。从这个目的出发的纪录片不同于其他纪录片。民俗纪录片不直接触及对社会问题的解决，而是将现实再现给观众，让他们反思自己的生活，找到与影片有共鸣的地方，看到自己被反射或折射的形象。它真实记录民间活动和完整事件，为理解自己提供了一个阐释的窗口。这也是民俗影视与人类学影视作品的根本区别：前者关注的是制作人所熟悉的以及与自己相关的群体的民俗活动，而后者注重的是非工业化的或"他者"的社会。同时，民俗影视常常从个体的角度反映群体的民俗传承，而人类学影视作品常常展现的是群体性活动。

　　制作人提出的问题以及处理这些问题所依据的理论导向是民俗学影视有别于其他影视的关键。在界定民俗影视作品时，莎伦·谢尔曼（Sharon R. Sherman）通过关注电影制作人保持或改变主题和技巧等技术性、理论性原因，提出如下问题：民俗电影产生的前提是什么？民俗电影制作人如何确定拍摄对象？如何看待电影制作过程中制片人所体现的角色？制作人带着一定的设想或观念去拍摄，拍摄过程中民俗电影所反映的主体是否影响了制片人的设想或观念，若是的话，是怎样影响的？对已完成的电影的态度如何以及这些态度如何影响有关该电影的记述？谢尔曼的立论基础是：电影是对我们自己的反映，电影制作人将对民俗的理论假设通过电影表述出来，并同时决定了他们所应用的技巧。立意于民俗（从创造性表现的最广义而言）的电影或影视作品大体上聚焦于：1）表演者或艺术家个体；2）互动事件和进程（演唱、叙述、演奏、制作);3)某群体(地区、家庭、职业群)或其"文化";4)文本、工艺过程或手工艺品。由此,基于时空连续性的民俗理念创造出关注历史或不同类型的影视作品。①

民俗影视作品的分类可依据民俗的分类,分为口头或民间文学、物质文化、精神信仰与行为三大类。但是,从表现体裁和内容上看,民俗影视作品有不同侧重:1)家庭活动记录、个人口述、个人或小群体技能展示、大型民俗活动等;2)突发事件、情景再现等;3)专题系列、舞台表演、游记等。当然,民俗活动内容也可能出现在其他类别的纪录片中,例如,科教纪录片、军事纪录片、新闻纪录片等。

从制作者的表现风格来讲,仅在音声的处理上,就有不同方式:有的使用外加音声(如配乐等),有的不使用任何外加音声;有的使用解说或旁白,有的不使用;有的使用字幕,有的不使用;等等。对于一部好的民俗影视作品来说,只要能够突出表现主题,恰当利用字幕、旁白等是可以的,有时也是必要的,但要避免过多解说、配乐,或"艺术渲染"。

从目的和功能上看,民俗影视作品有不同功用:作为档案资料、用于科研或教学展示、以公共教育或宣传为目的、为了商业经营等。在对非物质文化遗产有了新认识的今天,民俗影视也对传统文化的保护和传承有着重大作用。

民俗影视的分类是对应于民俗学的理论发展历程的。从表现结构上看,民俗纪录片总体可以分以下五种模式,每一种都依序基于前一种辩证地发展而来,彼此之间有一定关系。在演变进程中,每种模式也在与其他模式互动中形成了各自的传统。

1)解释型(expository)模式用于回答某个问题,因此常会用解说

---

① 参见,谢尔曼:《记录我们自己》,张举文等译,华中师范大学出版社,2011。

来展示权威性。其手法常是以文本控制证据,从而达到目的——此文本便是所谓的民俗文本。这个模式发展于最早的民族志影片,如弗拉尔迪(Robert Flaherty)1922年的作品《北方的纳努克》(Nanook of the North)等。2)观察型(observational)纪录片形成于1960年代,强调运用同步音像合成与长镜头等技术。当时的技术发展使同步录音与长镜头成为可能。这一模式突出展现的是特定的个体、进程或事件。观察型作品不同于"生活的切片"式的作品,需要长期的跟踪记录来完成,以此展现民俗进程。3)互动型(interactive)影视片基于"电影真实"的原理,突出表现行为者对着摄像机说话,与拍摄者互动,或为拍摄者提供口述经历。同时,字幕也是常用的手法。这个类型强调的是民俗语境或民俗的承启关系。4)反思型(reflexive)纪录片的出发点是让人对所展现的问题有更深的思考,质问那些理所当然的问题,通常是拍摄者以评论的方式呈现问题,对自己所再现的世界进行反思。在突出主观性的同时,也将拍摄人与拍摄对象共同展现出来。这类作品不去做分析,不强加任何理论辩论,而以现实主义手法引发政治意义上的反思。这也跟民俗学以记录和反映现实为主的思想一致。5)表演型(performative)模式要求观众构建作品的意义,并通过细节与背景形成表演文本,因而不着力于演绎自身理论。其中的"表演性"不同于一般意义上的"表演",而是适于民俗影视的内容构建。在类型、风格以及技术方面,这类影视作品更突出了"后真实民俗"(folklore post-vérité)的表演或表现。所谓"后真实"是影视研究术语。一般纪实性影片强调展现出真实现象,而突出"后真实"的民俗影视除了要展现出一般的真实现象之外,还要更多地展现出相关主体的个人内心活动、感情、观念或信仰,这些是一般的纪实性拍摄所不能展现的成分。对民俗学者来说,"民俗家庭影视"等"来自局内人"的作品都可以从这个角度去拍摄制作。

从相关的视觉人类学角度看,影视作品可分为四种模式,与民俗影视的模式有交叉，但突出的角度与手法有所不同。[①] 1）解释型纪录片：将现实世界的片段结合起来，组织成一个具有说明性、修辞性或论辩性的整体结构，重点在于所解释内容的逻辑完整，证据真实充分，而不是为了展现美学、诗意、戏剧性或视觉冲击力，也不要求呈现现实世界时空的连续性和事件的完整性。解释型作品具有明确和直接的社会指向和现实诉求，希望借此媒介，观众能相信他们从影像中看到和体会到的是"真正事实"，接受他们传播的信息和隐含的观点。因此，大量使用权威性的"上帝之声"作为旁白，或者用字幕来缝合不完整的影像表述，使得总结说明和抽象演绎成为可能。2）叙事型纪录片：大多讲述受众喜欢的故事。这一种在文本写作中最常见，构成了民族志作品的主要部分。3）反思型纪录片：不但具有很强的直观性，而且也常常具有有别于文字的自我表现能力。同时，这种纪录片也是对现实主义的批评。通过不断审视现实时空与电影时空、作者身份、摄影机角色等影像生产过程，质疑它"现实主义"的建构本质与受众接受此类影像背后的思维定式。4）先锋派（avant-garde）纪录片：受到现代主义和后现代主义影响，此类纪录片对日益制度化的现代主义有质疑和批判，在反思自身的同时，这类作品也在不断质疑科学主义和实证主义的客位优越感。随着脱离知识主体及其语境的"客观"科学研究受到质疑，个体的自我意识和主体性也得到全新的审视，其思考和自我展示往往出现在与历史文化互动中所产生的"破碎""间隙"以及"瞬间"的时刻，即"诗性智慧"的时刻。同时，作为"共通性"智慧，诗性的修辞手段也正成为人文科学追本溯源的手段。

与民俗影视相对应的一个概念是"影视民俗"（filmic folklore）。民俗影视是以真实完整的民俗活动为核心，而影视民俗作品是利用局部或

[①] 参见，张举文、谢尔曼主编：《民俗影视记录手册》，商务印书馆，2018。

片段的民俗活动或其再现来进行影视艺术创作的结果，是民俗影视研究对象中一个新的表现类型。影视民俗与民俗影视的不同在于，影视民俗只存在于影视作品中的想象，是制作人创造、改造或模仿民俗的表演。影视民俗出现在多种影视作品里（如故事片、宣传片），从中，民俗被剥离其原来的文化、社会和历史背景，通过混杂和添加的手法，被用来强制性表达制作人的思想意识、价值观或审美观。影视民俗不同于一般纪录片对真实民俗活动的局部记录或再表演（尽管包含民俗内容的纪录片大多不是民俗学影视），因为它通常只是一个场面、一个动作、一个事件或一个故事情节。影视民俗是新兴的民俗，但具有传统民俗的特征和功能：重复表演（但不是在传统的环境下），艺术性交际（但不是在传统的小群体内），成为艺术、艺术品和艺术性创造思想（但不是在传统的社会里）。而且，影视民俗反过来也影响到制作人和观众以及影片所反映的相关民俗的实践者。这些作品不像民俗影视作品那样反映某群体或个体及其文化。因此，它不是为了记录民俗，而是借助影视媒介对民俗进行解构和重构，从而创造超越时空的想象民俗，且不是为了记录和保持时空连续性的实践民俗。

影视民俗作品代表性地体现在一些影响较大的中国"第五代"导演的作品中，如《黄土地》《活着》等。在根据苏童的小说《妻妾成群》改编的电影《大红灯笼高高挂》中，有两处特别吸引观众却又倍受中国影评人批评的地方：在妻妾的房间前面挂起红灯笼表明"男主人"将要恩宠她，并给这位将要被恩宠的女子进行性感的足按摩。这些场景很显然是电影制作者发明出来的。这个手法通过对日常生活中的符号有意识地或创造性地进行再定义，把它转变成具有特殊意义的符号，从而让人们从新的视角重新认识熟悉的民俗符号。例如，中国民俗中，在房前或商业区挂红灯笼的习俗由来已久。红灯笼是吉祥的象征，在重要的节日，人们（无论贫富）常常会在房前悬挂红灯笼，今天依然如此。在元宵节，人们更是挂起红灯笼广为庆祝。挂在餐厅门前的红、蓝灯笼或旗子标明餐厅的级别。旧社会挂在妓院门口写有名字的红（或其他颜色的）灯笼则是广告符号，因此在现代汉语中出现了"红灯区"这个特殊表达法。红灯笼的作用就是传达信息（日期或地点）和表达象征（在节日期间，追求好运和让各种邪灵、霉运远离居所）。把妓院的标志性符号红灯笼转换成普通人家的红灯笼，影片所要表达的是社会和伦理道德的沦陷（如对妻妾制的态度），这不仅表现在红灯区，也体现在富裕人家。把红灯笼从与庭院相连的大门外（日常行为）移到被恩宠女子的房间外，揭示的是女子的命运依托于男人的喜好。值得思考的是，在一定程度上受到这些电影的影响，近些年来，各地旅游景点和商业中心流行起来"大红灯笼高高挂"，这印证了上述的影视民俗对现实民俗的反作用力，更说明民俗学者不可忽视对影视民俗的关注。

此外，"民俗摄影"这个概念近些年来常出现在民俗记录与研究中。这里的"摄影"指的是静态图像，不同于"影视"所指的包含同步的音画记录。民俗学家陶立璠对"民俗摄影"是这样界定的："人们拿起手中的相机，将日常生活中民俗文化，特别是仪式的全过程，用完整的镜头语言表现出来，成为对生活的记录，留下对生活的记忆，这就是民俗摄影。这里讲的'完整的镜头语言'不是指民俗活动（仪式）的断面，而是民俗活动的组合表现。民俗摄影反映的对象是民众的日常生活，特别是其活动的每个细节，这和新闻摄影、风光摄影、人像摄影、艺术摄影等有着明显的、本质的不同。单幅的作品构不成民俗摄影，勉强地讲可以称之为'风情摄影'。也就是说，民俗摄影应该是组合的，浓缩的一组作品。同时要附有民俗事象详细的文字说明。"[1]

---

[1] 陶立璠：《民俗摄影的跨学科检讨》，2016年3月23日，"从田野到书斋——陶立璠空间"博客（https://www.chinafolklore.org/blog/?uid-21-action-viewspace-itemid-91984）。

总之，民俗与影视的关系问题是民俗学理论与方法建设中的一个新领域。相关的理论与方法研究是知识生产的一个必要部分，也是学科建设不可忽视的一个课题。纵观中国民俗学发展史，学者们需要关注民俗与影视的研究。虽然每个民俗学者都在不同程度上使用着影视技术或设备，但在实地调查方法的教学、影视工具的运用、作品制作等问题上，还缺少系统的论述与实践。

二、理论与方法

作为民俗学的一个学科领域，有关民俗影视研究和实践的理论与方法仍处于不断的探索和构建中，需要更多的关注，需要学者借助多学科视角去实践和分析。为此，民俗影视记录者必须首先明确他们的目的是拍摄记录：1）包含核心符号的有价值的资料片；2）在此基础上制作可用于研究或教学的专题片；3）为了多元文化理解而通过公众媒体展示的纪录片。达到这些目的的前提是明确影视记录永远是对民俗传统的一人一事一时一地的真实和完整的记录，是对传统传承的进程的记录。试图将某民俗传统作为"结果"而将其"固化"的记录是违背影视记录的目的的。明确了这些目的，记录者才能处理好素材资料与公共展演作品的关系。

这些目的也决定着记录人如何充分利用好设备，如何在不违背伦理道德的前提下记录下最有价值的内容。例如，何时使用特写，何时使用远景，如何通过景别的变化体现不同观点与价值观等。换句话说，要处理好"主题"与"背景"、"文本"与"语境"、（民俗事象的）"小语境"与（社会和文化的）"大语境"的关系。这些不仅是纪录片风格模式和技术问题，而且也是理论观点问题。为此，记录人第一要有充分的背景知识，第二要聚焦于核心符号，第三要运用恰当的景别。

因为民俗传统是由民俗事件——构成的，所以，对每个民俗事件都要弄懂其核心符号是什么，这样才能有的放矢，记录到有价值的东西。将一个事件从头到尾的记录可能会显得很全面，但如果没有将核心符号（可能是一个特定时空中的一个动作、一个眼神、一个词语等）准确记录下来，这样的"全面"只是给外行看个热闹，并不是在记录民俗的根本所在。

对民俗的记录，经过了采风、下田野、实地考察、现场记录与实地体验等阶段，每个阶段都体现出不同的意识形态与价值观取向。以人类学为代表的学科性反思就是对这些词语所反映的"态度"和"角度"的自省。民俗学更关注的是实地体验与现场记录，即"参与-观察-记录"的"三合一"式的记录方式，还要合理呈现作为记录者的"我"在记录与展示材料中的角色。

民俗影视记录的基本原则包括：1）影视记录与文字记录的结合，两者相辅相成；2）影视记录的过程本身也记录着拍摄者和被拍摄者之间的互动以及其对所记录的传统带来的影响，一部民俗纪录片可能会给该民俗及其实践者带来意想不到的结果，同时，也反映出记录者与被记录者在思想意识、价值观、伦理观以及艺术创造力等多方面的异同；3）民俗记录是为了更好地理解和研究人类文化的创造、发展、传播和演变的进程和机制，因此，对某项民俗传统的记录绝不是将其"固化"，为其贴上"权威"或"标准"等标签；4）民俗事件是动态的，不是静态的，是多样和可变的，不是单一和不变的，因此，民俗影视记录突出的是一人、一事、一时、一地。一部民俗纪录片就是利用画面叙述一个民俗传统在特定时空中的特定传承进程；5）记录一个民俗事项，特别是那些正在消失的民俗传统，是为了有助于它在多元文化中的持续发展，或是有助于未来的复兴，因此，一部民俗纪录片必须有完整的事件或故事，有完整的语境资料；6）民俗传统是"民"与"俗"的共同体，一部民俗纪录片必须处理好两者的关系，可以有所侧重，但不能将两者隔离对待。

在方法上，需要强调两点：1）如何使用镜头与视角、景深与景别等影视技巧来处理好"主题"与"背景"、"文本"与"语境"、"阐释"与"描述"的关系。这不只是画面是否美、叙事是否流畅或有吸引力的问题，而是一个涉及更深层的制作者的思想意识和价值观的问题。例如，为了展示一个"原始"（或原生态）村落的生活或者其他目的，影视记录者可能会有意回避镜头中可能有的"现代"符号，如汽车、卫星接收器等。为了有效做到这一点，可以运用大量的特写，或是后期的背景删除。这样的问题，一是缺少"大场景"记录，二是违背了最基本的"完整和真实"的原则。最终，不仅误导了观众，还传递了制作者特定的"理论价值"——可能是为了论证一个"理论"而歪曲（或局部真实地再现）现实。2）对某一民俗传统的记录，如果没有了解其核心符号，就无法拍摄到最有价值的镜头。即使有的影视记录将一次民俗活动以大场面从头到尾地拍摄下来，但如果不了解该民俗的核心符号，那么，记录就依然是不"完整"的，也会失去记录价值。当然，有时核心符号对局内人可能有特殊意义，这就需要记录者在遵循伦理原则的基础上合理处置，不能损害局内人的权利和利益。

既然民俗影视的目的是记录民俗活动，那么记录的方法就应该是尽可能完整地反映局内人的声音和活动。在选取记录的时间、地点以及活动内容时，无疑会有局内人和局外人因视角和目的的不同而造成的记录结果的不同。此时局内人具有文化意义的行为活动应该成为作品的焦点，而不应把作品的主题建立在局外人认为重要的内容上。换句话说，民俗活动的记录和研究，不同于为了印证某个假想而去有针对性地摘取证据的求证。

对此，需要强调民俗影视是"记录我们自己"这一观点。这个观点有两层意义。一个是语义上的，一个是理论上的。"我们"不是简单对应于"他们"，而是指"局内人"与"局外人"，或"自观/主位"与"他观/客位"的相互关系。换句话说，局外人也可以成为局内人，局内人也可以从局外人的观点看问题，即主体与客体可以从立场角度互换与互补，但前提是必须具有深刻的文化理解。因此，记录人必须对所研究的个体和群体有深刻的文化认同，才有可能和有理由将记录对象视为"我们自己"，并以局内人的视角来叙述民俗事件。过于突出某些（独特或突发）事件的纪录片可以成为有价值的新闻记录；过于突出某种艺术性的纪录片可以成为有美学价值的艺术记录；过于突出宏观大文化发展的纪录片可能更有历史价值；而民俗学的"记录我们自己"首先要尽可能对某一民俗事件进行完整记录，在此基础上，也可以追求同时具有美学价值和艺术性，其本身也构成对社会和历史变化的注释。民俗学影视记录者在对记录对象有了深层的文化认同后，是可以兼顾以上这几点的。所以说，记录"我们自己"的民俗是民俗学学科发展的一个前提，也是将"民"与"俗"融为一体的有益实践。

与记录相关的另外两个重要概念是"叙事"与"图像叙事"，涉及理论与方法以及具体拍摄方案的设计。所谓叙事，简单说就是讲述故事。具体而言，叙事可以分为两部分，即叙述和故事，或者说是关于"讲什么"和"如何讲"的问题。叙事是民俗影视作品的基础。它不仅关系到一个叙事是否有传承的生命力，也体现了叙事者的伦理观、价值观和审美观。虽然叙事的内容是被拍摄下的一个个镜头，但如何组织叙事结构，也就是如何进行影视编辑，是整个作品的核心。因此，对叙事的具体构思，也就是对叙事中的人物或事件的突出就尤为重要。一个民俗传统的传承和实践离不开具体人物和事件，人物与事件是相互依存和衬托的，需要处理好两者的辩证关系。根据所要记录的民俗传统的特点，我们所拍摄的纪录片，有的可能是重点突出人物，有的也可能是重点突出事件,为此,需要对所拍摄的人物或事件(如场所与当地习俗传统等)有充分了解,以便在拍摄前就有比较具体的构思。

拍摄一个民俗专题纪录片,就是讲一个生活故事,是一个叙事过程。对拍摄者来说,这个叙事过程是个主动建构的过程,因此,拍摄者必须事先对这个故事有个整体构思设计,进而再对具体步骤进行构思,同时又要保留一定的灵活性。拍摄者要充分考虑到文本(即拍摄内容,也包括亚文本)、语境(即事件的自然时空和社会时空)、表演者(可能是某个体,也可能是事件的所有参与者)以及观众等因素。在此基础上,可以将艺术性的交流(即民俗活动)艺术地展现出来,同时又保持一定理论深度。

为此,首先需要理解以影视为载体的叙事是什么,有什么特点。概括说来,影视叙事语法是关于如何通过影视元素的合理调度而使其为叙事服务的科学。影视元素包括视听两方面,单从画面上来说包括景别、色彩、角度、光影、摄影机拍摄方式、构图等。其中,景别的运用占有重要地位,是影视叙事的基本承载元素。景别是指由于摄影机与被摄体的距离不同,而造成被摄体在画面中所呈现出的范围大小的区别。景别一般被分为五种,由近至远分别为特写(人体肩部以上)、近景(人体胸部以上)、中景(人体膝部以上)、全景(人体的全部和周围背景)、远景(被摄体所处环境)。还可以更详细地分为九种,大远景(人物高度占画面四分之一)、远景(人物占画面高度的二分之一)、大全景、全景、中近景(人物全身)、半近景(人物半身)、近景(胸部以上突出人物神情)、特写(肩部以上)、大特写(强化细节)。景别的变化使用并不能完全和镜头的三种关系相重叠(如并非特写的镜头也可以表现细节),但是构成了以下三个层面的基础,是表现这三个层面内容的手段和工具。

1. 技术层面:体现出叙事的完整与流畅,视觉与听觉的美感等方面的问题;

2. 内容层面：从民俗志（或民族志）的"语境"角度看，通过镜头与文字的互补，可以捕捉到单一文字或单一镜头所不能捕捉的行为和言语，有利于对人物或事件的完整记录和理解；

3. 观点层面：从反思角度看，记录拍摄者所见所闻所感，这不仅对记录者本人，也对其他研究者，以至学科发展都有着重要意义。不仅如此，不同镜头的运用也体现出拍摄者的理论观点与价值观取向。例如，第五讲中所举的人类学家列维-斯特劳斯在巴西时所用的镜头角度，便是这方面的例证。[①]

在对所拍摄的影片的叙事进行具体构思时，还要重温民俗影视叙事的基本原则。1）民间性：站在什么人立场上讲民俗的故事，这是一个首要的问题。民俗影视人应将自己摆在老百姓的立场上，有"我们"感，不是高高在上，也不是置身事件之外，而是在民众之中，以当事者的立场来叙事。这种平民情怀和民间立场，在一些优秀的纪录片中有突出表现，例如，徐童的《算命》（2009）和张丽玲的《含泪活着》（2006）。2）原生性：追求真实的原场景，避免人为干扰民俗活动现场。尽可能不使用摆拍。拍摄过程中如有特殊需要，要做技术处理（如灯光、造型、历史还原等），也应以"还原"为原则，即以"再现"为目的。3）学术性：对被记录对象应做深入研究，并在学术理论的指导下进行深描。让观众在民俗表象下看到更深层的东西。有些作品需要长期跟踪记录才能获得对一个故事或叙事的深刻理解。例如，《含泪活着》这部纪录片耗时十年，最终把中国人那种极强的家庭观念与坚忍不拔的生存意志表现得淋漓尽致。

---

① 详见，邓启耀：《我看与他观》，清华大学出版社，2013，第12—16页。另见，Lévi-Strauss, Claude. 1994. *Saudades do Brasil: A Photographic Memoir*. Washington: University of Washington Press; Castro Faria, De Luiz. 2001. *Another Look: A Diary of the Serra Do Norte Expedition*. Translated by David Rodgers. Editor Ouro Azul, Rio de Janeiro, Brazil。

民俗影视纪录片的常用叙事手段包括：1）镜头叙事：尽可能通过镜头进行完整叙事。三种常用的镜头包括：关系镜头（全景）、动作镜头（中近景）、渲染镜头（空镜头）。镜头叙事来自这三类画面的排列与组合。2）解说叙事：利用字幕解说与画外音解说，例如，《北方的纳努克》（1922）。3）访谈叙事：以访谈的方式完成叙事，如，《北京的风很大》（2000）。4）混合叙事：将上述手段组合起来叙事。

叙事视角可分成外部视角、内部视角、视角转换等类型，这些类型的叙事视角有各自不同的特点。1）外部视角：故事采取外在于剧中人物的视角进行讲述，可以简单理解为"局外人"的视角，是站在"旁观者"的角度来审视事件和人物。2）内部视角：以摄像机的视点直接代表片中某一人物的视点去观察和呈现某一事件，可以简单理解为"局内人"的视角，提供的是一种参与者的体验，同时，也通过参与过程考察相关的事件和人物。3）视角转换：叙述视角从内部视角转向外部视角，或者相反。

从叙事视角的功能来看，叙述视角决定事件的性质。视角不同，同一事件可能被呈现出不同的存在状态。1）主观视角的叙事：往往使用第一人称叙事，采用大量主观镜头（如俯视或仰视），带有某种情绪因素，并尽量以这种情绪感染观众，给他们带来身临其境的情感体验。主观视角的优势是有利于煽情，有利于直接阐释；而不足是易引起争议，可能不够全面，甚至偏激，易受作者认知的局限和强势话语的支配。2）客观视角的叙事：常常采用第三人称叙事，多用客观镜头（平视），观众较少参与意识，旁观剧情的发展。客观记录的叙事方式反对使用大段大段的解说，主张不干涉拍摄对象，保持生活的原生态，强调取材的客观性。它要求创作者深入生活，从中提炼细节、情节乃至故事。但绝不干预被记录者的生活。3）第三人称叙事的三种类型：①全知视角：知道一切，包括被拍摄对象和观众所不知道的东西。优点是适宜于作者阐释，尤其是基于特定理论的解析。②受限视角（亦称内视角）：从作品中某个人物的角度能看到和理解的东西（如文学中的疯子角度、女性角度、傻子角度、儿童角度、鬼魂角度等），其优点一方面是从特殊角度来观察世界，会产生特别的效果；另一方面是易让人产生身临其境的真实感。③一般视角（亦称外视角）：与观众的认知保持同步，客观记录被拍摄对象表现在外部的行为和语言，不能直接表现心理活动，后者只能交由观众自己去评判。由于不做解释和说明，所以展示的仅仅是与过程同步的客观事实。

此外，叙事还可以分为突出人物的记录和突出叙事的记录。人物指的是传统的传承人；叙事表明的是传统如何通过事件连接起来。事件主要是通过叙事将人物、行为、环境等连接起来。叙事不但是"文本"本身，也包括不同"语境"等必要元素。这也涉及如何对待"民"与"俗"的关系的问题，是民俗学的一个核心问题。当然，要根据具体项目来决定如何从不同视角来展现两者的关系。要清楚，虽然可以侧重某一方面，但是两者是不可分的。

民俗影视中人物刻画的意义在于：1）所有民俗都是为民众服务的，不了解民众的需要，就不能真正了解民俗，只是看热闹或看稀奇。2）研究民俗的目的，是改善民众的生活或精神面貌。如果只有民俗现象，没有民俗中的人物，对民俗的理解就难以深入。3）民俗纪录片是给人看的，如果不能深入理解民俗背后的生活世界与情感世界，这种纪录片难以引起观众的共鸣。4）拍好民俗影视中的人物，能使纪录片以叙事方式展开，有情节，有故事，加深观众对民俗事项的理解。

民俗影视中人物刻画的基本手法包括：1）肖像描写：用特写或近景，把民俗活动参与者的形貌、表情、衣饰、姿势、风度等，用生动具体的语言描述出来。肖像描写重在表现人物在参与民俗活动过程中的独特性格、由民俗活动所激发的特殊情感等，以"形"传"神"，通过人物的外部特征来揭示民俗活动对民众生活和心理的深刻影响。2）语言描写：最易展示人物性格，它可以充分、细致地将人物的内心世界袒露出来，因此，要特别注意记录研究对象的自我表达，特别是那些富有个性特征的话。语言越独特，越能刻画出人物的特点；与民俗活动关联越密切，越要注意采录，使民俗与活生生的人联系起来。3）动作描写：就是让人物用行动来表现自己。行动最能显示人物的性格特征。人物的一举手、一投足、一个姿势都能很好地表现人物的性格，这里所说的行动，不是人物的一切行动，而是最富有民俗意义，或最能显示人物性格，或最能推动民俗进程的那些行动，如果有一些习惯性的动作或下意识的举止则更好。

民俗影视对应于文字或口头叙事，它们应该是相辅相成的关系。民俗影视有时也被称为"图像叙事"。图像叙事是以"图像"来将"影视"或"影像"纪录片的动态画面领域扩延到"图片"或"照片"以及数字化的"虚拟图像"等静态画面的领域，依据的是同样的原则，具有广义的视觉人类学意味。例如，一个石刻图像、一张剪纸、一幅画、一张照片，特别是一组或一系列的图像、图案或照片，更明显地突出了图像叙事的形式、功能以及意义。图像的概念也包括岩画等各种表现手段，是早于文字的，是辅助口头叙事和记忆的手段，因此图像叙事也是个广义概念。[①]

三、记录与实践

随着影像记录手段和技术的进步，早期的胶片电影和照片演化出家用磁带录像机，之后又出现了普及的数字化的摄像与摄影技术和设备。

---

① 参见，邢莉主编：《民俗学概论新编》，北京师范大学出版社，2016。

同时，展示影视作品的平台不但日益多样化，而且也更易于普通民众的使用。这也意味着民众可以"记录我们自己"，而不只是"被记录"。

基于上述理论与方法，民俗影视人下一步的工作就是如何应用这些概念，完成一部作品。但是，一般来说，民俗影视人需要具有一定的学科理论知识、伦理概念与实践经验以及拍摄技术和后期编辑技术，这样才能制作出有价值的作品。

学科理论知识是指对某学科的理论与知识的基本了解或掌握，包括民俗学、人类学、心理学、艺术学等。例如，拍摄有关水稻生长或某种疾病的纪录片，即使是大众普及性的宣传片，也要有相应的农业或医学专业知识。

伦理概念与实践不仅是指某个学科的伦理原则与规范，也是指作为普通人或学者的基本伦理观念与行为。例如，记录同一个民俗事件的两部纪录片，一部可能是强化殖民主义、种族主义、沙文主义的，甚至是某些利益集团的宣传，而另一部则可能是对这些意识形态的批评。在实践中，民俗影视记录既展现出一定的学科理论观点，又体现出一定的伦理践行。具体而言，拍摄者所面临的是：如何处理好记录者与被记录者的感情关系；如何处理好保存的资料与公开展演的作品的经济和法律问题；如何处理好实践者的实践权利与法定传承人的权益关系；如何处理好相关法律与地方习俗的关系等。例如，联合国教科文组织在颁布《保护非物质文化遗产公约》的十多年后，又颁布了《保护非物质文化遗产伦理原则》。可见，伦理问题是文化遗产保护、传承和发展中的一个重要问题，但常常被忽视。

拍摄技术和后期编辑技术，不仅包括对设备操作技术的掌握，也包括对一个专题的拍摄设计，也就是对"讲什么"和"如何讲"的设计问题。这就要从上述有关叙事的原则出发，明确每个拍摄专题的目的，然后构思叙事情节，同时，又要保持极大的灵活性。

对一部民俗纪录片的具体设计要从叙事的情节点入手。例如，以人物为主的叙事可以通过情节点（即一个偶然事故或事件的发生，它连接动作并且把它转向另一个方向）做出如此划分：1）开端：某一情景的出现，必须具备四个要素——发生的事件；主人公出场；在主人公周围活动的人物，包括反派人物和正面人物，并显示出他们与主人公的关系；主人公的想法和渴望达到的目的。2）对抗部分：主人公在实现目标的过程中出现的各种障碍、各种阻力和冲突。必须具备的要素是：险境和困境；克服障碍冲出险境的具体过程。3）结局：整个故事的结果。必须具备两个要素：主人公的目的是否达到，成功还是失败。对其他人物的交待。

针对民俗影视纪录片，可从线性结构和板块结构两大类来设计。如果题材是事件性的，多采用线性结构；如果题材是概述性的，则多采用板块结构。1）线性结构：分为单线结构、双线结构和多线结构三大类，根据线索交叉与否又派生出双线平行结构、双线交叉结构和网状结构。线性结构最主要的特点是有一条乃至多条贯穿全片的线索，这条线索可以是内在的、逻辑的。2）板块结构：是按照人物、时间、地域或主题的不同，将不同的内容分成不同的部分，部分与部分之间可以互无联系，也可以有起承转合。使用板块结构最好是用来表现有张力的题材，否则，板块和板块之间缺乏内在的必要关联会使整部片子显得零散。

在进行具体的民俗影视记录之前，需要充分准备：1）影视记录技术：掌握设备的选择、准备、使用与维护；熟练的拍摄和编辑技能。2）学科知识：视民俗影视记录为交叉实践学科，充分了解相关学科理论，并运用于民俗影视作品的完成。3）伦理：尊重记录对象的生活习惯，入乡随俗，践行职业和学科伦理，维系基本道德和价值观。"工欲善其事，必先利其器"，为了完成以影视记录民俗之"事"，必须要准备好这些"器"：拍摄影片所需设备之有形硬"器"；拍摄技术与学科知识之无形软"器";对拍摄内容有至深理解并做到求真求善的记录与展示之巧"器";作为记录人和研究人之(伦)理"器"。

一个切实可行的方法是在拍摄的各个阶段制定"清单",列出"出行物品清单""设备保管清单""采访拍摄细节清单""征得拍摄对象许可与联系方式清单""所拍摄内容的文件记录清单"以及"采访问题清单"等,以便保证拍摄过程中的身心健康和安全,以免忘记或忽略重要的拍摄镜头,并始终遵循伦理原则。

在进入现场时,特别需要注意的是:1)既要遵守计划,也要灵活应对。2)践行伦理原则,入乡随俗,协调好各种关系。3)钻研影视叙事,用画面强调民俗传承中的核心符号。4)处理好"我"与"他者"的角色关系。5)培养对现场(民俗事项)的敏感,捕捉任何可能有意义的镜头。6)管理维护好拍摄设备。7)保持身心健康,做到生活安全,精神愉悦。

在拍摄记录之后,1)确认拍摄素材的完整(包含"核心符号"),以及是否需要重返现场。2)遵循科学的分类与建档体系。3)反思初衷与拍摄结果是否一致。4)编辑前要有明确的文字"脚本"(叙事提纲),也保持灵活的创造性。5)明确编辑叙事方向,先粗编后细编。6)熟练运用编辑软件。7)确认和反思自己的伦理观和伦理行为。

此后,在从样片到成品的剪辑过程中,要注意:1)反思拍摄项目的初衷与素材或样片的主题是否一致。2)灵活运用"可用"和"可编"素材。3)认识到样片的审查与修改的重要性。4)明确样片或成品的三个目的:积累档案资料;用于教学或科研;为了多元文化理解而通过公众媒体进行展示传播。5)妥当保管各类素材或成品。6)审思相关伦理问题,履行相关法律或权益手续。

概括而言,因为民俗影视的目的是记录民俗,所以,首先需要了解和掌握利用影视设备记录民俗的独特技术,同时,还要了解民俗学的实地调查和记录方法。要把"我看"与"他观"的关系处理好；要把倾听与记录和研究的关系处理好；要记录传统的核心符号；要把摄影技术作为日常；要把记录民俗实践与记录我们自己作为日常。每一部民俗影视作品都应该记录一个完整的民俗事项或事件，表现出学术观点和艺术创造性。每一部民俗影视作品都应该与文字相辅相成，共同构成一部完整的民俗志，体现出独特的学科价值。每一部民俗影视作品都应该是拍摄者与被拍摄者的个人价值观的展现，是求真求善、和而不同等人类多元文化价值观的巩固和践行。

第九讲　亟待发展的研究领域：儿童民俗·身体与性别民俗·互联网民俗

【本讲包含的关键概念】

1）儿童民俗：概念与分类；理论与方法；实践与记录
2）身体民俗与性别民俗：概念与分类；研究视角；日常生活中的身体民俗与性别民俗
3）互联网民俗：概念与分类；数字民俗；理论视角；互联网中的民俗群体；互联网交际中的认同构建

在中国，对儿童教育和儿童文学的重视始于20世纪初，一个突出的例子是有关"童话"的翻译、创作以及与此相关的民俗学研究的发展。儿童民俗不仅涉及民俗传统的各个方面，而且也在理解人类文化的创造和传统传承的进程方面形成了独特的认知视角，对推动现代教育以及家庭与社会生活的和谐等方面都具有积极作用。当然，儿童民俗研究也是民俗学的研究领域，但还尚待发展。因此，要先从理解概念和分类开始，然后了解相关理论和方法，最后去记录和研究儿童民俗。

同时，随着近些年来民俗学的新发展，以身体和性别作为民俗学的研究主题，逐渐成为民俗学的热门话题，并分别构建起"身体民俗"与"性别民俗"研究领域，这两者有着密切的关系，需要从交叉学科的视角去审视。这些研究领域又在互联网时代显得尤为复杂,因此也更需要民俗学者的关注。

一、儿童民俗

儿童民俗作为一个针对儿童群体的学科概念和研究领域,是当代民俗学的新发展。从历史上的民俗文献就可以看出,人类社会对儿童群体的特别关注只是近一二百年的事。之前,各个社会普遍把儿童作为"小"人对待,例如,在绘画和文字的描述中,儿童的穿戴打扮与成人几乎一样,只是比例小而已。在现代社会,儿童群体成为受到社会特别重视的一个群体,有儿童医院、儿童教育、儿童公园、儿童食品、儿童服装、儿童玩具、儿童心理学等。

1. 儿童民俗的概念与分类

(1)儿童民俗的概念

在界定"儿童民俗"概念之前,首先要明确"儿童"(children)的概念。在不同社会和语境下,"儿童"的概念有所不同。现代中文的"儿童"一词本身有特定的含义,一般是指13岁以下的"孩子",对应于更大些的"少年"或"青春期"的"孩子",而"孩子"或"孩子们"可以指所有法律意义上的"未成年人"。中国签署了联合国1989年通过的《儿童权利公约》,将18岁以下的任何人都界定为儿童或孩子,并颁布了中国的《未成年人保护法》。许多国家也在法律上以18岁作为成年人的标志,一个人从18岁以后获得公民权,承担社会义务与责任。在现代生活中,各国对未成年人也有进一步的划分,例如,从医学、教育体制和劳动法等角度做出的区分。在实际研究中，可以根据研究对象和民俗事项将13岁以下的"童年"与14到18岁的"少年"适当区分。

在不同文化传统中，"未成年人""成年人""童年时代""少年时代""青年时代"等概念都有不同内涵。例如，在中国传统社会，有的地区以12岁为成人的标志，过"大生日"，有的地区以"30岁生日"或"36岁生日"来表示社会意义的成人。古代的"冠礼"和"笄礼"也是分别以20岁和15岁作为成人的界限。世界各地各民族也有不同的实践传统，因此，在界定"儿童"时，除了要考虑上述的传统与法律层面的现实与冲突外，还要考虑到特定文化和群体中所存在的生理、心理以及社会结构层面的不同，甚至在一个社会群体内部，在家族和村落等群体层面，也存在着不同的传统概念和实践。

可见，"儿童民俗"（children's folklore 或 childlore）是指儿童不受成年人的直接影响或正式指导，以非正规教育途径习得、传播、传承、实践或表演的传统事象。从广义上说，儿童民俗可以指所有未成年人实践的民俗活动。儿童民俗体现的是作为"民俗群体"的"儿童群体"，但是，儿童群体又不同于成年人的各种民俗群体。在具体研究中，需要根据所研究的民俗事项和类型来具体分析和阐释这些实践中产生的个人认同、群体认同、社会认同以及相关的法律、传统伦理、家庭责任等多方面问题。

（2）儿童民俗的分类

儿童民俗的类型与成人社会的民俗类型基本相同，但又具有儿童群体的一些特色。对儿童民俗的分类，如同对其他群体民俗一样，要考虑到年龄、性别、信仰、方言、经济地位等多方面因素，也就是要关注各个儿童群体的特点。要以变化的视角来看待儿童民俗的分类问题，即儿童民俗可以有多个分类和分析视角。

例如，可以从内容上分为这四个层面：行为活动（如游戏、猜谜语、装扮角色等）；活动结果（如折纸、画脸谱、捏泥人等）；传统知识运用（如写纸条、记咒语、结交朋友圈等）；讲故事（如讲鬼故事、传谣言、讲夸张经历等）。此外，从活动的形式上，可以分别突出口头言语或是身体行为。从互动方式上，可以分徒手游戏、借助玩具或道具的游戏，还可以分以口头为主的、以行动为主的。从时间和空间上，可以分室内、室外，家庭、学校、其他公共场合等。从年龄和性别上，可以分同性别的游戏与不同性别混合的游戏，同年龄段的游戏与不同年龄段混合的游戏。当然，还可以从口头交流、物质生活、精神生活等大的民俗类型来入手研究儿童民俗的分类。

儿童民俗中常常伴有儿童歌谣、舞蹈、戏剧、技艺、竞技、美术、仪式等多种民俗类型的活动。这也要求民俗学者不能将儿童民俗作为静态的"结果"或"文本"来研究。例如，虽然可以将儿童民俗分为口头言语类（如猜谜语、说绕口令、吵架或骂人、作打油诗、唱童谣等）和身体行为类（如捉迷藏、拍手歌、跳绳歌、棋盘游戏、翻绳、折纸、捏泥人等），但是，两者是不能截然分开的。如在说笑话中离不开行为姿势等亚语言成分，在折纸中离不开言语的交流，更不用说跳绳和拍手歌等活动是歌谣与动作配合的活动。而"过家家"这样的民俗游戏中，不但有言语和行为的结合，而且还有性别与家庭角色的扮演、仪式的表演等因素，反映了特定社会的价值观。当然，对儿童民俗的分类还涉及不同社会群体对"玩"（或"耍""玩耍"）、"游戏"等概念的不同认知，也涉及儿童群体与成人群体互动的问题。

（3）儿童民俗的特征与功能

儿童民俗的最突出特征是其传统性与创造性。尽管儿童可能从成人那里学到一些传统，如歌谣等，但儿童民俗主要是儿童之间没有（或少有）成年人影响的互动传播与传承，所以，在这个过程中，儿童民俗不仅体现出独特的传统性，更体现出极大的创造性。基于一定认知模式的创造性，在很大程度上反映了人类文化的创造进程与模式。这也正是研究儿童民俗的重要意义所在：儿童在游戏进程中的规则遵从、协商、修改以及即兴创造和知识库（repertoire）构建等活动，对认识个体成长过程与发挥群体文化创造力都是极其重要的途径。

儿童民俗的其他特征与成年群体的民俗活动特征基本相似，例如，群体互动性、仪式性、表演性等，但表现形式有所不同。当然，儿童民俗中的仪式角色和表演性等行为特征表明儿童在向成人转变的社会化过程中对社会规范的习得与适应。儿童民俗在儿童群体之间的传播有着速度快和范围广的特征。特别是在当代的媒体作用下，许多儿童游戏等得到跨文化、跨地域、跨语言的传播。例如，迪士尼影片中的各种动物和人物、歌曲、服饰等很快就成为儿童民俗的活动内容。

儿童民俗的功能突出体现在社会化进程中的社会规范教化以及心理情感的调节与宣泄方面，当然，娱乐是最表面的。儿童从小耳濡目染并参与实践，才可能在他们成年后传承他们所认同的各种传统，如饮食、言语、行为举止以及价值观和信仰等。同时，儿童民俗也是特定社会政治、经济、教育等各方面发展状况的反射与记忆。例如，儿童公园的建造，儿童文学的分类与创作，儿童影视作品的制作，儿童食品、儿童服装、儿童玩具与用品的产业化，都成为儿童民俗的传承载体或创造源泉，也记录着特定社会的发展轨迹。

（4）与儿童民俗相关的概念与问题

儿童民俗涉及各个民俗类型，但又具有独特的风格、主题、形式、功能与意义。在"家庭民俗""人生礼仪""游艺竞技民俗""性别与身体民俗"等方面具有特别的角色作用。在人生礼仪与节庆活动中，儿童常常担任重要的角色。例如,广东地区的"飘色"、安徽地区的"徽剧"等都是以儿童为主角的。在婚礼与葬礼中,许多仪式也离不开儿童的参与。在相关的民俗研究中不能忽略儿童个人的心理以及他们对特定民俗的传播与传承的影响。

儿童民俗不只是民俗学的课题,也是多学科的课题。儿童教育、儿童文学、绘画、音乐、体育等领域也离不开对儿童民俗的关注。儿童民俗关系到每个儿童在个体成长中的"认同"构建,关系到每个儿童一生的身心健康,当然也是每个文化传统传承的一个关键问题,与民众的日常生活密不可分。

2. 儿童民俗研究的理论与方法

民俗学在 19 世纪的欧洲和美国兴起时,关注的主要是儿童游戏和歌谣。中国民俗学在 20 世纪初的构建中,以童话为主的民俗类型是一个重要关注点。但是,将儿童民俗作为一个研究领域,建立相应的理论与方法,则是在 20 世纪后半叶,与此相关的关键问题包括:

儿童如何从成人那里学来各种民俗活动,然后如何传授给其他儿童;儿童如何相互间传播民俗;儿童民俗在儿童的社会化过程中的作用;儿童民俗活动如何影响成年人的行为;儿童民俗活动如何有助于对人类创造力和想象力的认识与开发。当然,针对特定文化群体和民俗项目,关注的问题可以更具体,例如,特定儿童群体如何实践和传承特定的游戏(如拍手歌、跳绳);特定儿童民俗如何影响该群体成员的成长,并维系和发展特定的游戏群体;儿童如何在游戏中获得新的认知能力、习得新的知识内容、修改或创作游戏规则、运用想象力和创造力等。

对儿童民俗的研究方法,要始于对儿童民俗的搜集与记录、整理与分类,如同一般民俗学的实地调查。但是,在搜集与记录的过程中,需要特别注意的一个原则是尽量不要直接参与或干预儿童之间的活动。其实，儿童也常常会回避成年人在场，避免被干扰，而此时，成年人是处于被"琐事屏障"隔离的位置，而不去关心他们认为不重要的事。① 研究者要以观察法为主要手段，对某种民俗活动进行搜集和记录。通常，儿童是不愿意"再现"或"表演"的，因此，记录最好是当场观察、当场记录。当然，在有些情况下，有些儿童对口述或表演不感到难堪，这是搜集和记录的好机会。如果能有当场的记录，还有特别安排的"再现"，这对比较研究十分有益。另外，利用成年人的"回忆"也是搜集和记录儿童民俗的一个路径，但是，成年人的记忆会受到复杂因素的影响，需要特别注意。从记录工具方面，利用影视手段可以较完整地将儿童民俗活动作为"事件"记录下来，但是，也要遵循基本的伦理原则。

  进入20世纪后，儿童民俗逐渐引起更多学者的兴趣，相关研究也构建出一系列跨学科理论和分析方法，涉及社会学、心理学、教育学、语言学等，其中的概念包括社区认同、个人认同、想象力、权力、命运、自我、进步等。萨顿-史密斯（Brian Sutton-Smith）所提出的"琐事屏障"概念已经成为学科的一个基本概念。

  儿童民俗中的性别研究，是人类学家、社会学家、心理学家以及民俗学家共同的关注点之一。例如，以女孩为主的跳绳游戏，游戏时的群体性可能延续到游戏之外的群体维系。另外，儿童做游戏时所关心的不一定是游戏本身，而可能是如何做游戏，与谁在一起玩以及参加者的性别等。再如，有些游戏迫使女孩"放弃"平时的温顺或害羞才可能使游戏进行下去，这涉及如何处理性别角色与游戏角色的问题。还有，童话

---

① 琐事屏障（triviality barrier）指成人或学者会认为儿童游戏活动都是无聊的"琐事"，因而拒绝对儿童游戏的严肃研究，并表现出对儿童民俗研究的不屑一顾。这个概念由布莱恩-萨顿-史密斯首次提出，参见 Brian, Sutton-Smith. 1970. Psychology of Childlore: The Triviality Barrier. *Western Folklore* 29 (1): 1–8。

故事中男孩女孩角色对现实中的性别角色影响也是不可忽视的。总之，利用心理学等理论，通过实地观察和调查，对儿童民俗中的性别等问题的研究会有助于理解年龄群体、性别群体在社会化进程中和认同构建中各种行为的意义。

从儿童游戏中的空间、时间、角色概念扩延到社会意义的空间、时间、角色，是研究儿童民俗的一个理论进步，这是20世纪后期的学术发展。通常，在自然的时间和空间意义之外，还有社会的时间和空间以及心理的时间和空间。通过研究儿童民俗，可以发现儿童在游戏中还有自己的时间和空间，这对认识人类的想象力和创造力很有意义。儿童民俗也对理解人类的信仰生活开辟了新的路径。儿童的"好奇""半信半疑"和对超自然力的态度，以及其在游戏中对于超自然力的应对处理，这些都是民俗学研究信仰行为不可忽视的方面。

中国民俗学在20世纪初的构建过程中，尤其关注儿童民俗中的故事的作用，即"童话"，以期通过儿童教育和儿童文学等推动社会变革。例如，以周作人（1885—1967）为代表的文化精英在新文化运动时期积极推动儿童教育，搜集和研究儿童文学中的歌谣、童话、故事等，并形成了一些理论观点。一个世纪以来，"童话"在儿童教育上的作用和影响都很突出。但是，总体来说，作为民俗学的一个领域的儿童民俗研究还没有形成独特的理论与方法。有关儿童民俗的出版物多数是文本的记录与描述（但也缺少完整性，没有游戏中的歌谣文本和曲谱），缺少理论与方法上的研究。

虽然民俗学强调的是关注儿童独立从事的民俗活动，但是，从研究角度，借鉴有关儿童民俗的各种文献记录也是必要的。例如，传记文学几乎都离不开描述童话或少年成长期的行为，包括特定时代的儿童民俗活动。儿童文学作品和儿童影视作品更是在利用儿童民俗的同时，创造性地改造着儿童民俗，影响着现实中的儿童活动。此外，整个儿童用品产业更是离不开对儿童民俗的了解与运用。

有关儿童民俗研究的一些理论问题包括：谁是儿童民俗学家（者）？如何界定儿童民俗群体？儿童民俗的传播与传承有何特点？儿童民俗的研究方法有哪些？怎样进行儿童民俗的收集与分类？儿童民俗活动的空间与时间特点是什么？儿童民俗中的口头习俗与物质条件的关系怎样？

研究儿童民俗，不但需要从其类型入手，还有必要特别联系到相关的民俗群体，如家庭传统（家风）民俗、游艺与竞技民俗以及相关的"表演"手段和语境，如仪式、节庆、语言、音乐等。研究者首先要对儿童民俗进行收集、以"观察法"为主去记录、整理与分类，然后依据民俗学的基本原则和方法进行下一步的研究。当然，研究过程中也可以用"参与法"进行互动。例如，在不同级别的幼儿园和学校教育中加入讲童话故事等内容，也是传承儿童民俗的有益实践。不以"成人"身份干预儿童游戏活动，是儿童民俗研究的关键。由于儿童群体内部还有不同年龄和性别群体，研究者可以与其他适当的合作者一起观察和记录儿童游戏。

此外，儿童民俗活动中的一些负面行为也是不可忽视的，特别是在互联网交际时代。例如，霸凌行为、暴力行为以及少年的性犯罪等，无论在何种场合和时间，都是影响到个人、家庭和社会的问题，在网络世界中或是游戏中也不例外。这些问题对儿童的成长、社区或群体认同的构建以及社会传统的传承都十分重要。除了学术研究外，民俗学者有责任利用积极的儿童游戏来帮助儿童成长，或引导可能有不良行为的儿童走上正确的轨道，维系家庭与群体的和谐。

3. 儿童民俗的实践与记录

儿童民俗在内容上包括多种民俗类型，如口头叙事、服饰、饮食、组织、仪式、歌谣、游戏等。在时间和空间上，除了家庭以外，幼儿园和学校常常是儿童民俗的主要活动场所。当然,传统的户外活动也在继续传承,如北方冬天的抽冰嘎(陀螺),欻嘎拉哈(羊拐)。现代生活中常见的儿童游戏包括:歌谣、童谣、童话、摇篮曲以及其他歌舞艺术,如徽剧就是以儿童为主要表演者的一种地方戏剧形式。有关儿童民俗的产业如服装、玩具、影视广播节目、生日品、幼儿园产业和教育体系等也是可以关注的课题。此外,电子游戏和互联网也在逐渐改变传统的面对面交流,正在形成基于新技术的新儿童民俗。

对儿童民俗实践的记录可以先以幼儿园、小学、中学、高中等几个年龄段来划分群体,同时也可以在每个群体中再以性别来做进一步的划分,有些群体因为活动少,可不分年龄和性别。另外,也要特别考虑到每个群体的社会经济背景以及地域文化特色,当然,方言也是非常重要的一个方面。观察和记录中尤其要关注语境问题。例如,在游戏中,可以观察儿童之间是如何传授、接受、改变和创新规则以及如何协调群体间的关系的。

二、身体民俗与性别民俗

身体民俗和性别民俗是两个相对独立的概念,但它们之间又有密切关系,有必要合在一起概括论述。

传统的民俗学研究多以"民"和"俗"(或"行为")等概念将民俗活动中人的身体、性别、言语、动作以及思维合为一体来探讨"民俗"作为"事件"的传统性及其传承与功能。尽管有些研究分别突出了"民"或"俗"的作用,但多是将人的身体和性别作为"民"的整体部分来看待的。即使是对民间文学中的故事讲述与民间艺术中的歌舞表演和工艺传承,或在对社会组织、过渡礼仪等事项的研究中,也常常是笼统地概述"身体"的行为性和"性别"的社会功能方面的问题。但是，近二十多年来，借助其他学科的新概念，民俗研究愈发关注作为"主体"的"身体"或"性别"问题，特别是"女性民俗"的研究，推动了身体民俗与性别民俗的研究，成为民俗学的新领域。

1. 身体民俗的概念与研究

身体民俗（bodylore）是指以人体作为生理、心理以及文化和社会的聚合体所形成的民俗。对身体民俗的研究是将身体视为民俗的载体与传承机制，融合多学科理论与方法，对身体在社会意义上的构建和它在民俗交际中的角色作用等问题开展的研究。依此观点，身体承载和记录着文化，展示着我们如何通过身体构建我们的信仰、象征和认知体系。同时，身体也不断地被赋予社会意义和特征，印证我们作为社会成员的身份认同。民俗学对身体民俗的研究就是要通过身体来揭示社会成员的文化含义，以及其在文化交流中的意义假设与构建。

身体民俗这个概念的范畴有多个层面。广义上，可以从哲学、宗教、社会、心理、教育等多个学科角度去将身体分别作为主体和客体来研究。在历史和社会意义上，可以将身体作为特定文化的载体、表现以及传承来认识。从人类交际的角度，可以将身体作为交流的媒介、生活意义的网络节点来研究，甚至是作为亚语言（即身体语言，如姿态和表情等）来理解人类如何在交际中构建意义。同时，与身体相关的各种禁忌、身体变形和装饰等方面又构成民俗传统的重要组成部分。总之，通过将身体作为民俗传承的一个主体，民俗学的研究领域得到拓展，也为当代身体研究做出了独特贡献。当然，对身体民俗的研究目前仅处于起始阶段。

在对身体民俗的探索中，一个核心的问题是哲学意义上的"身"与

"心"的对立,也就是对物质与存在的关系的再思考或再想象。这也提出了如何处理这些二元对立关系的问题:主体与客体、抽象与物质、男性与女性、文化与自然、典范与异常等。对此,从中国民俗实践出发,可以利用中国古典哲学中的"灵魂不灭"和"天人合一"观,特别是"身-心-自然"的一体观,以及"身-心"与"健康"的传统医学观,构建与西方哲学观的对话。其中的问题可以包括:身体如何被写入文化传统?如何构成文化话语?如何在这些进程中展演身体本身?人的身体与社会(组织机构的)机体的关系?身体如何有助于对公共知识、身心平衡的理解?

在哲学(如现象学)意义上,不同文化产生了不同的身体价值观,对身心的关系有不同阐释。如身与心的二元对立;中国哲学中的身体与灵魂的关系(如阴阳魂魄);中国的"天人合一"宇宙观;等等。相关的宗教意义下的身体,更是突出了不同宗教观中的身体观。各个民族的起源神话便包含着不同信仰或宗教观对身体与生命、家庭、社会的关系的价值观。

美学意义下的身体审美体现在绘画、雕塑、舞蹈等艺术形式中。社会学意义下的社会身体关注的是在公共场合中身体的展演。其中,身体形象与自我认同以及群体认同的关系至关重要。而身体与周围环境的关系,从生态学意义下的社会和文化景观层面来说,也是群体认同的重要部分。此外,对身体的认知、书写(如写文化、民族志的书写)、描绘(如美术、媒体、视觉等)、评判、利用等等都表明了研究身体的不同学科视角。在这些研究中,对"身体"的界线的划定是一个最基本的前提概念。每个个体对自己的身体都有特定的时间与空间意义上的界线范畴,但是实践者与研究者的概念常常不是一样的。此外,对性别的界定,也是日常生活中较突出的身体民俗的一部分,但性别民俗研究不等同于身体民俗研究,尽管两者有着密切关系。

对身体民俗的研究,可以"由表及里"地开始,即先界定和分类身体表面的"符号"与"语言",包括服饰、纹身、首饰佩戴、体型、化妆等等。例如,仅仅是针对"皮肤"的肤色就涉及所谓的"种族""民族""社会地位""行业""地域"等本身与附加的意义与假设。各种对身体的变形(如拔牙、纹身、穿洞、带环、割礼、整容手术等)都体现着特定的传统和群体认同符号。还可以"由里向外"地研究,借助心理分析或认知科学等方法,利用"自我"的多重定义、人格的构成(如弗洛伊德心理学中的本我、自我、超我)、心理镜像,以及对身体的"幻想"与"臆想"等概念进行深入研究,因为对生理差异的观念、对观念的心理或思维活动都是文化的结果,也是文化的表现。

对身体民俗的研究需要研究者具有跨学科的视野,以便达到这样的目的:基于特定文化,通过对"身体"的构建、解构以及重构来揭示身体作为"主体"与"客体"的不同文化意义。例如,身体的政治意义、社会意义、伦理意义都是身体民俗研究不可忽视的方面。从文化意义上看,日常生活中通过握手、拥抱等身体接触所产生的身体感觉(如气味、温度)对交际的意义、方式和目的都有很大影响。身体与医学、病理学、生理学、理疗、治愈的关系也是民俗传统的一部分。如中医的"望、闻、问、切"便是从身体民俗活动中归纳出的认知身体的系统路径。

虽然对身体民俗的关注只是近些年的研究课题,但是,中国民俗学者通过译介外来理论已经在开拓基于中国文化传统的身体民俗研究领域。例如,在对身体习俗的探究中,不仅把身体实践看作一个可以和口头叙事、仪式行为等相提并论的研究类型,而且将身体看成民俗学一个基本的理论视角。

以往的中国民俗学在涉及"身体"的研究中,大多关注人体禁忌、性行为习俗、占卜(如相面术、手相术)等。传统文献中,诞育礼中有求子礼，对生男生女的各种秘方与预测，以及相关的饮食禁忌等。在涉及女性社会地位时，多是描述青楼文化、妓女文化、妻妾制，乃至当代的性工作者所涉及的法律和公共健康等问题。这些多是将身体作为客体的记述，缺少对当事者（无论是男性还是女性）作为主体的分析。

日常生活中与身体有关的词语反映出的不仅是字面的意义，还有深层的社会、宗教、文化等不同层面的意义。例如，献身（或捐躯）、净身、沐浴、剃度、断发、割发代首、结发（束发）、结发夫妻、赎身、验身、投身、卖身、出身、身价、护身符、纹身、残疾、身外之物、终身大事、以身作则、修身与修心、安身等。此外，民间的说法有：伤元气、有身子（身孕）、身怀六甲、有身份、身正不怕影子斜等。现代生活中的新概念，如整容、器官捐献、身心健康、健身等也都是对身体的新认识的结果。

对身体民俗研究的另外一个路径是从"身体叙事"角度来看待身体，将身体视为民俗实践的表现方式和民俗传承媒介，并在此基础上去分析人体感官与民俗、性别、社会地位等问题。基于实地调查，以身体民俗学的角度对个人叙事的分析也体现了民俗学的独特视角。又因为对"身体"的概念，东西方不同文化有着不同的宗教和哲学内涵，以中国文化的历史与实践为基础，在与西方对话的同时，构建出新的观念和思路也成为中国民俗学者的期待。

无疑，通过梳理中外相关理论观点的发展线索，结合实践，提出新的定义及研究范围与方法，是一个必要的路径。例如，有学者认为，"身体民俗学是研究与身体相关的民俗事象与民俗文化建构过程的学科领域"，其研究对象是"与身体有关的民俗事象、民俗过程中主客体双方的身体应用与身体经验、身体民俗学的理论方法与学术史"。[①] 这些对

---

① 参见，王霄冰、禤颖：“身体民俗学的历史、理论与方法”，《文化遗产》2019年第2期。

身体民俗的关注还需要与对性别民俗的研究紧密结合在一起，这样才更有意义。

身体这个源自西方学术话语体系的理论概念，与中国的历史和现实既有紧密的相关性又有特别的张力。这也使身体具有特殊的学术和现实意义。从"体知"实践的角度，我们可以考察身体如何被文化所刻写，身体又如何形塑文化，从而探讨民俗生活内在的丰富的身体内涵，探讨中国文化独特的身体观念与现实。在中西文化的比较中，我们有可能从悠久的文化实践传统中发现和发展出可以有效阐释中国文化的理论方法体系。

2. 性别民俗的概念与研究

性别民俗是指与性别有关的各种民俗表现形式，是与身体民俗密切相关的概念。性别民俗与女性民俗是相关但不同的概念。女性民俗研究与妇女研究又是一对相关的概念。对女性的民俗学研究与人类学研究也有着不同的侧重点和方法。目前的性别民俗研究较多地关注女性民俗研究，对男性民俗的研究还很少，也还没有系统地研究跨性别和多性别方面的民俗。总体来说，无论是作为议题还是视角，性别民俗研究在民俗学研究中都处于新兴和较为边缘的状态。

目前民俗学界的性别研究，有学者认为可以概括出这样三种类型：1）将女性群体作为性别研究的重要对象，但在分析过程中，强调性别主体文化实践的差异与多样；2）将性别视为剖析文化事象的视角，而不对某个性别群体特殊关注；3）侧重主体性别建构动态机制的研究。具体来看，有关女性民俗的研究还有待深入，一些需要讨论的问题包括：如何将多样性的认知真切地纳入对性别问题的理解？怎样说明在生活世界中女性与其他性别的文化被忽略或未被辨识的情况？如何能在反思原有性别规制存在的合理性与合法性的前提下，唤起文化享有者对这些弱势群体的关

第九讲　亟待发展的研究领域：儿童民俗·身体与性别民俗·互联网民俗

注？如何解释相关诠释与文化政策将性别刻板印象合法化的过程等。①

针对女性民俗的研究，也存在着视角的问题。与女性研究在其他学科中的表现相似，女性视角进入到民俗学的研究中，也是通过对性别社会建构变量的强调，使得被边缘化甚至无形化的众多女性问题或所谓非正统的议题"浮出水面"，并被纳入研究范围，从而改变民俗学以男性及相关议题为唯一正统和标准的局面。需要注意的是，"女性/性别视角"的加入，在强化了探索日常世界的女性主义立场的同时，也有可能因为对两性二元性别架构的固守，引发知识霸权的诟弊，容易显露出一种强烈的"精英"意识，把作为研究者的女性"我们"与作为被研究者的"她们"分离开来，形成一种知识内部的等级体系。而"女性"概念的普适化与均质化，也有可能抹杀在性别主义压迫中不同女性群体经验的差异和多样化，使女性主义研究带有一种殖民主义倾向。同时，越来越多的研究成果呈现出一个事实，在世界范围内，性别认知与实践以多元化的方式存在着，简化性别认知的倾向与对性别二元框架的僵化遵从，会在极大程度上疏离于对性别多样性的尊重。②

在中国民俗学发展史上，虽然对女性民俗的研究只是近二十多年来的事，但已有很大发展。民俗学者邢莉较早地使用了"女性民俗文化"的概念，为女性民俗研究打下了基础。③从民俗学和人类学两个角度，李霞通过"娘家和婆家"等日常生活概念提出女性是社会关系的"依附者还是构建者"的问题。④陈秋和苏日娜呼吁对"女性民俗"研究的重

---

① 参见，康丽："性别与民俗学研究"，《民间文化论坛》2018 年第 4 期。
② 同上。
③ 参见，邢莉：《中国女性民俗文化》，中国档案出版社，1995。
④ 参见，李霞："依附者还是构建者？——关于妇女亲属关系的一项民族志研究"，《思想战线》2005 年第 1 期；《娘家与婆家——华北农村妇女的生活空间与后台权力》，社会科学文献出版社，2010。

视,并强调女性民俗研究不同于妇女民俗研究,女性民俗研究是有关女性的民俗文化和民俗事象,关注民俗生活中性别的习俗化问题,更着重思考性别关系下女性民俗群体和个体的主体性表达。[1] 王均霞指出,作为女性学与民俗学的交叉的女性民俗研究,拥有"关于妇女"与"为了妇女"的双重使命,但以往的研究因将女性民俗实践者抽象成普遍意义上的"妇女"而导致了女性民俗实践者在研究中的缺席/失语。[2]

不同民族的民俗文化有其特定的性别概念与意识。民俗学者刘晓春认为:社会性别差异建构了一整套区别男女生理差异的社会文化制度以及习俗惯例。这些习俗惯例与社会文化制度共同形成了一种强大的话语力量,规范了女性的社会行为与思想情感。在传统汉人社会中,社会文化制度对于女性的规范约束因不同的社会阶层而异。社会性别认同的形成,与他者的认同关系密切。与女性有关的民俗禁忌、规范,几乎都与社会对于男性的宽容和放纵相对应;换言之,女性的社会性别认同是由男性他者的承认而获得的,社会性别认同正是在与男性他者长期的历史对话之中形成,并构成了社会对于男女不同性别的心理期待和男性/女性不同的行为方式。长期以来,男性在社会政治、经济、文化生活中处于主流地位,女性社会性别认同是在一种男性霸权的氛围中获得的。这种霸权不仅仅是男权社会的主流话语,更为可怕的是,霸权的图像已经使女性被迫接受,成为一种压迫的形式,进而把女性自身边缘、卑贱的图像内化为一种自我意识。男权世界预设了一系列关于女性的性别形象,这些形象可以说是对女性性别扭曲的一种认可。在漫长的历史过程中,女性基本处于被贬损、被扭曲的不公正的状态之中。[3]

---

[1] 参见,陈秋、苏日娜:"女性民俗研究发微",《中央民族大学学报》2012年第4期。
[2] 参见,王均霞:"以女性民俗实践者为中心的情境研究",《民俗研究》2016年第2期。
[3] 参见,刘晓春:"民俗与社会性别认同——以传统汉人社会为对象",《思想战线》2005年第2期。

纵观中国民俗学百年来对"女性民俗"的研究，有学者认为可以将其分为四个时期：1）1910年代到1940年代：与妇女解放运动紧密相连的发轫期；2）1940年代到1970年代：阶级分析法与民间文艺作品的搜集与研究；3）1980年代到1990年代：主体客体化的女性民俗研究，即女性民俗研究的成型期；4）2000年之后："情境化"的女性民俗研究，即女性民俗研究的发展期。① 所谓"情境化"研究，是将女性民俗研究置于中国民俗学研究的整体框架下，通过对中国民俗学整体研究的借鉴与反思，同时借助后现代女性主义的"情境化知识"概念以及现象社会学的相关理念，尝试构拟一种个体的女性民俗实践者及其视角，并以此为出发点和落脚点，考察具体日常生活情境中女性民俗实践者与女性民俗文化之间的互动关系的女性民俗研究范式。②

3. 日常生活中的身体民俗与性别民俗

身体民俗与性别民俗在实践中是与其他民俗类型交融在一起的，如行业民俗等物质民俗和社会组织民俗。在学科研究中，饮食与身心健康、性别与医疗和理疗、信仰行为与健康和性别行为、巫术与心理学、医学人类学、营养人类学、健康民俗学等视角都为认识日常生活中的身体民俗与性别民俗提供了理性的认知路径，同时也有待进一步发展。在具体研究中，研究的第一步是要进行实地搜集与记录，然后将与身体和性别有关的民俗进行整理和分类，最后，根据课题的核心来着重研究其文化意义、象征应用、性别和年龄角色或是仪式进程与角色等问题。例

---

① 王均霞："从'事象'到'情境'：中国女性民俗研究的范式转换与目标生成"，《民俗研究》2014年第4期。
② 王均霞："以女性民俗实践者为中心的情境研究"，《民俗研究》2016年第2期。

如，可以依据下面三种分类再做进一步的观察、记录、分类和分析：

（1）身体变形

身体变形是指永久或临时性地对人的身体的改变，其目的可以是仪式或展演需要、审美、医疗或健康、惩罚等。身体变形可以是承受者自愿的或是不自愿的。身体变形的形式包括：打孔或穿洞（耳环、鼻环、唇环等）；变形（脖环、整容术等）；切割（剃须发、断牙或拔牙、断指或截肢、割礼、胃切除等）；添加或扩充（补牙、丰胸手术等）；压缩（裹足、束胸等）；涂饰（化妆、纹身、身体涂染、染指甲等）；腐蚀（烙印、受戒、激光切除手术等）；刻磨（指甲、职业性变形等）；粘附（假发、眼睫毛等）等。

在进入现代社会以来，随着人们看待这些习俗的观念发生变化，有些行为或习俗不再存在了，如古代的殉葬（有时是先截肢或断头后殉葬），"断头""裂身"，以及对罪犯的"烙印"或"刺配"。这也说明了对身体的变形与特定社会的法律和文化等环境有关。而有些行为或习俗似乎更为普遍，甚至流行（如纹身和身体各种部位的穿洞），同时各种整形或美容手术也成为日常行为。

身体变形习俗的变化也与价值观、技术等多方面的社会变化有关系。例如，以"纹身"为例，在殷商时期，"纹"字指身体上的纹理和涂染身体，即纹身的意思。而且，纹身成为高地位的象征。随着儒家文化的兴起，"身体发肤，受之父母，不敢毁伤，孝之始也"的思想逐渐成为上风，这一习俗被赋予了负面意义，纹身或刺青、刺配成了社会越轨或罪犯的符号，并成为一些传统社会或组织的认同符号，成为"加入礼"的一部分。现代社会中，许多文化都将纹身等身体变形行为视为个人审美取向的表现或文化时尚，更多地展示个人或群体认同。

天生的生理残疾、因事故而残废、因医疗原因而截肢等身体变形不属于上述范畴。有关这些种类的身体变形发展出其独特的口头和行为民俗，也需要民俗学家去关注、搜集和记录以及研究。这方面民俗的研究有助于改变社会对这些弱势群体的歧视和偏见。

（2）身体装饰

身体装饰是指服饰、头饰或发饰等装饰或修饰身体的习俗。其功能或目的是多重的，如为了应对天气变化、不同的社交场合、身体健康状况或特定审美标准等。其中，性别与群体认同的表现尤其重要。例如，各种民族服饰及其内部认知性别与年龄或婚姻状况的象征符号等都是这部分民俗研究需要关注的。例如，在中国的56个民族中，已经有多个民族的民族服饰被列入国家级非物质文化遗产名录。各个民族也都将服饰作为重要的族群认同符号。当然，每个民族的传统，无论是服饰还是饮食，都是在不断吸收新文化的进程中发展起来的。这些都反映了个体和群体以及国家层面上以身体装饰作为认同符号的实践，也逐渐成为新日常生活的一部分。

与之对应的是身体装饰在特定场合作为群体认同符号的运用，突出体现在各种仪式或节庆等公共展演中。这些从日常到非日常的活动反映的是特定的仪式中服装所承载的特定象征意义，其角色意义不同于日常生活中的着装。例如，节庆中的舞龙或舞狮、跑旱船、飘色，各地的社火或庙会演出，地方戏曲的表演，甚至是"春晚"中的"地方性"与"民族性"的展示，都是在借助服饰达到强化认同的目的。

集体性的统一标准服装是构建群体认同的重要符号之一。例如，军队的军装，不仅是社会一个特定组织的标准，同时，其装饰也表明了每个成员在其组织内部的地位身份。现代社会中许多部门或行业都有标准服装，如校服、厂服、警服、飞行员和乘务员服等。此外，监狱的囚犯也有特定的服装。这些群体认同符号是为了强化社会组织的集体意识以及该组织在整个社会中的地位。

现代日常生活中的"化妆"与"打扮"等身体服饰行为，随着交际群体的扩大，具有更加复杂的象征意义和功能，同时也丰富了其他相关的民俗表现。这些还都有待于民俗学者去进一步的分析与研究。

(3) 作为文化机制的生理性别与社会性别

人类的生理性别构成人类繁衍机制的核心，并由此形成了一定的生活组织结构。而社会性别作为一种文化机制，凝聚和承载着人类社会生活的组织结构原则，界定着社会关系、社会地位以及行为模式。物质生产和生活民俗、社会组织民俗等社会实践都是通过性别、年龄、身体等具体机制来运作的。研究这些问题，可以将相关的民俗实践作为一种社会进程、一种社会组织结构，或者一种社会阶层结构来看待，可以是多学科和多视角的。

在现实生活中，有关身体和性别的民俗传统构成日常生活的有机组成部分，体现在婚姻与家庭生活的各个方面。在婚姻与丧葬礼仪上，通过言语、色彩、服装、行为、象征物等民俗事象维系着特定文化和社会的有关身体与性别的观念。例如，诞生礼中与新生儿性别有关的服装、命名、亲属称谓等都关系到家族成员的角色问题。在婚礼的"闹洞房"和丧葬礼的"哭丧""送葬"等仪式性行为中，都常常有明确的性别区分。在日常言语中，在故事、神话、童话和笑话中，性别角色尤其突出。例如，在男权社会中，民间传说和故事的主角多是女性，像中国的"四大传说"（孟姜女、梁祝、白蛇传、牛郎织女），和西方各种有关"公主"的童话。再如，中国历史上的"缠足""童养媳""妻妾"等习俗，以及当代的"小三"现象等都反映出特定的伦理和性别政治等社会问题。而在女性群体中，或由女性讲述的故事中，常常表达的是不同于男性的对社会现实的态度。

第九讲　亟待发展的研究领域：儿童民俗·身体与性别民俗·互联网民俗

当代社会在性别的界定上无疑形成了与传统的民俗观的冲突。例如，通过医学和法律层面的跨性或变性，同性恋或婚姻等社会现象，愈发受到社会的认可与接受。其实，民间故事中早已有大量的相关内容，有助于理解这些行为。例如，通过故事类型和母题的研究，可以看到有大量的传统故事是有关"身体转换"的，如人变成动物或动物变成人，男人变成女人或女人变成男人，以及动物或物件可以说人话等的"巫术转换"故事，都映射了不同社会对性别和身体的多重性的认识。其中，对人的身体与动物的比较，女性与男性的性别力量的比较，都体现出特定的价值观，如民间故事中的一些常见类型：301"三个公主遇难"；301A"寻找失踪的公主"；312A"母亲（或兄弟）入猴穴救女"；313A"女孩助英雄脱险"；314"青年变马"；333C"老虎外婆"；400C"田螺姑娘"；400D"其他动物变的妻子"；433D"蛇郎"；507A"妖怪的新娘"；510A"灰姑娘"（中国版的"叶限"）；882"对妻子的贞洁打赌"；884A"一个姑娘化装成男人和公主结婚"；930A"命中注定的妻子"（如"月老婚配"）等。

无疑，身体与性别问题是故事学研究中一个重要问题，尚待更加深入的研究。例如，在中国有千年历史的"妙善"和"碧霞元君"（千花公主）故事，以及类似的"龙女"故事，都属于923B"负责主宰自己命运的公主"类型。通过从身体、超越、家庭观念以及宗教信仰方面比较这个类型的中国故事和法国故事，可以清楚地看出"其相似之中又蕴含很多细节上的不同，正是这些细节折射出两种宗教文化的本质差异"，从中看出中国女性在社会与自然、美与恶的灵魂观、神圣与世俗的宗教观之间，如何用自己的身体"实现家庭价值来解决终极危机"。[①]

[①] 参见，鞠熙："身体、家庭与超越：凡女得道故事的中法比较"，《民俗研究》2015年第2期。另见，林兰主编：《龙女》《渔夫的情人》，北新书局，1929。

现代生活的商业化进程也充分利用了有关身体和性别的民俗。例如，生日礼中（如"满月"或"百日"）通过色彩体现出新生儿的性别：粉红色代表女性；蓝色代表男性。服装业和玩具业也制作大量相关的礼物，在获得商业利益的同时也使得传统的习俗更加突出。同样，成人礼、结婚礼和丧葬礼也在商业化进程中进一步强化了身体与性别的民俗。现代生活中的化妆品，通过人的嗅觉与视觉等感官，揭示出对身体与性别的新认识。甚至通过"身体味"来分析"人味"，进而将人的神经生理系统与社会文化价值观体系结合起来，由此来看民俗在社会文化的发展与传承中的作用。

现代社会在打破传统的身体与性别禁忌同时，又创造了新的禁忌等民俗。文学艺术更体现出现代思潮的发展与变化。除了民间故事和文学作品外，大众传媒、绘画、雕塑、音乐等作品也通过身体和性别来表达不同的思想和象征意义。此外，在互联网时代，以年龄和性别（如LGBTQ+）以及特殊兴趣为基础所形成的虚拟群体如何传承和实践民俗传统，这些互动与现实群体及其日常生活之间的互动等问题，都是研究身体民俗和性别民俗不可忽视的方面。总之，现代生活中的身体与性别的民俗研究为人类对自身的认识提供了新的视角，是认识现代社会中的各种认同问题的有益途径。

三、数字时代的互联网民俗

21世纪的互联网技术对人类生活方式的冲击在深度与广度上是前所未有的。如何调整和开拓研究民俗传统的新观念范式与方法范式，如何辨析互联网对每个文化及其个体在生活方式与核心价值观上的影响，如何理解因网络而出现的生活意义与身份认同以及文化多样性，这些问题

第九讲　亟待发展的研究领域：儿童民俗·身体与性别民俗·互联网民俗

需要民俗学者结合互联网的使用者与研究者的经历与身份，利用跨学科的理论与方法，寻找新时代的民俗学新视角。

每当人类在物质生产和生活中发明出新的生产和交通工具或交际手段时，传统的民俗活动必然发生变化，形成新的民俗传统，并反映出当时的社会、政治、经济和文化等背景信息。或者说，任何时代的传统民俗都有过面对"现代"技术冲击的境况。毕竟，民俗就是为了生产与生活的交际而存在的——民俗不仅是交际内容与结果，也是交际手段和过程。例如，火柴的发明与普及，在"卖火柴的小女孩"等童话故事中得到体现。现代的汽车普及又促生了"消失的搭车客"一类的都市传说。当代的网络交际以"群发""转发"或"链接"等形式延续并丰富着过去的"手抄本"或"连锁信"以及"讲故事"或"说笑话"等民俗传统。在中国，1980年代开始的"电话拜年"改变了过去的登门拜年，电视"春晚"被融合为新的"过年"习俗。而2011年后兴起的"微信"拜年和2015年开始的"微信红包"在几年之间就成为全国多数民众接受和实践的春节"年俗"的一部分。

其实，民俗学得以成为现代学科的一个重要转折点便是因为技术的普及。一方面，日常生活中的跨文化交流成为新日常，对传统的认同在跨文化交流中呈现出核心作用；另一方面，民俗学在构建跨学科理论的同时，研究手段随之得到拓展。例如，1960年代美国的民俗学学科得到突破性发展，出现了民俗学的博士学位点。正是在这个时代，录音机和麦克风开始兴起，民俗学的实地调查和记录也因为利用了录音机（之后有了录像机）等设备而在理论与方法上都有了重大变化，研究者对民俗活动的互动进程有了新的观察角度，由此导致对"文本"等概念的重新定义。20世纪后期，计算机的普及也自然催生了"计算机民俗"（computer-lore）。

进入21世纪，随着互联网在日常生活中的普及，互联网民俗或"网络民俗"（Internet-lore; Internet Folklore）开始成为传播和传承民俗的新形式。这一新民俗形式同其他民俗类型一样，体现出"传统"与"现代"的冲突，也表现出"传统"的适应力、生命力以及创造力。当代民俗学者应以积极的态度，以动态的视角去看待和研究这一新技术时代的新民俗形式。

作为民俗学的一个新领域，互联网民俗研究的关键是如何理解和界定通过互联网这个虚拟空间所构成的"民"及其"俗"。这个问题的关键是，互联网群体是否和传统的面对面的群体的交流具有同样的"群体"意义，从而构成民俗之"民"（folk），由此发展出相应的"俗"。丹·本-阿默思将民俗定义为"小群体内的艺术性交际"，[①] 其中，"小群体"强调的是面对面的交际。通过互联网而形成的"群体"是否还可以从"面对面"的"小群体"的意义层面来理解？或者说，该如何理解"屏幕对屏幕"的"互联网群体"？由此，基于数字时代的民俗实践，民俗学家西蒙·布朗纳在本-阿默思的概念基础之上，提出超越以文本为核心的"承启关系"或"语境"去界定民俗，而以"实践中的民俗"来界定传统的实践论观点。[②] 此外，还有观点认为，民俗活动的核心是为了个人、群体的认同的构建与维系。如果互联网群体对其成员具有与"面对面"群体同样的认同意义，那么，是否可将其活动就视为民俗活动？近三十多年来，互联网对民众的日常生活的意义与作用越来越大，越来越多的个人和群体在生活和工作中无法离开互联网所维系的群体。对这些人来说，在互联网群体中获得的生活意义会在什么程度上成

---

① 参见，张举文编译：《民俗学概念与方法：丹·本-阿默思文集》，中国社会科学出版社，2018。

② 参见，西蒙·布朗纳："迈向实践民俗的定义"（Toward a Definition of Folklore in Practice），蔡磊译，《民俗研究》2021 年第 1 期。另见，西蒙·布朗纳："民俗和民间生活研究中的实践理论"，龙晓添译，《民间文化论坛》2019 年第 4 期。

为他们生活的中心或认同的核心？一个特定互联网群体本身在传统传承及其群体和个体认同进程中有什么样的角色作用？这些都是民俗学者要思考和回答的问题。可见，对互联网民俗的研究是必要和迫切的。

1. 概念与分类

互联网民俗是指利用互联网技术，以传统民俗形式构建和维系民俗群体及其成员的认同，由此所形成的新的民俗实践形式。互联网民俗不是新民俗，而是民俗在新时代的新表现之一，因为民俗是传统传承的进程，是不断吸收新内容与新形式，不断摒弃无效的内容与形式的进程。这个概念是对传统的"民俗"（以及"民"和"俗"）概念的挑战，并且还有待于进一步完善。这个概念也关系到传统民俗文化在数字化时代的新定义，其假设前提是，虚拟世界中的互联网群体与现实世界中的互动群体具有相同的性质与意义，尽管交际手段不完全相同，因此，可以运用民俗学的理论与方法来对待和研究互联网群体中的"民"群体及其所形成的"俗"。

在互联网群体这个概念上，要具体情况具体分析。有的群体是完全虚拟的，而有的是完全真实的。每个互联网群体都是以特定的兴趣点为共同基础的。许多群体也会从虚拟世界转换到现实世界，例如，通过"网友见面"或"网友曝光"等，有共同兴趣爱好的个体由此形成现实生活中的民俗群体，以此作为个人认同和群体认同的重要部分。这已经成为现代生活中常见，甚至是必要的手段或方式。通过媒人（或媒人网站）介绍，以"网络见面"或视频聊天的形式开始恋爱，再转入面对面的相处，最后走入婚姻殿堂的事例已经成为新的日常现象，其中还包括跨国婚姻的建立。

互联网民俗分类的关键是如何将虚拟世界或空间中的群体与传统

和现实中的"民"进行比较和区分，以及对民俗行为的公共性或公共空间性的界定。例如，传统的"民"群体多数基于民族、地域、语言、职业、年龄、性别等认同标志。但互联网群体常常是超越这些因素的。在民俗形式上，除了传统的交际内容外，比较突出的新形式包括：互联网"春晚"、互联网语言（网络语）、互联网文学（网络文学）、互联网笑话（网络笑话）、互联网视频（网络动画与影视等）、互联网仪式（网上祭祀、网上灵堂、网上崇拜、网络婚姻等）等。

总体来说，互联网民俗在交际形式上主要可分为这样三种：社交型（主要是与他人展开交往，如微博、微信、网络聊天室等）；展示（展演）型（主要是对互联网空间的各种受众的个人展示或展演，而不一定有固定和具体的群体受众，如博客、个人网页等）；记录型（主要是记录个人经历故事，同时可能有一些特定的受众）。当然，在对互联网的利用上，除了日常的这些交际目的外，还形成了特定的"购物""信仰崇拜""游戏与竞技""对歌"等新型的商业民俗、信仰民俗、游艺或娱乐民俗。

各种各样的互联网民俗事象，在目的和功能上与传统的民俗活动大多是一样的，即通过构建特殊群体或组织，完成或表达对自我的个人（身份）认同和群体（身份）认同的认知和维系。当然，互联网群体所体现的个人与群体关系有时更为复杂。例如，加入某个互联网群体也通常有一定的"加入礼"习俗。在群体的交际中，常常有各种"故事""谣言""仪式"等，有时比传统的邻里或职业群体关系更复杂。在不同年龄、性别、职业的互联网群体中也传承着特定的民俗，甚至构成超越家庭或工作的现实生活，具有精神或心理意义的群体认同。当然，在互联网群体中也延续有各种现实生活中存在的"恶习"，如霸凌、暴力、色情、欺骗、敲诈等。这些也是互联网民俗研究中必须要面对的问题。

2. 研究视角

对互联网民俗的研究，如同对其他民俗类型的研究一样，应该是以记录、分类和分析为三个步骤，以实践者如何通过新的交际方式构建或重构个人、群体以及国家认同为关注点，理解和分析实践者如何在维系已有的文化传统的同时吸收和创造新的文化。在研究方法上，也要吸收其他学科的成果。例如，如何进行互联网群体的"民俗志"记录？如何界定和区分互联网的新民俗形式与传统的民俗形式的关系？传统的民俗如何成为互联网民俗的基础？互联网民俗又如何影响现实民俗？互联网在个体、群体的认同构建中以什么方式发挥作用？用什么方式？如何借助心理学、社会学、文学等多学科理论与方法解析互联网民俗事象？同时，还要对一些传统的基本概念有新的认识，如"数字文本"或"数字化合成影像文本"超越了传统的文字或实物文本概念；在互联网形成的民俗中展演新的时间与空间概念，如全球性的即时"视频"或"网络会议"等"聊天"互动方式所体现的"时差"与"地域差"等概念。

无疑，在互联网时代，新技术已经成为日常生活和民俗研究的一部分。民俗学家陶立璠早在2003年就将互联网视为民俗学研究的"必然"，指出"中国民俗学可以建立自己的数据库、人才库，建立数字化民俗图书馆和数字化民俗博物馆"，也在预示"中国民俗学借助Internet的时代已经到来"的同时强调"民俗学数据库"必须要"建立在民俗学田野作业的基础之上"。[①] 当然，民俗学者在进行"田野作业"记录之后，还要回答更深入的问题："更新换代日益加快的'新媒介'如何影响并重

---

① 参见，陶立璠：《民俗学》，学苑出版社，2003，第126页。该书是作者1987年的《民俗学概论》的修订再版，增设了"民俗学与互联网"一节。

构了普通生活者的日常交流方式?"①

除了运用现有的民俗学理论与方法外,互联网民俗也引发出一些特别的研究视角和方法。对此,一些国内外民俗学者已经有所关注,并提出了一些框架性概念和研究范例,②特别是对"网络民间文学"的界定。③例如,"自媒体"等交际和传播形式的出现,丰富和强化了"网络语言",④普及了民俗影像,但也为"民"的群体性提出新的界定问题。传统的民间文化如何在数字化时代得到记录、传承和发展,如对"非遗"项目的数字化等问题,也将民俗学与其他学科的发展更加紧密地结合在一起。个体与群体的创造性、跨地域的认同协商、社会经济与政策等问题都更加相互依赖。传统的民俗类型概念、功能与表演手段等也在不断

---

① 王杰文:"新媒介环境下的日常生活:兼论数码时代的民俗学",《现代传播》2017 第 8 期,第 19 页。

② 有关互联网民俗的研究论文越来越多地出现在民俗学刊物和其他相关学科的刊物中。例如,李扬:"电脑与民俗学",《民俗研究》1997 年第 1 期;石甜:"口头传统在网络社区中的传播与认同——以三苗论坛的蚩尤传说为例",《文化遗产》2011 年第 2 期;赵旭东:"微信民族志时代即将来临——人类学家对于文化转型的觉悟",《探索与争鸣》2017 年第 5 期。另参见,杨敏:"民俗学研究'盯上'网络空间",《中国社会科学报》2014 年第 615 期,介绍特雷弗·布兰克(Trevor Blank)的新书《民俗学和互联网研究的概念性框架》。

③ 参见,户晓辉:"网络民间文学表演的责任伦理与形式规则——以'上海女孩逃饭'的网评为例",《民间文化论坛》2018 年第 2 期;高艳芳:"网络民间文学研究的审视",《民俗研究》2019 年第 2 期。

④ 对"网络语言"(网语)的"网络语言学"(weblinguistics; cyberlinguistics; netlinguistics; internetlinguistics)研究,语言学者走在了民俗学者之前。对网络语言开始系统的理论研究包括,周海中:"一门崭新的语言学科——网络语言学",《科学》2000 年第 9 期;于根元:《网络语言概说》,中国经济出版社,2001;于根元主编:《中国网络语言词典》,中国经济出版社,2001;汪磊编:《新华网络语言词典》,商务印书馆,2012。另见民俗学的研究,徐瑞华:"网络民俗研究",《贵州社会科学》2012 年第 11 期;张婷:"汉语网络流行语词汇变异现象的社会语用分析",《民俗研究》2014 年第 5 期;吉国秀、胡安亮:"IT 笑话:网络社会中的新民间叙事",《民俗研究》2015 年第 6 期;刘文江:"大数据方法与谣言研究",《民俗研究》2016 年第 3 期;魏泉:"网络时代的'谣言体'——以微信朋友圈为例",《民俗研究》2016 年第 3 期。

得到新的界定。事实上，早期互联网交际中的单向性已经转换成双向性和多向性，这也扩大了民俗的跨地域和跨文化交际。例如，通过互联网"读报纸""读小说""看新闻""看画报"等单向接受行为已经转换为"讲故事""说笑话""对歌""示范""参与表演"等互动性行为。从中，传统的谚语、笑话、成语、民间故事、神话、童话、民歌、民间舞蹈、民间手工等民俗类型也通过"面对面"的交际而得到传承和发展。

在研究互联网民俗时，首先需要明确的一个理论问题是，以互联网民俗作为内容和目标的研究与以互联网技术作为手段的研究，是两个相关但不同的研究范畴。如上所述，前者是民俗学者较多考虑的问题，但利用计算机和互联网技术的研究方法本身也是新的民俗学研究路径。与此相关的两个概念是"数字民俗学"（digital folkloristics）和"计算民俗学"（computational folkloristics）。

数字民俗学是指民俗学与数字信息学的交叉，其理论基础是：数字民俗搜集理论、数字民俗分类理论、数字民俗传输理论和数字民俗模拟理论。构建数字民俗学的基础是数字民俗搜集理论。由此，数字文本、数字民族志（或民俗志，digital ethnography）等概念和领域也得到进一步明确和发展。同时，数字民俗学也与数字人文（digital humanities）、数字学术成果（digital scholarship）、数字方法论（digital methodology）、数字文化（digital culture）、数字时代（digital age）等概念密不可分，更与数字时代的法律与伦理融为一体。近些年来有关数字民俗学的研究论著愈发引起跨学科兴趣，开始走向有规模的发展道路。

对此，在方法上要确定理念、概念、文理科交叉研究的衔接点、个案对象和方法，还有必要对个案跟进调查，同时要对上述其他分支理论通盘思考。[①] 例如，利用微信、博客、电子邮件、网页、小视频等形式

---

① 参见，董晓萍："数字民俗搜集理论"，《民间文化论坛》2014年第5期。

记录的民俗活动和内容便是数字化的民俗事项，属于数字民俗学范畴，因此也是数字民俗学研究的对象。为此，建立数字民俗档案资料库是数字民俗搜集与分类的必要基础。

计算民俗学的概念是美国民俗学者蒂莫西·R.坦盖利尼（Timothy R. Tangherlini）等人于2012年提出的。他们认为计算民俗学是民俗学的子学科，并将其初步定义为"以计算机算法为研究方法的民俗研究属于计算民俗学"。计算民俗学本质上是方法论的革新，是将信息技术与传统民俗学研究相结合实现的学术创新。其方法论层面涉及民俗研究全过程和民俗档案的全生命周期：从采集、立档、存储、分类、索引、检索，到呈现、利用、分析解释乃至分析工具的开发，每一步都可以运用计算机和信息传播技术来实现。①

其实，在计算民俗学这一概念提出之前，就已有学者探索利用计算机技术做相关研究。如1970年代初便有美国学者尝试用计算机技术辅助史诗研究，并成功利用计算机分析史诗的步格和韵律。此后，各地的民俗学研究机构和民俗学者积极进行民俗资料数字化和数字档案库建设工作，取得了丰硕的成果，国际间学术交流也日趋频繁。例如，美国民俗学会构建的"民族志同义词"就是一种可检索的数字民俗资料库。②

计算民俗学不同于数字民俗学。计算民俗学主要侧重于运用计算机算法来开展研究性分析，或基于现有数据库进行研究，或利用更先进的计算机技术改进现有数据库，而非基础性数字化和数据库建设工作。计算民俗学是在前期数字化、数据化工作积累的基础上，力图使民俗研究步入算法时代。计算机算法给民俗学研究带来了新机遇和创新空间，也

---

① 参见，郭翠潇："计算民俗学"，《民间文化论坛》2017年第6期。
② 见美国民俗学会官网：https://www.afsnet.org/page/AFSET 或 http://id.loc.gov/vocabulary/ethnographicTerms.html。

带来了新挑战。面对数字形式的研究对象，坦盖利尼认为民俗学者应当特别注意四个方面：

1. 搜集和立档：民俗学者可以利用网络爬虫技术搜集信息，在更大范围内做调查研究，但网络爬虫抓取到的数据可能会引发隐私侵犯等相关伦理问题。由此获得的大量数据必须有合理的档案管理体系，不同于前数字化时代的民俗资料管理。

2. 分类、索引和检索：以往的民俗学分类，是基于分类者个人的语言、学识水平和掌握的有限资料而得出的。计算机算法能够基于民俗语料库建立相关的统计模型，可以帮助学者做超越个人能力的分类和检索分析，在类型、母题等问题上可以建立和使用更广泛的资料库。

3. 可视化和导航：可以运用诸如地理信息系统、时间线、统计图表、社交网络图等可视化方式呈现民俗资源。比起传统的民俗地图方法，低成本 GIS 软件的出现和易用的网络地图服务为民俗学提供了便利。

4. 计算分析：基于优质数据和数据库，用计算机技术发现问题、分析问题、解决问题。在传统民俗学的文本细读之外，运用文本挖掘分析、可视化等技术实现的"远读"为研究者提供了一个宏观视角。

当然，对互联网民俗的研究目前仍处于起步阶段。随着互联网民俗本身的发展变化，相关的研究路径与方法不但是急需的，也是必要的。特别是利用心理分析等方法对互联网民俗的功能的研究，这是民俗学者可以做出独特贡献的领域。例如，在面对各种"灾难"时互联网上的谣言和笑话等传统民俗内容和形式如何激发或缓解各种矛盾、如何释放心理压力、如何协调各种关系等。再如，互联网传播的笑话（段子等）、谣言以及相关的其他民俗类型，逐渐成为"网络文学"，似乎对应于传统的民间或口头文学。对此，如何突破传统的研究方式，提出有益的阐释，这不仅是学术问题，也是民俗学服务于社会的责任与义务问题。

3. 现实问题

互联网民俗已经成为现代日常生活的必要组成部分。虽然表现形式是前所未有的，但其民俗的类型、内容和功能基本上是不变的，其核心仍是不同层面的认同问题。对互联网民俗现实的理解可以从其"民"与"俗"两个层面来看："民"指的是各种"网民""网群"或"朋友圈"群体的构成；"俗"指的是利用互联网进行的交际活动本身。其中尤为突出的现象是"网名"在互联网交际中对彼此"身份"的认同，对语言（网络语）的艺术性的创新与使用，以及由此而构建出的新型社会关系。

互联网中的"民"包括：网民、网友、网虫、网迷，以及由网吧、网咖、聊天群（室）、朋友圈等成员组成的各种"社交群"。其实，每个互联网使用者都有特定的交际群。互联网只是他们进行各种交际的渠道或平台。以互联网构成的群体通常有特定的认同符号，如群体名称、铃声、提示语、表情符号等。其交际手段除了传统的语音和文字表达外，还有特定的网络文字、符号、影像与声音等。其"俗"包括：以网聊、点赞、置顶、沙发、转发等形式传承各种传统的故事、谚语、传说、笑话等。而旁观者也形成潜水、打酱油、冒泡、发声等不同等级的参与群体，以"受众者"身份维系着所认同的民俗传统。近些年来，以互联网为媒介形成的"网恋""网红""玩梗"（抛梗、接梗）等现象，以及"电竞"等新竞技民俗，都可以从民俗学的"语境""表演"等"民"之"艺术性"交际的角度，借助心理学、社会学等多学科理论与方法进行研究。

因互联网而形成的各种流行文化（如网络流行语）与民俗是不相同的概念。民俗是经过时间沉淀和民众体验并被接受为日常生活的行为与观念。流行文化（如流行歌曲和时尚服饰等）有些会被融入日常生活成为民俗，而有些则被时间淘汰。例如，近年来出现的年度网络流行语，有些在几年后就不再被人使用了，而有些则逐渐融入日常用语。

许多传统的民俗形式利用互联网平台，得到更大程度的实践与普及。例如，通过视频形式的"对歌"，就超越了传统的时间和空间的限制，使得"对歌"成为"面对面"的"日常行为"。当然，这也可能改变了传统的"对歌"的仪式感或神圣感。同理，"微信拜年"和"微信红包"等新行为也在重构着"过年"的仪式及其观念。"网络媒人"或"网络约会"在一定程度上重构着传统的婚姻观和仪式进程。"网络点菜"与"外卖"和"送餐"也在改变着传统的饮食民俗以及地域差异。在保护和传承"非遗"的过程中，"遗产数字化"或"数字化民俗遗产"也成为民俗学者的新课题。[①]

当然，互联网交际也有着负面影响和作用，可以成为"毒品"，让某些使用者得上"网瘾"，危害个人、家庭和社会。当互联网的群体认同感超越或取代了现实的群体认同，群体成员的日常生活意义与认同也就被扭曲了，造成他们身心的"疾病"。这已经成为世界卫生组织（WHO）的一个重要课题。2019 年，世界卫生组织正式将（网络）"游戏成瘾"界定为"疾病"。以互联网为手段进行的一些政治和经济等方面的煽动或欺骗活动也在国家和国际层面产生了重大影响。此外，利用网络的霸凌、造谣、欺骗等行为和现象似乎也愈发严重。但在另一方面，互联网也可以帮助有身心疾病的人找到缓解压力或释放压力的途径，甚至协助他们的日常交际。目前已有"网络心理治疗"等学术、医疗以及社会服务项目。这些也是民俗学者不可忽视的。

---

① 参见，黄永林、谈国新："中国非物质文化遗产数字化保护与开发研究"，《华中师范大学学报》2012 年第 2 期；黄永林、王伟杰："数字化传承视域下我国非物质文化遗产分类体系的重构"，《西南民族大学学报》2013 年第 8 期；杨红：《非物质文化遗产数字化研究》，社会科学文献出版社，2014；马琳、黄洋："民俗舞蹈类非物质文化遗产数字化技术研究"，《艺术研究》2016 年第 2 期。

第十讲　全球化时代的散居民民俗与亚民俗研究

【本讲包含的关键概念】

1）散居民民俗：散居民的概念；美国（亚）华裔散居民；散居民民俗研究视角；第三文化
2）全球化时代的人研究人：亚民俗；中美民俗交流；平等对话；双语发表；走出自我中心

　　目前，对华裔散居民（包括亚裔散居民）的民俗研究还处于初始阶段，且缺乏理论系统或框架。在近几十年中，涉及华裔民俗文化的研究极少，尽管有关族群认同的研究开始越来越多地注意到亚裔的传统传承问题，同时亚裔在美国社会的地位也得到改善，相关研究对民俗生活有了新的解读。有关亚裔民俗的研究从1990年代开始出现。而在进入21世纪后，对少数族群民俗的研究明显成为民俗学学者与学生的主要课题。

第十讲　全球化时代的散居民民俗与亚民俗研究

一、散居民民俗：传统的传承与变异以及第三文化

1. 华裔散居民的概念与现状

"华裔"（Chinese descendants）是指定居和暂居在外国的有华人血统的人，包括了一般意义上的"中国人""华人""海外华人"，"华侨"和"美籍华人"等概念，尽管每个名词都需要在特定的语境中使用。而在指"华裔散居民民俗"中，也从民俗实践的意义上包括任何认同和实践中华民俗传统的人。因此，这个界定是地缘与血缘基础之上的文化概念，而不是从政治（持何国公民身份）和语言（是否说中文）等方面的定义。这个概念应该与杜维明所定义的"文化中国"（Cultural China）概念中的"中国人/华人"（Chinese）[①]，以及李亦园所补充论证的有互补性[②]。因为他们是通过一种"向内"的观点来"区分"对"中国文化"有认同的人，兼容那些在行为与价值观上对中华文化有认同感的（华裔与非华裔）人为"华人"。在此，以一种"向外"的观点来看中国的"本土文化"在异地的生存及变化程度，超越了实践者的辈分与语言的关系，且不只限于"华人"的自我认同与"华人"对他者的界定。

"散居民"是对 diaspora 的翻译（或译"流散民"）。该词的大写（Diaspora）最初是指那些在公元前6世纪被驱逐到巴比伦居住的犹太人。后指散居在巴勒斯坦地区以外的犹太人群体。现在，该词的小写被

[①] Tu Wei-ming. ed. 1994. *The Living Tree: The Changing Meaning of Being Chinese Today*. Stanford University Press.

[②] Li Yih-yuan. 1995. Notions of Time, Space and harmony in Chinese Popular Culture. In *Time and Space in Chinese Culture*. ed. Junjie Huang and Erik Zurcher, Leiden: E. J. Brill. Pp. 383-398.

用来指任何散居在原生地之外的民族群体。因此，海外华人都是"中国人"或"华人"的散居民。在美国的华裔人口中以及相关学者中，对"华裔散居民"（Chinese diaspora）也有着不同的理解与说法。总之，华裔散居民应被视为一个流动的概念，但是，有关理论观念与方法的应用必须置于具体的族群民俗与其所处社会的大背景之下。

对亚裔，特别是华裔民俗的研究，相比之下，远不及对非洲裔或拉美裔的研究广泛，尽管亚裔在过去的几十年中在人口数量及比重上有了极大的提高，而华裔又是亚裔中人数最多的族群。这不只是学科发展的问题，而且还是研究投入与兴趣的问题，以及对华裔文化与历史的整体研究不足的问题。同时，美国对种族与民族群体的政策划分，直接影响到对各个族群的研究，如基金的申请与发放等，由此影响到各级学校对有关亚洲与亚裔文化的设课与科研状况。

客观看来，对亚裔以及华裔民俗研究的薄弱，其原因有二。一是在亚裔或华裔族群内，有关自身的研究主要致力于对亚裔与华裔移民历史的重写、对政治与社会地位上的平等的力争。二是民俗学界因其自身的局限，一方面是对亚裔与华裔族群的整体研究还处于一种初级阶段，另一方面是对此有兴趣的学者数量太少。这些在目前大学的有关亚裔研究的机构与设课上表现得很清楚。近年来，从美国民俗学会对亚裔民俗重视程度的加强到学术出版对此课题日益浓厚的兴趣中，可以看出针对亚裔及华裔民俗研究将步入一个新的历史阶段。

下表有关人口统计的数据变化也是社会和历史背景的一部分。需要注意的是近年来在美国的亚裔人口统计中，出现了"单一"（父母均为同一族裔）与"混合"（如父母之一为亚裔或配偶为亚裔）两项新的统计类别。在美国的人口统计上，"种族"（race）与"民族"（ethnicity）混淆在一起，造成文化研究的一个问题。1880年前后的人口变化是因为美国的"排华法案"造成的。

美国华裔亚裔（包含出生地不在美国的）人口（美国人口统计局），1840—2010

年代	华裔人口	亚裔人口	总人口
1840	8		17,069,453
1850	46	232（估计）	23,191,876
1860	41,397	34,933（出生地不在美国的无统计）	31,443,321
1880	123,201	105,613（104,427 出生地不在美国）	50,189,209
1900	14,799	114,189（104,910 出生地不在美国）	76,212,168
1950	1,948	320,141（出生地不在美国的无统计）	151,325,798
1960	9,657	890,868（283,749 出生地不在美国）	179,323,175
1970	34,764	1,526,401（544,437 生于亚太）	203,302,031
1980	806,000	3,726,440（2,182,639 生于亚太）	226,542,199
1990	1,645,000	7,226,986（4,558,744 生于亚太）	248,709,873
2000	2,654,190（完全华裔） 301,042（部分华裔）	10,242,998（3.6% 完全亚裔）； 11,898,828（4.2% 部分亚裔）	281,421,906
2010	3,535,382 474,732（部分华裔）	14,674,252（完全亚裔） 17,320,856（部分亚裔）	308,745,538

以亚裔民俗为研究目标的学术机构也许目前只有美国民俗学会设立的亚洲民俗学分会。该分会成立于2005年，其宗旨之一是沟通亚洲研究与亚裔民俗研究。总之，有关华裔民俗除分散的搜集与研究之外，近年的一些相关书籍，大多是基于考古或文献的，缺少系统地着眼于当代社会的出版物。

鉴于此，本人认为，民俗学基于民族志的方法能够也应该在海外华裔文化研究中起到特有的作用。因为，从"民"的意义上看，华裔散居民有两大类：一类是以"中国城"（或唐人街）为生活中心的；另一类是偶尔去"中国城"的。前者多是以中文（包括各种方言）为生活和工作语言；或者则多以英文为工作语言。前者多是受教育不高的移民；后者多是技术专业移民。从"俗"的意义上看，两者的共同点是都以平民文化传统（口头交际与传承）而不是精英文化（阅读和传播古典文献等)为生活主体,此外,两者也都是以传统物质文化为主要的文化载体(尽管在信仰上有多元表现),如饮食习俗、节庆活动、人生礼仪等。尽管近来通过网络等交际工具,许多人保持了与中国的频繁沟通,加强了对中国文化的认同,但显然还是以平民文化为主(如各种周末的中文学校所使用的课本多没有古代经典和诗词等内容,而突出强调的是日常的实用交际语)。因此,对海外华裔民俗实践的记录和研究是认识中华文化传统传承与变异的重要方面。而利用局内与局外(或主体与客体)的观点,从平民群体以及个体来看民俗传统的传承与传播,通过民族志方法来记录,就是民俗学特有的认识角度。

2. 美国亚裔民俗研究视角

尽管美国亚裔群体在美国社会中人口快速增长、影响日益扩大,但为承认美国亚裔民俗研究在美国民俗学领域的正当地位所做出的努力却少之又少。为此,首先需要将亚裔美国人认可为"民俗群体"(folk groups),与美国民俗学中所定义的其他民俗群体平等看待。这是正当合理,且非常必要的。所以,有必要先在民俗语境及美国文化语境下对这一民俗群体的认同和构成认同的内容进行界定,然后再要探讨对他们的民俗进行研究的最佳方法。在定义美国亚裔群体和他们的民俗时,我们需提醒自己:"(民俗群体)本不存在,除非有人声称它们存在……族群和其他民俗群体一样,有人声称其存在了才会存在。"[①] 但是,作为民俗群体的"亚裔美国人"这一概念不够清晰,因此,对其学术表述完整性和包容性的质疑是有充分理由的。显然,亚裔及其民俗的边缘化与亚裔在美国社会各领域的边缘化是紧密相关的。

---

① Oring, Elliott, ed. 1986. *Folk Groups and Folklore Genres: An Introduction*. Logan: Utah State University Press. P. 25.

"美国亚裔民俗群体"和"美国亚裔民俗"这些术语在使用中存在的两个问题：1）这些术语忽视了美国各个亚裔群体的多样性以及每个群体内的多样性；2）这些术语强化了刻板化印象，如"所有的美国亚裔（或华裔）在做某某事情时都是一样的"。我们知道亚洲（日本除外）处于帝国主义和殖民主义时代时，亚裔美国人都有着被歧视和被排斥的历史。他们在美国遭受的种族歧视、信仰歧视与欧裔群体是不同的。我们也知道，美国各个亚裔群体和每个亚裔群体内部极大的多样性都表明其独特的群体认同，而群体认同又是通过民俗实践来表达的。

对美国亚裔群体及其民俗进行界定，其目的从根本上说是为了更好地了解他们的群体认同。我们认为基于民俗的方法或"民俗认同"的概念有助于达到此目的。民俗认同是由一地群体成员共有的实践中的民俗（folklore-in-practice）所界定的，无论其共性是基于宗教、语言、年龄还是性别。这一概念并非像"族群"或"族群民俗"所指的那样完全基于种族、民族性或宗教，它强调"族群认同的社会、地域变化及文化的再造"这一关键问题，也即"跨国"及"种族景观"（ethnoscape）所要传达的概念[①]。此观点强调族群内部甚至在同一个美国亚裔群体内部的多样性（如在宗教、性别及语言等方面），消除根植于"族群"或"族群认同"的刻板化印象。例如，以类型为中心（genre-centered）的民俗学分类为此观点建立了方法论框架。把美国各亚裔群体的民俗实践融入到美国民俗学的教学与学术研究中，这是一条最现实的道路。

3. 面对的挑战

接受亚裔美国人为民俗群体是民俗学学科的理论问题，也是方法论

[①] Appadurai, Arjun. 1996. *Modernity at Large: Cultural Dimensions of Globalization*. Minneapolis: University of Minnesota Press. P. 48.

问题。对美国民俗学的概念重新定义，把美国亚裔民俗包含进来将会使民俗学焕发新的活力并且拓展新的理论和方法。这就意味着无论民俗学者如何划分俗民和俗识（folk and lore），我们都应该把这些族群的俗识作为美国民俗的一部分进行研究。毕竟，民俗学者从根本上说是"人研究人"①。

研究其他民俗群体创立和使用的理论和方法对研究美国亚裔民俗或许不完全适用。例如，在田野工作中应该了解与亚洲文化有关的语言、手势、文化价值所表达的文化差异。同样，美国亚裔群体内和群体间的性别、年龄、世代差异比其他民俗群体的更加重要。美国亚裔民俗研究中这些文本和语境因素必须加以重视。《美国民俗学刊百年索引》中民俗类型的划分可以作为美国亚裔民俗定义和归类的参考，将其归在三大类别之下：民间（口头）文学，信仰和行为，物质文化②。然而，要清楚的是把美国亚裔民俗放在美国历史大背景下绝不等同于夸大"族群差异"，这两者之间的界限需加以把握。正是共同的民俗实践定义了一个群体的民俗认同。

方法论问题也是意识形态问题。即使是在美国亚裔群体之内，如多神论和一神论的宗教实践问题上同样每天都会有协商和适应，他们与基督教信仰群体之间的交流就更是如此了。这些群体一直以来都被归入陈旧刻板的涵盖性术语"亚裔美国人"之中，本讲的目标之一是在承认这些群体共性的同时，辨别其多样性。过去两千年中，丝绸之路（除了传统的陆上和海上路线，近年来又新增了高速铁路线）把亚洲人民以及他们的信仰和生活方式联系在了一起；佛教、伊斯兰教、道教及儒教共同

---

① Georges, Robert A., and Michael Owen Jones. 1980. *People Studying People: The Human Element in Fieldwork*. Berkeley: University of California Press.

② Jackson, Bruce, Michael Taft, and Harvey S. Axelrod. 1988. *The Centennial Index: One Hundred Years of the Journal of American Folklore*. Washington, DC: American Folklore Society.

强调教育、重商主义和家庭价值,这些"自我完善"或"自我提高"的文化强调和谐与包容;这些共享的价值观和传统不能被某个宗教或文化的少数极端主义者蒙上阴影。

正确理解和处理亚洲民俗和美国亚裔民俗的关系是另一个挑战。这二者之间虽没有明显界限,但是要把美国亚裔民俗理解为可变可协商的概念,并且是基于亚裔美国人的民俗实践的。民俗实践一旦得到了确认,当它们在一定时空中传承与变化时,我们就可以透过体裁对其进行研究。我们预期某些体裁在美国语境下的表演会比其他体裁更受控制。从本国到美国语境,体裁的转变对于美国亚裔散居民的认同与民俗的建构极为重要。因此,在分析美国亚裔民俗时,对于在研究其他民俗群体时获得的理论必须避免模式化的概括和僵化的运用。

民俗的一切都与认同有关,而认同只能通过日常的民俗实践来表达。认同是一个抽象概念,它通过民俗实践者内部及实践者与"他者"交流中的具体民俗实践来塑造、表达和维持。认同是民俗实践者自身标记、加强、表达"自我"与"他者"的感受的方式。"我们"与"他们"的区别只有通过民俗才能表达。

民俗学者一直以来的工作本质上是收集和辨别认同符号(identity markers),把它们放在共时和/或历时的语境中进行阐释,以便局内人和局外人的理解。民俗实践者对于那些对自身而言有文化意义的行为尽管有他们自己的阐释,但是民俗学者的工作是试图把这些实践行为放在语境中做出更广泛更深入的联系和阐释,他们希望以此解读群体中"意义网"(web of significance)的意义[①],"使无意义变得有意义"[②]。

---

① Geertz, Clifford. 1973. *The Interpretation of Cultures*. New York: Basic Books. P. 5.
② Dundes, Alan. 2002. *Bloody Mary in the Mirror: Essays in Psychoanalytic Folkloristics*. Jackson: University Press of Mississippi. P. 137.

在全球化和本地化语境下，有关认同的民俗学研究能够对自我（self）和他者（other）的理解做出独特的贡献。民俗不再仅仅与"幸存的"和"正在消失的"传统有关，也与在传承过程中正在发生变化的民俗传统有关。

4. 华裔散居民文化的形成

对（美国）华裔散居民民俗的研究需要有这些前提：1）"民"是"**任何共享至少一项共同特征的人类群体**"[①]；2）"民俗是小群体内的艺术性交际"[②]；3）身份认同概念始终是民俗研究的中心[③]；4）"由民俗定义身份认同"[④]在身份认同的研究中具有核心意义。基于此，本书提出以下论点：1）民俗是关于身份认同的一切，也是对身份认同的界定；2）个人和群体的身份认同应当由实践中的民俗进行界定，而非借助"前概念式"的民族、种族或宗教；3）民俗认同这一概念有助于更好地解释个体、群体身份认同中的多样性、杂糅化（creolization）、临时性和流动性（或动态化）。

正是在这些传承和变异过程中，一个群体在迁徙和对社会语境变化的适应当中创造、强化了各种各样的群体认同符号。这些符号也显现出

[①] Dundes, Alan. 1965. ed. *The Study of Folklore*. Englewood Cliffs, N. J., Prentice-Hall. P. 2.

[②] Ben-Amos, Dan. 1972. Toward a Definition of Folklore in Context. In *Toward New Perspectives in Folklore*, ed. Américo Paredes and Richard Bauman, Pp. 3–15. Austin: Published for the American Folklore Society by the University of Texas Press. P. 12.

[③] Oring, Elliott. 1994. The Arts, Artifacts, and Artifices of Identity. *Journal of American Folklore* 107(424): 211–233. P. 226.

[④] Dundes, Alan. 1983. Defining Identity through Folklore. In *Identity: Personal and Socio-Cultural: A Symposium*. ed. Anita Jacobson-Widding, Pp. 235–261. Uppsala: Academiae Upsaliensis. P. 236.

了一种传统在其传承与演变之中的生命力和有效性。显然，在以民俗认同和散居民心态为基础区别这些符号的过程中，人们正在通过民俗实践创造一种第三文化。在这些动态的过程中，身份认同显示出了它的多重性、多样性、暂时性和杂糅性，同时，新的身份认同、新的文化——第三文化——被创造出来。

这种第三文化只有在群体（特别是散居民群体）的意义上才具有可能性。其间，无论是在群体之间的层面还是在群体内部成员间的层面上，"统一体中的多元化"（diversity within unity）特征均可显现出来。例如，在美国的国家层面，美国亚裔（非洲裔、拉丁美洲裔、欧裔）作为"族群"（ethnic）实际上共同造就了美国的民俗与文化。美国亚裔群体之间固然存在很大的差异性，但正是那些统一性建构了他们共同和独特的群体身份认同。在美国每个亚裔群体内部，也都存在着各个领域的差异性，比如语言、地域、种族和宗教，这些差异性在下文所述的美国华裔子群体之间同样存在。然而，正是统一性在一种集体身份认同之下将他们凝聚在一起。这种统一性，而非均质性（uniformity），是对实践中的民俗的共享，或者说是"小群体"在"此时此地"所维系的民俗认同。

身份认同的重构过程因不断变化的语境而更加复杂。例如，1980年代以来，来自世界各地、拥有不同民族或社会经济背景的美国华裔的涌入，已经使基于族裔性的"民族认同"（ethnic identity）概念和基于文化的"文化认同"（cultural identity）概念出现了问题。许多美国华裔可能以其"中国性"作为他们的文化认同，但人们常常在"民族"的类目下（在政治的意义上）对他们进行分类和研究。对大部分美国华裔而言，特别是对那些新移民来说，将他们不同的民族（或种族）联结起来，统一在一个共同的华裔身份之下，是他们共有的文化认同，但这种身份认同在美国语境之下变成了"民族"的集合名词。这种情况也出现在其他种族群体当中。在这些例子里，散居民群体所做出的文化贡献遭到了隐性的排斥。①

无论对于局内人还是局外人，无论是出于主位视角还是客位视角，在同义的或可置换的意义上使用"民族"认同和"文化"认同都是危险的②。艾略特·奥林以罗素式（Russellian）的观点解释道："文化认同是另外一种逻辑类型，它不能和文化自身混为一谈。"③ 同理，民族认同也不应该和族裔性自身混为一谈。然而，在我们抛弃不同语境下基于族裔性对身份认同和"散居民群体"架构所进行的讨论之前，民俗认同的理念将有助于我们关注实践中的民俗；这将使我们通过我们所做的去理解我们是谁，而不是按照官方划定的某种种族或民族类别的定义去讨论我们所做的。由于不满各个领域对"身份认同"这一术语"赶时髦式"地应用，在探求"身份认同框架"的论述中，鲍辛格指出，无论精英如何定义它，"人们已经发现了他们自己走出认同缺失这一困境的路径。他们的方法是对意识形态认同（ideological identity）的明显悖离……作为隐性的日常生活结构的一部分和它的结果，人们努力在他们自己的邻里间确立其身份认同"④。

例如，唐人街即象征这种寓差异性于统一性的社区关系：在美国亚裔群体的层面，许多人共享物理空间和社会空间，建构集体的美国亚裔身份认同；在某个特定的美国亚裔群体层面，各种具有独特背景（诸如

---

① 在此，为了支持身份认同的中心论点，笔者在给定语境下讨论"群体"或"身份认同"时，用"散居民"（diasporic）代替了传统的"少数民族"（ethnic）。

② Bausinger, Hermann. 1997. Intercultural Demands and Cultural Identity. *Europaea: Journal of the Europeanists* 3(1): 3–14. P. 7.

③ Oring, Elliott. 1994. The Arts, Artifacts, and Artifices of Identity. *Journal of American Folklore* 107(424): 211–233. P. 213.

④ Bausinger, Hermann. 1983. Senseless Identity. In *Identity: Personal and Socio-Cultural*, ed. Anita Jacobson-Widding, Pp. 337–345. Uppsala: Academiae Upsaliensis. P. 340.

地区、宗教和语言学等方面）的子群体通过强化他们的民俗认同符号得以重构。对这样一个小群体的内部成员来说，他们的边界因其所共享的认同符号而凸显出来。正是通过这样相互交织、看似混乱的"意义网"，小群体建立了他们的民俗认同。他们通过其共性（比如，作为核心认同符号和生存营销策略的饮食方式）在不同的层面建构了共同的身份认同。然而，这种共同的身份认同不仅仅是为了表面地区别自我和他者，它的根本是为了满足"少数族群"在与他者的交集中得以存续的需要。

5. 研究路径

（1）民俗认同

民俗认同概念对理解散居民文化尤其有帮助（有关民俗认同的详细论述见本书第二讲）。在此，运用民俗认同概念是为了不用"种族认同"或基于种族认同概念的"民族/族群认同"。以这一视角为起点，民俗认同理念集中关注一个群体用以建构其群体认同的民俗实践。这一概念可使我们看到正在建构中的新的群体、新的身份认同和新的文化，帮助我们更好地理解群体内部的多元性。

以"民族"作为定语的"民族某某学"（ethnic so-and-so）是一种学术出版物中广泛提及的概念形式，这里，它意味着某某是一个他者的民族；他者不同于我们，意味着野蛮、异外和低级。"民族"（ethnic）的词源阐明了老套的帝国主义和殖民主义的思维定式，更不用说赛义德（Edward Said）提出的"东方主义"中潜藏的根深蒂固的结构性思维。例如，"美国亚裔"（或美籍华裔）的归纳性概念，无论是作为名词还是形容词，都强化了已经存在的集体"民族认同"，忽略了这些群体或子群体内部和彼此之间的多元性与动态性。事实上，我们和他者之间的界限在日常实践中往往是交叉、模糊和变换的。因此，这些概念必须重新界定。在我们的社会中，不是也有许多令人误解的陈腐结论么？比如"某某的人（或者做的事）都是一样的"等公式化思维。

从根本上讲，"身份认同将民的理念和俗的理念捆绑在了一起"，甚至"对赫尔德而言，每一个个体和族群都有其独特的身份认同，然而这种身份认同不会被直接地认识到，只有通过其表达才能接近它"①。就此意义而言，民俗认同的观点关注的是某一族群中个体的民俗实践，而不强调个体之间在其群体内部可能的种族、民族或宗教差异，这有助于我们通过多元文化的相互作用去理解传统的延续性和创造性（另见第二讲有关民俗认同的论述）。

为了探求现代中国人尤其是海外华人的身份认同，哲学家杜维明提出了"文化中国"的概念，它包含三个象征性领域或实体：1）所有居住在中国大陆、台湾、香港和新加坡的中国人；2）所有海外华人；3）以中国文化进行自我认同的知识分子。人类学家李亦园关注小传统，对以大传统为基础的杜维明方法论进行了补充，他认为所有的中国人普遍具有这些身份标签：1）关乎饮食的特定习俗和信仰；2）深入人际关系的中国式家庭伦理；3）主要基于算命和风水的趋吉避凶宇宙观。他还认为，"除了单纯的外貌，这三个特征可以说是一个个体所具有的中国性，不管他或她住在哪里，哪怕是对于那些受当地文化影响的海外华人而言也是如此"②。从历史的角度看，跨区域、宗教、语言或方言的民俗实践的统一性在集体认同的层面对中国文化认同的形成有着重要的作用。

李亦园所关注的共同特征印证了"民俗认同"概念中的"认同符号"的重要性。但这一方法似乎仍然以基于"单纯外貌"的种族划分为

---

① Oring, Elliott. 1994. The Arts, Artifacts, and Artifices of Identity. *Journal of American Folklore* 107(424): 211-233. Pp. 225-226.

② Li Yih-yuan. 1995. Notions of Time, Space and harmony in Chinese Popular Culture. In *Time and Space in Chinese Culture*. ed. Junjie Huang and Erik Zurcher, Leiden: E. J. Brill. P. 383.

前提。海外华人的后代或来自中国的被收养者（他们的社会影响当前愈发显著）或异族通婚的后代，当我们考虑他们的个体身份认同建构时，便会产生问题。在大多基于同一性的种族划分中，那些混合种族或民族的后代往往被排除在外。虽然我们知道，在个体的层面，身份认同总是多层级的、流动的、不能与其角色相混淆的，但我们还是会关注那些具有或不具有祖传中国背景的个体和族群对美籍华裔民俗的认同与实践。

（2）以心理分析来认知散居民的认同重构

这一观点强调美国亚裔的散居民心理在适应新环境和建构新的身份认同过程中具有重要意义。通过这种以文化为基础的方法，我们力求避免对一种文化盲目应用来自其他文化的理论。"文化"一词这里从广义上来理解，即一个信仰体系的日常表达及其结果的总体。从这个意义上讲，亚裔的信仰和文化价值在美国亚裔的民俗实践中起着至关重要的作用。

这种观点是基于民俗研究中的精神分析理念、关于亚洲和西方思维认知差异的认知理论[1]、有关散居国外的华裔或亚裔家庭的精神人类学[2]。值得注意的是，上述研究都强调不同的散居民群体中心理成长的差异。

在四十多年的学术生涯中，邓迪斯努力将精神分析法应用于民俗材料当中。尽管"可悲的事实"是，较之人类学的民俗研究者，非人类学

---

[1] Nisbett, Richard E. 2004. *The Geography of Thought: How Asians and Westerners Think Differently... and Why.* New York: Free Press.

[2] Hsu, Francis L. K. [1953]1981. *Americans and Chinese: Passage to Difference.* 3rd edition. Honolulu: University of Hawaii. P. 108; Hsu, Francis L. K. and Hendrick Serrie. Eds. 1998. *The Overseas Chinese: Ethnicity in National Context.* University Press of America P. 2; 1972. *Psychological anthropology.* Cambridge, MA: Schenkman; 1963. *Clan, Caste, and Club.* New York: D. Van Nostrand Company, Inc.

的民俗研究者们对于民俗的心理学研究更缺乏兴趣。回顾一个世纪的民俗心理学研究史,邓迪斯注意到大多数民俗学者之所以不愿将心理学方法引入民俗学,或是因为他们相信"没有普遍的民俗",或是他们不愿"献身于传统想象的研究"。他进一步指出,民俗学者们"通常会选择某种知识专长以便作为摆脱神经质倾向的某种形式",到达"安全区域","去追溯某种民俗的传播路径或考察它的形式特点"。尽管如此,邓迪斯仍然热切、孤独地渴望有"一小部分学者能够对以象征的方式解读民俗的可能性保持开放的心态。如果是这样的话,则可以预见民俗资料使用心理学理论之后将会取得的长足发展"①。

这里提出的观点要求民俗学家首先要扩大他们的研究视野,不仅仅关注神话和传说中的"传统想象",还要关注民俗生活的物质文化中展现的传统想象,特别是那些与散居民迁徙和族群认同相关的部分。其次,遵循"民俗学没有普遍性"这一原则,去研究每一个个体性的美国亚裔群体的散居民民俗,而非使用固定的模型。邓迪斯告诫读者,"一旦阅读了盖佐·罗海姆(Géza Róheim)对民俗的心理学研究,你将无法像先前一样看待民俗"②。同样,一旦用一种基于文化的精神分析法去研究民俗,学者们将会以一个完全不同的方式看待散居民民俗。

我们赞同邓迪斯的观点,认为心理学方法是民俗身份认同研究的核心。按照奥林的说法,研究多元文化背景下的散居民交流时,这些方法特别有效:

> 认同遭遇挑战或被否定的情形——即认同冲突的情况——对于调查研究而言是最有前途的,因为这是一个竞技场,其间的身份认

---

① Dundes, Alan. 1999. ed. *International Folkloristics: Classic Contributions by the Founders of Folklore*. Rowman & Littlefield Publishers, Inc. P. 20.
② 同上书,第 xxiii 页。

同会变得越来越明显和突出。在某种层面上，民俗学研究者也许应该同心理学文献建立联系，因为他们的工作就根本而言终究是一个心理学课题。①

不同的民俗实践立足于不同的思考、认知和表达方式。因此，必须以合适的基于文化的方法来研究美国亚裔散居民民俗。这些散居民群体可以在子群体下做进一步研究（如，年龄、代际、性别、职业、语言或移民的起源地）。每一个散居民群体都有共同的文化特征，但也不能泛化或忽视子群体之间的区别。

适应一种新文化的过程中，不同传统之间在新环境里的冲突不可避免。大多数美国亚裔群体和美国欧裔群体之间最根本的差异与信仰和行为有关。美国亚裔（尤其是东亚）有兼容性的和多神论的信仰体系；相反，美国欧裔的信仰体系则是排他性的和一神论的。此外，亚裔散居民与其他移民后裔群体相比，普遍感觉像外来者或"旅居者"，他们被边缘化为少数族群甚至是劣等族群。这种心态在他们实践家庭传统时和家庭、家族的文化概念进一步交织在一起，使亚裔群体更显格格不入。类似唐人街的"飞地"、小块民族区域或者"犹太社区"，往往被从其他社会中孤立出来。这一现实表明，一方面这些地方为散居民提供了一个舒适、安全的区域；但另一方面，这些群体认为他们并没有真正被社会接纳，亦未养成对国家及其公民身份的"所有者"意识。

例如，在研究美国亚裔的民间叙事时，我们应该想到，邓迪斯曾力劝民俗学者采用"精神分析的符号学"来分析民间叙事，以克服心理分析和语言分析中狭隘的结构主义方法。邓迪斯意识到民间叙事或"自传

---

① Oring, Elliott. 1994. The Arts, Artifacts, and Artifices of Identity. *Journal of American Folklore* 107(424): 211-233. Pp. 225-226.

式民族志"中的"符号可能有多重意义",奥林则指出,民间叙事的传统体裁不包括个人口述史,或"口头史",或广泛意义上的"言语民族志"。精神分析的符号学可以用于分析口头史的叙事,对于散居民民俗特别有意义。在"常规"语境下民间的口头叙事和研究者搜集和编辑的内容是有区别的。但显然,前者才是民俗学者应该关注的。

心理人类学家许烺光概括了中国文化在中国和美国华裔两种语境中对孩子成长的影响:以父子为中心的家庭关系强调的是连续性、包容性、权威性和无性表达。这一理论框架,对研究华裔/美国亚裔家庭生活的心理学理论很有帮助。其对于民俗研究也必定是有效的。

进一步说,基于其假设——"中国人在他们的个人与文化定位中以环境为中心(situation-centered),美国人则以个体为中心(individual-centered)",许烺光对夏威夷的华人进行了实地考察,认为如果我们能够理解并接受"中国文化的特性,强调其与外部世界的和谐,没有侵略性",把夏威夷华人的一些特点融入到更大的美国传统当中,我们就能得到一个更加伟大的美国。因为这个国家提供给人类的不仅有技术知识,还有为全人类的和平与繁荣奠定坚实基础的社会架构[①]。

许烺光在心理人类学中的创举成为了研究中国人/海外华人,以及其他美国散居民群体的范例。例如,他的理论之一,人际关系本质上是为了满足"社交、安全和地位三种社会需求或其中的一种需求"[②],可用于研究散居民的身份认同建构。同样,美国亚裔心理学研究的前沿领域已经填补了这方面的空白。

社会心理学家尼斯比特(Richard Nisbett)通过认知比较实验证明,较之说欧洲语言的人,说亚洲语言的人思考和感知一个问题(或主题、

[①] Hsu, Francis L. K. [1953]1981. *Americans and Chinese: Passage to Difference.* 3rd edition. Honolulu: University of Hawaii. Pp. 52, 57.

[②] 同上书,第109页。

图像），在某种程度上同语境的关系更为密切。① 因此，我们知道美国亚裔在进行社会交往，表现其集体散居民身份认同的过程中，更为关心和考虑家庭与共同体的利益，而不是他们自己的个人利益。

（3）以过渡礼仪模式解读散居民群体的迁徙和被边缘化

阿诺尔德·范热内普提出的过渡礼仪模式是民俗研究的基础。邓迪斯认为这一模式对民俗学至关重要，他说："公允地讲，没有哪个民俗学分析的案例可以像这一经典研究一样对学术界产生如此之大的影响。"② 这个模式有助于我们理解地域迁徙和心理转变中一个美国亚裔群体的民俗：一个民俗群体的迁移是一种从身体和心理上的分隔，到边缘化，再到聚合进入新社会的过渡过程。他们的民俗在实际形式和符号形式上由日常实践组成，有助于建立不同阶段的群体身份认同。

人们通常将过渡礼仪模式理解为一种仪式过程和一种社会化过渡。如 20 世纪早期社会学和人类学研究中的"边缘人"（marginal man）概念，甚至不包括美国亚裔。然而，用这一模式研究散居少数民族的迁徙却很有意义且十分有用。事实上，根据范热内普的说法，过渡中的"边缘"或者"边缘性"，不仅是仪式层面的，更是身体/地域和社会层面的。因此，在注意到人们阐释过渡礼仪模式时失落的意义之后，我们必须意识到：一个民俗群体或个人经历了身体和心理两方面的"边缘"或"边缘化"，虽然这两种感觉未必相类，但这种边缘性不仅是仪式性的，也是社会生活中的现实。

在现代社会，大多数个人和群体经历的是一种线性过渡，而不是封闭社会中的循环式过渡。根据模式，边缘化的时间是过渡期中最长的，

---

① Nisbett, Richard E. 2004. *The Geography of Thought: How Asians and Westerners Think Differently... and Why.* New York: Free Press.

② Dundes, Alan. 2005. Folkloristics in the Twenty-First Century (AFS Invited Presidential Plenary Address, 2004), *Journal of American Folklore* 118(470): 385–408. P. 388.

对于散居民群体的大多数人来说，这往往是一个终身的过程。在这一过程中，个体需要抛弃他们自己的一些特定传统，并吸收某些来自其他族群的传统。正是这些有选择地维护传统、吸收新文化元素的实践，展示了何为群体和个人身份认同的核心。把这些实践分割成单一的符号行为，将其视为核心符号或随机符号，这对于通过一个散居民群体来研究民俗实践的意义上说，是方法论上必不可少的。

应用这一模式，我们有必要区别序列中的每种仪式，以便进一步认识在阈限阶段当中诸仪式之于最核心仪式的作用。这样做还有可能破译仪式和社会语境中那些礼仪的意义。毕竟，建构和重构身份认同本身就是过渡礼仪。

（4）辨析群体认同建构中的核心认同符号和随机认同符号

民俗研究在个体和群体层面就根本而言是一种身份认同。民俗学已经定义和重新定义了"我们与他们"，以之为群体对时空变化的回应。通过对实践者有意义的实践性行为和符号性行为，身份认同的建构过程创造和再造了社会人际关系网。

这些民俗符号和行为，包括语言特征（语言、方言或口音），着装风格，饮食习惯，仪式符号和信仰表达，都是认同符号。在这些符号中，实践者从他们自己的视角出发将一些符号视为对他们必不可少的核心符号；还有一些则是用于社会经济条件或环境需求的随机符号。核心身份认同符号对传统的过渡极其重要，它们的生命力体现了基本的信仰和文化价值。随机身份认同符号对于维持一种临时性身份认同的实践来说是有效和有益的，它的有效性源于社会文化语境的变化。

对民俗学家而言，科学辨别核心符号和随机符号的方法是把一系列的符号和行为分解成单一符号，而后在其文本的、互文的和语境的背景中研究每一个符号。任何复杂或抽象的理念都可以通过具体的行为表现出来。在看似混乱的人际"意义网"或者"朋友圈"中，我们可以将意义离析出来。就此而言，符号学方法对于信息和符号层之外的"第三种意义或不被明显感知的意义"①确有助益。然而，"甲之蜜糖，乙之砒霜"，所以在阐释身份认同符号时一定要谨慎。许烺光曾指出，美国人不理解中国人的行为，中国人可能同样不理解美国人的行为，这是因为他们有着不同的生活方式和文化价值。因此，"框架分析"②在研究散居民群体的社会经历时非常有用，我们应当避免将这些框架当作静态的场景来看待。能指–所指–意义之间的关系是动态的。身份认同符号是相对的和变化的，尽管核心身份认同符号的意义要比随机符号更为稳定。

辨别核心认同符号和随机认同符号也是为了理解民俗在传统传承和演变过程当中的作用。例如，一个世纪之前，美国亚裔的整个葬礼仪式过程简化为几个关键的礼仪，如为死者装扮、供奉祭品、焚烧纸钱，以及把死者的名字放在一个瓶子里（如把写有死者名字的一块布放进瓶子置于遗体旁边）。然而，随着社会经济条件的改善，一系列像别家礼（passing-home）的仪式和诸如昂贵的棺材、食物、丧服（上文提到的例子）等符号，以及音乐演奏（如旧金山的铜管乐队）都被重新创造出来。那些彰显基本信仰的符号，即使是在艰难的日子里也不可或缺，因此，它们是核心的认同符号。而那些随物质生活条件的改变而增补的则是随机符号，因为它们对于族群身份认同的理念而言并非必不可少。正如前文民俗认同部分所论，李亦园确定了三个中国人集体身份认同的"核心符号"，同时表明其他诸如衣服、言语或宗教（在严格的意义上）等符

---

① Barthes, Roland. 1985. *The Responsibility of Forms: Critical Essays on Music, Art, and Representation*. Trans. Richard Howard. New York: Hill and Wang.

② Goffman, Erving. 1974. *Frame Analysis: An Essay on the Organization of Experience*. London: Harper and Row.

号则是随机认同符号。①

核心符号和随机符号并非静态的，而是动态的。从局内人的视角来看，它们在个体和群体两个层面都有意义，但即使是局内人也不一定能认识到不同符号的作用。有时候，局外人认为是"核心"的对于局内人可能并非"核心"。例如，在公众看来，"左宗棠鸡"或"杂碎"可能是美国华裔烹饪的核心，但对中餐馆的工人来说，虽然可能把这些菜肴作为广告营销的策略，却不会认为它们是自己日常饮食的核心。同样，公共展演中的节日建构也包含两重符号：一是隐藏在其他符号之下的基本信仰符号，一是方便外来参与者的随机符号。近些年来，由于社会政治的变化，美国华裔共同体已具有足够的影响力去改变市议会的提案（如变更华人街区当中某些街道的名称等），该群体的影响力通过改变市议政厅的决定而日益提高，而过去，这一共同体在社会和政治事件中完全没有发言权。

（5）辨别传统传承中生命力和有效性

民俗是一个变化中的过程，文化在此间被描述，被传播。在这个变化的过程中，实践者的选择权决定了他们保留什么，抛弃什么。然而，让实践者决定吸收或遗弃一种传统或文化因素的又是什么？是实践者自觉的选择还是仅仅迫于情势？这些实践者是根据传统对他们群体身份认同的临时有效性和生命力来进行选择的吗？或者，他们注意到了这些差别吗？研究特定社会政治语境下某一散居民群体迁徙中的传统传承与演变时，这些问题非常有意义。

辨别一种传统在其文化语境下的有效性和生命力对于此间讨论的方法来说至关重要，因为正是传统中民俗元素的有效性和生命力决定了它们的延续或中断。生命力在于核心文化价值，它关乎精神生活，且相对

---

① Li Yih-yuan. 1995. Notions of Time, Space and Harmony in Chinese Popular Culture. In *Time and Space in Chinese Culture*. ed. Junjie Huang and Erik Zurcher. Leiden: E. J. Brill. Pp. 383-398.

稳定；有效性在于实际需要，它是唯物论的和可变的。因此，核心价值通过核心符号得以彰显，可变元素则是随机符号的反射。

当一种民俗传统的生命力超出其同时期的有效性时，它将继续保持原有的形式，但当它的有效性非其生命力所能实现时，它将变成其他形式以便存续。实践者经常需要为有效性做出选择，却不一定能在实践中意识到其生命力。当实践者感到有"必要"实践一种传统并且不仅仅是出于物质性的目的时，那么很有可能，这一传统对于该族群是"有意义"的，是他们身份认同的核心。随着越来越多的学者如民俗学者参与到民俗研究中来，民俗传统生命力的意识得到了强调，因此，日益增多的实践者开始选择通过强调传统的生命力的方式去维持传统，因为生命力是身份认同的关键。

就此而言，每种文化传统都有其独特的基本信仰和文化价值。中国文化植根于对灵魂不朽、天人合一和儒家伦理的信仰。美国华裔大多继承了这些兼容性的信仰与价值，但也吸收了基督教和其他的文化价值。这样，美国华裔的文化，作为第三文化，已经在与周围人的和睦相处中，通过保有自己文化的生命力和有效性，展现了这一文化的独特性。

（6）第三文化

将一个散居民群体的文化视作第三文化是对文化杂糅过程的认识，在这一过程中形成了新的文化。它也现实地关注日常层面小群体实践中的民俗，以免产生这样的成见——认为美国华裔的民俗或文化只是一种族群的母国文化和所谓的美国文化的简单组合。显然，美国华裔文化中融合了很多文化元素：不同社会和历史背景的族群（如直接或间接至美国）实践的"中国文化"（其本身是族裔性和文化的混合物）；同美国国内外其他族群的多文化互动中吸收的其他文化元素；通过异族婚姻、跨文化收养以及市场的日常实践活动被转变的诸文化元素。

第三文化发展其自身的传统和文化特质，反而要通过新的符号来表达，这些新的符号强化了族群新的身份认同。这个群体的每一个人已经形成了他们自己的语言风格或言语习惯（如，笑话、俚语、谚语或"中式英语"）、着装风格、饮食、家庭价值观、信仰和行为、关于起源的传说（通过迁徙）以及民间叙事。他们甚至会有自己的社会空间，如教堂或寺庙、墓园、居住区。因此，"第三文化"指的是这种内在的动态过程的产物，它反映了一个散居民群体的独特性。然而，一个群体的名字必须由其内部成员来命名，而不应该由外人强加给它，局外人的陈腐论断会忽略群体内部的多元性。

杂糅化研究只是其中的一个例子，就像"不可通约的隐喻"一样。在新近的《作为文化创造力的杂糅化》一书的绪论中，编者指出"杂糅化是进行中的文化创造力"，所以"'杂糅化'这个概念可以在观念上让我们从'固化的'或'已完成'的文化产物的理解中解放出来，无论它是杂糅的还是纯粹的"[①]。民俗学家罗杰·亚伯拉罕（Roger Abrahams）指出"杂糅化是一种具有不稳定性的融合过程"[②]。在早期的相关研究中，亚伯拉罕着眼于美国白人效仿印第安人和奴隶的历史，这些"白色的印第安人"在公共领域保留和创造了新的传统。他注意到此前在回答"这一独特的自觉的民族文化如何形成"这一问题时所遭遇的失败；质疑为什么设计文化和社会区隔的模式时，这种"礼物馈赠"式的"文化转移"已经在美国生活中作为一种核心作用出现，且充满焦虑和矛盾；质疑是什么"文化装备"使这种"融合"成为可能。的确，"民族模仿"（ethnomimesis）曾是民俗学家的一个议题。[③]

---

① Baron, Robert, and Ana C. Cara. 2011. Introduction. In *Creolization as Cultural Creativity*, ed. Robert Baron and Ana C. Cara. Pp. 3–19. Jackson: University Press of Mississippi. Pp. 3–4.

② 同上书, Roger Abrahams, 2011, P. 285。

③ Cantwell, Robert. 1993. *Ethnomimesis: Folklife and the Representation of Culture*. Chapel Hill: University of North Carolina Press.

第三文化标志着文化整合和创造的结果，并显现出探索和理解人类实践的过程。在研究身份认同和民俗时，"第三文化"需要一个（或多个）比"美国亚裔"更好的命名。事实上，一些局内人已经开始努力为他们自己寻找更好的名称。美国亚裔和其他群体，一直在努力摆脱他们先前的名称中"美国-亚裔"之间的连字符。即使在"美国华裔"（Chinese Americans）中，"华裔美国人"和"美籍华人"（"Chinese American" and "American Chinese"）之间也有差别。在一些特定的指涉中也有一些专门的名称，如大学生中的"ANZ"或"anz"（带口音的"Asian"），或者流行文化中的"Amasian"。

美国亚裔开始建构他们自己的"起源神话"、故事、笑话和其他民俗学体裁作为他们重构身份认同的一部分。这些努力表明，美国亚裔已经克服或超越了"寄居者"的心态，现在，他们对"公民"心态感到满意。中国的俗语简洁地概括了这一转变：从"落叶归根"到"落地生根"。

在创造出合适的取代散居民的名称之前，"第三文化"这一概念提醒我们美国亚裔的文化是多样的、不断变化的和可以再创造的。或许这个概念化的过程比接受一种确定的命名更有意义。

第三文化的创造性和连续性是后代的选择。因此，世代的身份认同和其他问题仍是我们将要面临的难题。世代的身份认同（包括性别方面）对于研究民俗和身份认同的学者，以及对于群体内部的新生代而言都是一种新的挑战。随着拥有混合的祖先、语言、地区和宗教起源的新生代人口的增多，这个问题益发值得关注。华裔美国人民俗群体曾经历一些刻板的定位，他们被视为淘金客、苦力、洗衣工、铁路工人、餐馆老板、工程师以及唐人街/飞地，被描绘成中国女佣、"傅满洲"、"陈查理"和"李文和"。现在，功夫电影明星（李小龙、成龙和李连杰）、体育明星（姚明、林书豪）、分数至上的虎妈和参政者（如国会参众两院男女议员）等混合形象正在重塑"典型少数族群"的刻板印象。从日常实践到心态，拥有独特文化、民俗的华裔美国人群体已经扎下根来，成为美国社会和文化的一部分。

总之，人们越来越意识到亚裔美国散居民民俗在美国社会文化发展中的重要意义，民俗学者必须寻求合适的方法去搜集、归类并研究这些民俗实践。美国亚裔作为散居民群体，曾在历史上遭受排斥，时至今日仍然被视为"他者"。如果运用上文提到的观点，通过他们通常实践的民俗或通过他们的民俗认同来研究这些群体，我们会很快意识到他们的民俗是美国民俗不可分割的一部分；唯此，我们才能关注这些族群所创造的新的"第三文化"。

二、全球化时代的"人研究人"

1. 亚民俗：民俗研究中不可忽视的学者个人角色

民俗学者了解和阐释的不应该只是"他者"，而同样重要的是去关注"自己"，讲述自己的故事。毕竟，民俗学者也是"民"（folk，即广义的"人；民众"people），正如乔治斯和琼斯（Michael Owen Jones）曾提出的，民俗学研究是"人研究人"[1]，所以，民俗学者有必要"记录我们自己"[2]。这也是构建一个学科共同体的必要和有益的一部分。

我们有理由相信，作为学者，只有建立在共同认可的概念和逻辑上，才可能有学术对话；只有建立在互相了解世界观和价值观的基础

---

[1] Robert Georges and Michael O. Jones. 1980. *People Studying People: The Human Element in Field Work*. University of California Press.

[2] 谢尔曼：《记录我们自己》，张举文等译，华中师范大学出版社，2011。

上，才可能有和谐的交流；只有建立在平等基础上的交流，才可以有助于人类文化的多元发展。民俗学正是因为关注不同文化传统，鼓励和协调人类文化的多元交流，才成为"人文研究的核心"①。

"亚民俗"这一概念首先由邓迪斯提出和使用，它"指的是有关民俗的民俗学评述"②。他强调的是对有关民俗的"评论"，而不是有关的"思想"或"概念"等层面的意义。③ 当然，这个概念可以被理解为"有关民俗的民俗"，并作为"口头文学批评"研究"文本""亚文本"和"语境"的重要定理。半个世纪过去了，虽然邓迪斯这个概念被偶尔提到，但这个概念没得到足够的重视，尽管这个概念对民俗学的分析方法有着"极大的推进意义"④。

作为民俗研究的必要部分，亚民俗体现的是学者对所研究的民俗的一种"宏观"影响。在具体的民俗事项研究中，亚民俗的意义和作用体现在各自的概念上，例如，在"言语/说话民族志"⑤的研究中的"亚语言"（metacommunication），在叙事研究中的"亚叙事"（metanarrative），在影视与民俗研究中的"影视民俗"（filmic folklore）⑥，等等。其实，这

---

① Wilson, William A. 1988. The Deeper Necessity: Folklore and the Humanities. *Journal of American Folklore* 101(400): 156-167. P. 158.

② Dundes, Alan. 1966. Metafolklore and Oral Literary Criticism. *The Monist* 50(4): 505-516. P. 505.

③ Limón, José E. 1983. Legendry, Metafolklore, and Performance: A Mexican-American Example. *Western Folklore* 42(3): 191-203. P. 191n.

④ Tangherlini, Timothy R. 2005. Alan Dundes (1934—2005). *Folklore* 116(2): 216-219. P. 218.

⑤ Hymes, Dell. 1964. Introduction: Toward Ethnographies of Communication. *American Anthropologist* 66(6): 1-34.

⑥ Zhang Juwen. 2005. Filmic Folklore and Chinese Cultural Identity. *Western Folklore* 64(3/4): 263-280；文中译本可参见张文举著，桑俊译："影视民俗与中国文化认同"，《温州大学学报》2011年第2期。

些都是对民俗活动中的"亚文本"(texture)[①]和"承启关系"或"语境"(context)[②]的强调,是"表演论"(performance-centered)[③]关注的,也是早期学科以"文本"为核心的范式所忽视的。但是,还有必要将这种"承启关系"从表演本身扩大到更广泛的社会和文化以及历史的"承启关系"当中[④]。这便是"亚民俗"所包含的意义。

在此,我们借用并扩延这个概念,用"亚民俗"指那些民俗活动的参与者(实践者和研究者)有关自己所参与的活动的感受和反思的交流,从而使自己的行为和思想不仅成为研究该民俗传统的必要语境成分,而且也成为该民俗传统的传承机制的一部分。其实,民俗传统传承的规律始终是:(各种)参与者本身就是在传承中创造新的传统。虽然可以说没有民俗研究者的参与,民俗活动会以其自身的规律延续,但是,一旦有了研究者的参与,该民俗传统所受到的外力影响就决不可忽视。曾几何时,研究者把"自己"与所研究的对象分隔开来,形成了一个"民族志"风格的时代,而那也正是"写文化"[⑤]所批判的、缺失"自我反思"的殖民时代的学风。说白了,那就是学者不把自己当作"民"的做法。

[①] Dundes, Alan. 1980. *Interpreting Folklore*. Bloomington: University of Indiana Press [First published in *Southern Folklore Quarterly*, 1964];该书中译本可参见邓迪斯:《民俗解析》,户晓辉译,广西师范大学出版社,2005。

[②] 参见,张举文编译:《民俗学概念与方法:丹·本-阿默思文集》,中国社会科学出版社,2018。

[③] Bauman, Richard. 1977. *Verbal Art as Performance*. Waveland Press;该书中译本可参见理查德·鲍曼:《作为表演的口头艺术》,杨利慧、安德明译,广西师范大学出版社,2008。

[④] 参见,张举文编译:《民俗学概念与方法:丹·本-阿默思文集》,中国社会科学出版社,2018。

[⑤] Clifford, James and Marcus, George E. eds. 1986. *Writing Culture: The Poetics and Politics of Ethnography*. University of California Press. 该书中译本可参见詹姆斯·克利福德、乔治·E. 马库斯编:《写文化》,高丙中等译,商务印书馆,2006。

无疑，理性的学术交流与感性的人情世故及其社会背景是不可分隔的。学者之间在非观点问题上的交流也是基于理性的和对人的全面认识的。民俗学作为学科不论在中国还是在美国都已有百年历史了，但是，直到1980年代，中国民俗学界一直是以翻译"文本"来"引进"各种理论方法。而在此后三十多年中，中国民俗学者开始"请人"和"交朋友"。由此而获得的不仅是一份"人情"，而更重要的是对一种思想观点的来龙去脉的全面了解，再也不是干巴巴的文字了。同时，他们也开启了"走出去"的时代。这期间，中美民俗学者有了日益加深的交流。从中，也许中国方面对美国方面的影响才刚开始，但是，美国方面对中国方面的影响可以说难以衡量，无论是在教材的编写、学科理论和方法的构建，还是在中国民俗学会和民俗学者的日常行为上。总之，经过面对面交流之后的学术观点对其个人和学科的影响有时是难以做量性评判的，但会点点滴滴浸入整个世界观和学术观的演变和发展中。因此，关注亚民俗将有益于对学科发展的历程的认识和反思。

2. 中美民俗研究交流史上的几个节点

从1980年代起，中美民俗学交流进入了一个新阶段。而在进入21世纪后，更是走上了前所未有的新时代。在多个层面都充分体现了双方交流的密度、频度和深度，例如，两个学会的互动，学者个人之间的交往，高校民俗学项目点之间的交流，双方召集和参与的各种会议的规模，以及双方的出版物中有关题目的文章数量，等等。的确，中美民俗学交流开始了全面和健康的发展。但是，有必要将这三十多年中美民俗学者的交流置于更大的历史背景下来认识，因为中美民俗学交流也反映了中外民俗学交流的大趋势。

（1）"去中国"时间线上的几个重要节点

将马可·波罗（Marco Polo, 1254—1324）在 13 世纪所讲述的故事作为"西方"（指欧美）对中国民俗生活的兴趣的开始似乎是可行的。在其后的两个世纪里，那些故事激发了无数幻想和历险，最终开启了一个新的时代：传教士与中国。最突出的当然是利玛窦（Matteo Ricci, 1552—1610）。他在中国的经历，包括他的日志，通过在欧洲的出版，掀起了基督世界对中国传教的高潮，但最终也引发了中国皇帝与梵蒂冈教皇的互不妥协，导致了此后三百余年的"礼仪之争"。传教士们对中国的记述对西方产生的思想影响，包括对哲学家和数学家莱布尼茨的影响，也是不可忽视的。而今天在北京的数百个耶稣会传教士的墓地似乎还在讲述着那个时代的故事。到了 19 世纪，以理雅各（James Legge, 1814—1897）为代表的许多传教士翻译了大量的中国古代文献，包括《诗经》（两千多年前民歌搜集的典范）。当然，那些经过文人整理的民间文学和诗歌也同样激发了西方的想象。例如，唐朝的诗歌就激发了音乐家马勒（Gustav Mahler, 1860—1910）的创作（如《大地之歌》），进而影响了西方音乐自身的发展。

那些更直接描述中国民俗生活的著作对西方形成有关中国的定式思维起了至关重要的作用。这个时代的代表性人物及其作品是美国传教士明恩溥的《中国人的人性》（Chinese Characteristics）和《中国的农村生活》（Village Life in China，或译作《中国乡村生活》）。有趣的是，前一本书近些年出现了多个中文译本，例如，《中国人德行》《中国人的性情》《中国人的气质》《中国人的性格》。在此，需要指出，大量的传教士对中国民俗生活的描述和阐释的确有其客观描述的一面，但我们有必要去想想那些信息是从哪里来的？是普通百姓吗？也必须注意到其描述和阐释的动机是什么？是对多元文化的平等认识吗？反之亦然，一百多年前有关中国的各种故事传说和记述这些年来不断翻印，在英文世界里继续对儿童和大众产生极大的影响。① 这也正是我们今天特别关注的问题，即文化交流和学术交流中的出发观点，以及话语权问题。

直到 1930 年代，非传教士的记录，或者说学者式的研究才开始出现，当然，这并不意味着传教士式的（思想）模式的彻底结束，因为其影响还很大。这也是今天的中国在努力的方向：从被内化的"殖民"心态中走出来，发现自己的文化之根，重建文化自信。

从民俗学意义来说，美国的"民俗学者、汉学家"② 詹姆森（Raymond D. Jameson, 1896—1959）于 1920—1930 年代到中国的学术交流（例如，在北京国立清华大学担任教授，1932 年发表《中国民俗三讲》等）开启了美国民俗学者到中国进行民俗学研究和交流的新时代。③ 尽管之前美国的卡林（Stewart Culin）对中国的游戏民俗很关注，但他的研究主要是基于对美国的华裔群体的考察，只到中国搜集过一些博物馆藏品。在 1930 年代中期，艾伯华（Wolfram Eberhard, 1901—1989），作为从德国移民到美国的民俗学家，对中国民间故事开展了田野调查，并在此后开始研究中国文化④，这些做法不仅影响了美国民俗学界，也培养了一批对中国古代文化思想有深刻研究的学者。

从 1940 年代到 1970 年代，世界性的战争和中国的特殊历史阻隔了中国学者与外界的交流，也阻碍了内部的学科建设。值得一提的是短暂但有意义的期刊——《民俗学志》（*Folklore Journal*）。该刊

---

① Fielde, Adele M. ed. 1885. *Pagoda Shadows: Studies from Life in China*. Boston: W. G. Corthell; 1894. *A Corner of Cathay: Studies from Life among the Chinese*. NY: Macmillan & Co. Pitman, Norman H. 1910. *Chinese Fairy Stories*. NY: Thomas Y. Crowell; 1919. *A Chinese Wonder Book*. Illustrated by Li Chu-T'ang. NY: E. P. Dutton & Co.

② Greenway, John. 1960. R. D. Jameson (1895-1959). *Western Folklore* 19(3): 153-154. P. 153.

③ R. D. Jameson. 1932. *Three Lectures on Chinese Folklore*. Peiping: The San Yu Press.

④ 艾伯华：《中国民间故事类型》，王燕生、周祖生译，商务印书馆，1999 年。

1942年由德国人叶德礼（Matthias Eder, 1902—1980）神父创办。由于战争，该刊物几年后便搬到了日本，后来改名为《亚洲民俗研究》（*Asian Folklore Studies*），再后来成为现在的《亚洲民族学》（*Asian Ethnology*）。该刊物激发了一批中国学者（包括赵卫邦[①]等）去关注中国近代民俗学的发展。

直到1980年代，中国的大门才真正地打开，中国民俗学者和世界各地的民俗学者才有机会进行交流，包括从其他学科角度来关注民俗学。例如，研究中国俗文学的白素贞（Susan Blader）较早来到中国，与北京大学的汪景寿和段宝林等学者交往，跟踪记录金声伯和孙书筠等曲艺家的表演。类似的还有马克·本德尔（Mark Bender）和苏独玉（Sue Tuohy）。再如，丁乃通在1978—1985年四次受邀访问中国，邓迪斯在1990年来到中国，2000年，格拉西（Henry Glassie）也访问了北京大学。这些美国民俗学者推动了中国民俗学者对故事类型、神话的研究。[②] 他们带来的不仅是学术思想，更是一份平等交流的心态。同时，中外学者之间开始了不同程度的交流。

（2）"留学海外"时间线上的几个重要节点

在此无须赘述中国历史上"走出去"的民俗文化交流历史，而只需几个例子就足以说明民俗交流的丰富多彩。从两千多年前的"徐福东渡日本"的故事，到唐朝（618—907）的鉴真和尚在日本建立"唐招提寺"和玄奘去西天取经，再到明朝（1368—1644）的郑和下西洋以及之

---

① Wei-pang, Chao. 1942. Modern Chinese Folklore Investigation（中国近代民俗学研究概况）. Part I. The Peking National University. *Folklore Studies* 1: 55-76; 1943. Modern Chinese Folklore Investigation（中国近代民俗学研究概况）. Part II. The National Sun Yat-Sen University. *Folklore Studies* 2: 79-88.

② 丁乃通：《中国民间故事类型索引》，孟慧英译，春风文艺出版社，1983。

后的几个世纪的大批"下南洋"移民,再到19世纪到达美洲的"苦力"劳工,直至今天持续的"留学"和"小留学生"浪潮,中国的民俗生活与移民一起融入了各国文化之中,同时也反射回中国,影响着今天中国人对自己的传统的认知和传承。

其实,"民俗"一词,虽是汉字,但也是在日本文化的概念化之后再被中国精英引介到中国的术语。那也正是20世纪初中国精英们发现可以救国的"民族主义"及其最佳载体的"民俗"后,所极力要灌输到国民教育中的思想。(这与今天的"非遗"浪潮有许多相似点。)这也说明了"民俗学"何以诞生于北京大学这样的精英教育机构的原因。曾经担任北京大学校长的蔡元培(1868—1940)就对欧洲民族学情有独钟,因而鼓励北京大学的民俗歌谣运动,并在全国展开了"走向民间"的活动。留学美国的吴文藻(1901—1985)对"社会学"的关注,以及江绍原(1898—1983)从美国留学归来后对"迷信"等民俗的关注,都成为当代中国民俗学的根基。

20世纪的前三十年里,中国知识分子在爱国救国的追求中,将"民族主义"和"民俗学"与"社会学"和"民族学"一同介绍到中国。紧接着,欧洲的浪漫主义思潮与美国的实用主义思想都影响了此后一个世纪的中国社会和人文学科的思维范式。当时,一批精英留学欧洲、美国和日本,不断翻译引介新的思想。例如,日本的柳田国男的民俗学思想就被介绍到中国。欧洲"进化论"和"自繇(由)"等思想也被严复介绍进来。[①] 许多民俗学著作也被翻译介绍到中国。从事这些工作的几乎都是留学海外的知识分子。例如,留学菲律宾的林惠祥译介了英国的博尔尼(Charlotte S. Burne)所著的《民俗学手册》;留学法国的杨堃译介了范热内普的《过渡礼仪》;周作人和刘半农等译介了丹麦的安徒生

---

① 穆勒:《群己权界论》,严复译,商务印书馆,1903。

童话；周桂笙和魏以新等译介了德国的格林童话；等等。这期间的一个特点是针对文本的互动，而不是面对面的互动。

这期间，几个重要的节点是：1922年在北京大学创刊的《歌谣》周刊，1928年在中山大学创刊的《民俗》周刊。随后，在几个大学都出现了类似"民俗学研究会"的组织。另外还有上面提到的《民俗学志》。这些刊物和组织鼓舞着一批中国民俗学者在艰难的战乱期间继续坚持做民俗调查，不仅积累了珍贵的民俗记录，更延续了民俗学这个学科。

这些历史的积淀也使得1980年代中国民俗学的重建如雨后春笋一般迅速成长。从此开始了中国民俗学者与国外民俗学者面对面交流的时代，越来越多的学者走出国门，首先是与日本和欧洲，特别是北欧的民俗学界展开交流。但是，直到2006年，中国民俗学会会长刘魁立率领代表团首次赴美参加民俗学会议，才正式建立了与美国民俗学会的机制化交流。随后，在2007年，双方学会进行了互访，开启了多方位的互动。

（3）开启真正的民俗学交流，展望更丰富多彩的未来

正如前面所述，良好的学术交流要基于平等的人与人的交往；对一个学者个人的了解和对其理论思想的了解同样有意义。可喜的是，这样的新时代之门已经打开。例如，在过去的三十多年里，中国建立了几十个民俗学硕士和博士学位点，其中的每一个学生都可以轻易说出他们所了解的十几个甚至更多的美国民俗学家的名字及其思想。但是，美国方面对中国同行的了解则无法与此相比。这一点美国同行也有所注意或呼吁。比如，在美国各个民俗学学位点中，有关中国或亚洲的民俗课程寥寥无几。罗伯特·巴龙（Robert Baron）在他2008年第一次到北京与中国民俗学者进行交流时便感叹道："在这儿，民俗学者在探讨高深理论，从事的是批评民俗学，而很不幸这些还没被翻译到美国。鉴于近年民俗学理论匮乏，中国民俗学者的理论概念需要被介绍到美国。"

第十讲　全球化时代的散居民民俗与亚民俗研究

对中国民俗学者来说，真正的学术交流是在建立了自己的根、体现出自己的特长之后而进行的平等对话。中国民俗学者通过近三十年来对自己传统的自觉，吸收了来自不同学科和理论背景的思想，并通过"非遗"运动，展露出自己的学科生机。而美国民俗学在近年来与中国的交流中也已经获得了很多新的力量。例如，越来越多的民俗学学科点开始有来自中国的学生和访问学者，各种学术会议都有来自中国的案例分析和观点，这些无疑都有助于开拓美国民俗学者的视野，也同样有助于中国民俗学者成为有国际视野的新型学者。

在此，我们可以用邓迪斯基于他的中国经历所提出的希望来看看我们所取得的成就和以后要走的路。当然，丁乃通在多次面对面和书信的交流中也表达了类似的感受，并为他自己能帮助培养新一代民俗学者和参加翻译交流而感到欣慰。

邓迪斯从 1990 年的中国行回到美国后不久便在《美国民俗学会通讯》上以"有关中国的民俗研究"为题呼吁学会成员以邮寄民俗学出版物的方式帮助中国同行了解外界。他写道："在中国，我们所见过的许多民俗学者和学生给我们留下深刻印象。他们极其渴望更多地了解欧美的民俗理论与方法……我希望美国民俗学者能够给他们寄些书籍，我敢肯定，他们会很感激的……很难表达他们是多么如饥似渴地盼望更多地与西方接触……我之前根本没意识到在中国有那么多活跃的民俗学者……"

他简单描述了他所访问的三个民俗学点及所会见的学者：华中师范大学的陈建宪（当时翻译了邓迪斯的《世界民俗学》）；北京师范大学的张紫晨和钟敬文；华东师范大学的陈勤建和上海文联的吴宗锡。同时也提供了三个民俗学点的地址。他强调道，"美国民俗学会会员捐赠书籍的慷慨之举定会受到他们的赞赏"。那时，互联网在美国刚开始使用，在中国还不为人所知。

他在 1990 年写给《世界民俗学》的中文版序言中说，"民俗学研究已逐渐成为一个跨学科和国际性的领域"[1]，而在2005年《民俗解析》的中文版序言中则特别强调了"民俗学（有关民俗的研究）真正是一门国际性学科"[2]。在1990年，邓迪斯感到遗憾的是"中国的民俗学家至今还没有参加民俗学研究方法的国际间协作，同时欧美民俗学家也不知道中国民俗学家们所取得的成就"。大约十年后，邓迪斯依然在期待着，"中国民俗学家们做两件事情。首先是就相互感兴趣的话题更主动地参与到民俗学家的国际对话中去。其次是从民俗的收集和记录转移到分析和解释的批评场域"。在两个序言中，邓迪斯都提到，中国民俗学者要以芬兰和爱尔兰民俗学者为例，要"发表两次"自己的成果（即用母语和一种外语各发表一次）以便有更多的读者。同时，他感叹道："可悲的事实是，西方民俗学家们相对极少有向中国民俗学研究的世界敞开的窗口。"

倘若邓迪斯看到今天中外民俗学者之间的交流，他一定会感到些许欣慰，但他一定还会希望我们的交流从广度向深度发展。今天，我们面对面和借助互联网的交流已经成为日常。我们在"搜集"的同时走向"阐释"，我们还要确知我们的世界观与方法论出自哪里，要让我们的心态直面目标：在相互分享文化与观点的过程中互相学习，做到平等理解和尊重。

进入21世纪，中美民俗学交流从个人或单向的交流转向了机制性和多向性的互动。双方的民俗学会无疑至关重要，但学者们的个人努力也是必不可少的。这其中便有着无数有趣和有意义的"亚民俗"故事。同时，在国际性的学术交流中，中国学者的声音越来越清晰，观点越来越成体系。例如，2015年《亚洲民族学》的特刊是中美学者共同对中国

---

[1] 邓迪斯：《世界民俗学》，陈建宪、彭海斌译，上海文艺出版社，1990。
[2] 邓迪斯：《民俗解析》，户晓辉译，广西师范大学出版社，2005。

民俗学学科成长与成熟的反思[①]；2015年《美国民俗学刊》刊发了首个有关美国华裔和亚裔民俗的特刊[②]；2016年《美国民俗学刊》有关神话的特刊突出了中国的学术成果[③]；2017年《西部民俗》发表了有关中国"非遗"的特刊[④]。另外，还有中美学者合作的英文版的学术和普及书籍，如杨利慧、安德明、特纳合著的《中国神话手册》（2008）等。[⑤]

纵观一百多年来中国自身对民俗的研究，以及外界对中国的研究，一个明显的事实就是，中外交流中存在着两个不平等：一个是对自己和对别人在观念（包括理论）上的不平等；另一个是语言上的不平等。或者说，平等的交流应该是观念上的平等（对自己和对别人）和语言上的平等（用彼此能懂的语言或用对方的语言）。美国民俗学科的发展史也证明了它经历着从"向内看"转到"向外看"和"从外看"的过程。百年来，中美双方虽然在观念和语言这两个方面都有了很大的进步，但是，要达到真正的平等，各自都还有很长的路要走。可喜的是，双方对此开始有了共同的认识和同舟共济的追求。从中国民俗学角度来看，中美（包括中外）民俗学交流经历了这样几个（交叉或重叠的）阶段：1）从介绍引进到模仿套用；2）从研究译文到对面聊天；3）从请进来到走出去；4）从被翻译到翻译自己；5）从听者到说者；6）从追随到领头；7）从去中国特色到显中国特色；8）从眼光向外到眼光向内；9）从个别

---

① Li Jing. ed. 2015. A special issue on Chinese Folklore Studies toward Disciplinary Maturity. *Asian Ethnology* 74(2): 259-272.

② Zhang Juwen. ed. 2015. A special issue on the New Perspectives on the Studies of Asian American Folklore. *Journal of American Folklore* 127(510): 373-394.

③ John D. Niles. 2016. A special issue on the Living Epics of China and Inner Asia. *Journal of American Folklore* 129(513): 253-69.

④ Zhang Juwen and Zhou Xing. eds. 2017. A special issue on The Essentials and Potentials of Intangible Cultural Heritage in China. *Western Folklore* 76(2): 133-149.

⑤ Yang Lihui, An Deming and Jessica Turner. 2008. *Handbook of Chinese Mythology*. Oxford University Press.

交往到多重的机制化交流。当然，对中国学者来说，还有"向外看齐"（或"与世界接轨"）的倾向，因而容易忽略挖掘自身文化之根及其特色和优势，不利于构建符合自己文化实践的理论体系。

　　总之，在过去的十多年里，中美民俗学界的交流为各自的学科发展都注入了极大的生机。作为记录日常生活的学科，民俗学不仅要记录"他者"，也更要记录"自己"。因此，记录这十年来的学术会议，以及自己的学术发展历程，对双方民俗学今后的发展无疑会有益处。一个学科，如果没有对自己学科发展史的记录，就不是一个完整健康的学科。毕竟，民俗研究的本质是关于人研究人。

3. 全球化时代的民俗研究互动

　　仍然以中美交流为例，可以看出中国民俗学者与世界各国民俗学者交流的发展模式及其特点。其中，最突出的是中国民俗学界"从请进来到走出去"和"从追随到领头"的转折，或者说开始向平等合作迈出了第一步。此外，如同中国的其他现代学科，中国民俗学的发展历程始于对西方民俗学的翻译和介绍。那些零星翻译的文本，虽然都在不同程度上扩大了中国知识分子的视野，但毕竟有"管窥一斑"或"一叶障目"的现象。当然，西方早期对中国的了解也是通过传教士对中国儒家典籍的选择翻译，以及他们的日志札记等文本。无疑，那些札记文字中对中国人生活的展示不但是片面的中国人的生活和文化传统，而且更重要的在于这些片面的文本构建了历史的扭曲，产生了影响深刻而长远的"心理定式"（刻板印象）。显然，这样的事情在社会和文化的各个领域中都还在继续。

　　同样，中国对西方的了解也经历过类似的过程。对民俗学者来说，我们只需稍微考证一下这些词语的出现背景就可以明白中国人的民俗生活及其观念的演变历程:"洋人""洋鬼子""红番""鬼佬""外宾""外国人""老外",直到今天的"老美"和"老中"等词语在日常生活中的使用。而北京(还有一些其他城市)的"友谊商店"则记录了一段更扭曲的历史(其实只有三四十年而已):从只有"外宾"可进入、只有用"外汇券"才能购买的那些中国百姓买不到的商品,到"老外"和中国人都可以随便进入、用同样的人民币买任何其他地方都可以买到的东西。这难道不也正是中国知识分子所经历的变化过程吗?

改变这种局面的途径似乎只有大规模的面对面的交流。随着人类多元文化的多重互动,特别是学者之间的互动,这个问题正在发生历史性的转变,正朝着积极的方向发展,令人鼓舞。对中国来说,这个转变始于1980年代:中国民俗学得以重建,对外界的了解不再是"盲人摸象"了。

如果从民俗学学科的发展轨迹来看,中国与欧洲和美国的基本相同:出于浪漫民族主义思潮,由文学精英对"民间文学"的关注发展到对民间歌谣的搜集,后来再转到对物质生活和信仰行为的研究,直至今天对民众日常生活的探究。但是,对不同国家来说,这个历程中所经历的不同阶段的时间长短和学科领域的宽窄则各有特点。

从中美的民俗研究交流中可以看出,在1980年代,中国的民俗学基本还是民间文学的代名词,仍在从"文本"到"语境"的扩延中。例如,对故事类型、神话、母题等概念的深究。到了1990年代,新一代(即那时获得民俗学博士学位)的民俗学者开始对民间生活有了关注。而美国是在1970年代出现了"公共民俗"(或"应用民俗")部门,使民俗研究从学院扩延到了公共生活当中。那时兴起的"表演论"依然是以"口头艺术"为核心的。1980年代后才开始出现越来越多的对物质文化的研究。

在中国,近几年来以非物质文化遗产为中心的中国民俗学研究似乎极大影响了学科的走向。而在美国，因为没有受"非遗"的政治影响，学科相对及时地反映了社会的发展，但对日常生活的关注似乎越来越多，例如，族群问题、散居民的民俗认同以及当今以互联网为媒介的民俗活动，都体现了学科关注点的变化。

无疑，学科关注点的发展变化体现的是各个国家的不同政治和社会背景，以及对传统价值观的态度。从这个意义上说，中国民俗学者的实践似乎正在呈现出一条他们自己的路。这将有益于未来的交流，因为未来的世界民俗学发展将会是更多文化的、多国民俗学者之间更平等的、更日常的交流互动。

公共民俗学科发展的扩延，也是美国社会特定时代的产物。这也是民俗研究"回到民间"的必然，是具有"美国特色"的民俗学组成部分。经过几十年的努力，美国的公共民俗部分已经在全国形成了一个自上到下（从国家人文基金会到每个州的"公共民俗学者"专门职位，再到每个市镇的民间文化保护机构）的网络，利用国家和地方政府资助以及民间资源，从"文化保护"开始，一直在做着现在所谓的"文化遗产"的保护工作。以每年在首都举办的"民间生活节"为代表，推动了全国各地的与此类似的民间生活节庆活动，也促进了当地多元文化的互动。

在中国，一方面可以说"公共民俗"是一个新概念；另一方面也可以说中国的（即使是从新中国算起）各级文化部门，从国家的文化部到乡镇的文化馆站，已经是一个完整的公共民俗网络，一直在从事类似"公共民俗"的工作。特别是在过去的十多年里，通过"非遗"运动，具有"中国特色"的公共民俗得到了空前的发展。但是，中国的公共民俗更多的是在政策的实践层面上，还有待更丰富的学术理性和地方社区的支持。这也许是今后中国民俗学特别需要关注的方面。当然，以中国民俗学会为代表的中国民俗学者利用2005年的学术会议，使得中国政府对国家的节日体制做出了改变，这无疑是学术和公共民俗巨大成就的例证。而目前数千个不同级别的非遗项目无一不包含着民俗学者的努力。

最后，除了越来越多的个别学者之间的交流外，从单向离散的到双向机制化的交流逐渐成为"新日常"，这也是中外民俗学交流的特点。中美（中外）民俗学交流已经从过去的个别交往走向机制化，并是多方位、多层次的机制化。这其中体现的是中国民俗学在趋于成熟，展现出特色，从模仿者到思想者，从跟随者到引领者。越来越多的中国民俗学者走向世界，或是通过在国外的学习然后回到中国工作（或是留在国外工作），他们都在为中国民俗学的发展与对外交流发挥着重要作用。反过来看，美国民俗学会也起了关键性作用。美国民俗学者对中国的兴趣越来越大，越来越多的人到中国考察或做研究。美国的刊物也在越来越多地发表来自或有关中国民俗的文章。显然，双方的交流愈加频繁、广泛和深入。我们有理由相信，日趋成熟的交流将为双方带来更健康的学科发展，这不仅体现在形式上的多样和丰富，更重要的是体现在观念上的自信和平等。这将是世界民俗学交流的新日常。当然，中国民俗学者还需要继续扩大全球化视野，更多地参与国际交流，使用双语发表自己的成果，系统翻译学科文献，将国际交流常态化。

附录　常用民俗学术语中英文对照表

Anecdote	轶事	Children's literature	儿童文学
Animism	万物有灵论	Citylore	城市民俗
Applied folklore	应用民俗	Communication	交际；传媒
Archetype	原型；母型	Community	共同体；社区
Art	艺术；艺术品	Computational folklore	计算民俗
Artifact	人造物；手工品	Contagious magic	接触巫术；感染巫术
Artistic communication	艺术性交际	Context	语境；承启关系；上下文
ATU Index	ATU 故事类型索引（发源于 AT 故事类型索引）	Cosmology	宇宙观
Authenticity	本真性	Costume	服装；演出服
Ballad	歌谣	Crafts (handcrafts)	手工艺品
Bearer	传承人（者）	Cultural heritage	文化遗产
Belief	信仰	Custom	习俗
Bodylore	身体民俗	Dance	舞蹈
Carnival	狂欢节	Diachronic	历时性
Ceremony	典礼；仪式	Diaspora; diasporic	散居民（的）
Children's folklore; Childlore	儿童民俗	Digital folklore	数字民俗
		Discourse	话语；对话

Display	展示	Exoteric factor	局外因素
Divination	占卜；预测	Explanation	解释
Documentary (film)	纪录片	Expression	表达（法；语）
Drama	戏剧；戏曲	Fable	寓言
Egocentric	以自我为中心的	Fairy tale	童话
Emic view	主位观点	Fakelore	伪民俗
Epic	史诗	Family clan	家族；氏族
E-sports	电竞；电子竞技游戏	Family folklore	家庭民俗；家俗
		Festival	（传统）节日
Esoteric factor	局内因素	Fieldwork	田野；田野工作；实地调查
Ethnic genre	本族类型		
Ethnic humor	族别幽默笑话；民族幽默笑话	Filmic folklore	影视民俗
		Folk art	民间艺术
Ethnic identity	族群认同	Folk belief	民间信仰
Ethnicity	民族性；民族特征	Folk craft	民间手工；民间工艺
Ethnocentrism	民族中心论	Folk dance	民间舞蹈
Ethnographic film	民族志影视	Folk drama	民间戏曲；民间戏剧
Ethnography	民族志；民俗志		
Ethnography of speaking	口述民族（俗）志；言语民俗志	Folk group	民俗群体
		Folk literature	民间文学
Ethnology	民族学	Folk music	民间音乐
Ethnomusicology	民族音乐学	Folk narrative	民间叙事
Etic view	客位观点	Folk religion	民间宗教
Event	事件	Folk rhyme	民间谣谚
Evolutionism	进化论	Folk song	民间歌曲；民歌

Folk speech	民间话语；民俗言语	Gesture	姿势；手势
		Gossip	传话；传言
Folklife	民俗生活；民间生活	Group	群体
		Handcrafts	手工品
Folklore	民俗；民俗研究	Healing	（传统）疗法；治疗
Folklore film; folkloric film	民俗影视；民俗影像		
		Heritage	遗产
Folklore museum	民俗博物馆	Historic-geographic method	历史地理（派）方法
Folklore performance	民俗表演		
		Humor	幽默
Folkloric identity	民俗认同	Identity	认同；认同感
Folklorism	民俗主义	Identity, collective	集体认同
Folkloristic film	民俗学影视；民俗学影像	Identity, group	群体认同
		Identity, personal	个人认同
Folkloristics	民俗学	Identity, individual	个体认同
Folklore studies	民俗研究；民俗学	Identity, national	国家认同
		Identity, ethnic	族群认同
Folktale	民间故事	Identity, cultural	文化认同
Foodways	饮食民俗	Ideology	意识形态
Formula	程式	Incest	乱伦
Function	功能	Index (tale type; motif)	（故事类型；母题）索引
Functionalism	功能主义		
Funeral	丧葬礼		
Games	游戏；竞技；运动会	Insider	局内人
		Intangible Cultural Heritage (ICH)	非物质文化遗产（非遗）
Gender	（社会）性别		
Genre	民俗类型；文学体裁	Interaction	互动

Internet-lore; Internet folklore	互联网民俗	Meta-narrative	亚叙事
Interpretation	阐释	Midwife	助产士；接生婆
Item	事项；项目	Motif	母题
Joke	笑话	Motif index	母题索引
Kinship terminology	亲属称谓	Multiculturalism	多元文化主义
Legend	传说	Myth	神话
Life-cycle rituals/rites	人生礼仪	Mythology	神话集成；神话研究；神话学
Liminal rites; liminality	（过渡礼仪）阈限礼	Narrative	叙事
Literary apporach	文学方法	Narratology	叙事学；叙事研究
Local drama	地方戏曲；地方戏剧	Narrator	叙事者（人）
Local identity	地方认同；本地认同	Native	本土的；土著的
		Native identity	本土认同
Lore	俗；俗识	Nativism	本土主义；地方主义
Magic	巫术	Norm	常态、常规；行为规范；社会规范
Magic, white	白巫术		
Magic, black	黑巫术		
Magic, sympathetic	感应巫术	Nostalgia	怀旧感；乡愁
Magic, contagious	感染巫术	Object	物体；客体
Margin; marginalizing	边缘；边缘化	Observation	观察
		Occupational folklore	职业民俗
Mask	面具	Office-lore	办公室民俗
Material culture	物质文化	Oikocypification (oicotype)	地方原型
Metafolklore	亚民俗	Oral	口头的

293

Oral formula	口头程式	Racial discrimination	种族歧视
Oral history	口述史	Regional identity	地域认同
Oral narrative	口头叙事	Religion	宗教
Oral performance	口头表演	Repertoire	知识库（个体所掌握的民俗知识或技能总和）
Oral tradition	口头传统		
Outsider	局外人	Rhyme	歌谣；谣谚
Paremiology	谚语学；谚语研究	Riddle	谜语
		Rite	礼；礼仪
Participant-observation method	参与观察法	Rite, preliminal	阈限前礼仪
Performance	表演	Rite, liminal	阈限礼仪
Performance-centered approach/theory	表演中心论；表演理论	Rites, postliminal	阈限后礼仪
		Rites of initiation	成人礼（仪）；加入礼（仪）
Play	游戏；玩耍	Rites of incorparation	聚合礼仪
Popular culture	大众文化；流行文化	Rites of margin	边缘礼仪
Practice theory	实践理论	Rites of separation	分隔礼仪
Proverb	谚语	Rites of passage (*Rite de passage*)	过渡礼仪
Psychoanalysis	心理分析		
Puberty	青春期；成熟期	Ritual	仪式
Puberty, social	社会青春（成熟期）	Sacred	神圣
		Secular	世俗
Puberty, physiological	生理青春（成熟期）	Sex	（生理）性别
		Semiotics	符号学
Public display	公共展示；展演	Sexuality	性欲力
Public folklore	公共民俗	Shaman (Shamanism)	萨满（萨满教）
Pun	双关语		

English	中文	English	中文
Socialization	社会化	Text	文本
Sports folklore	体育民俗	Texture	亚文本
Stereotype	刻板印象；呆板印象；心理定式	Textile art	纺织艺术；编织艺术
Story	故事；经历	Temple fair	庙会
Storytelling	讲故事；故事讲述；说唱；曲艺	Theme	主题
		Thick description	深描
Storytelling art/performance	曲艺；曲艺表演	Totem	图腾
Structuralism	结构主义	Toy	玩具
Style	风格；方式	Tradition	传统
Subject	主题；主体	Traditionality	传统性
Supernatual	超自然	Transformation	演变；变迁
Superstition	迷信	Transition	过渡
Symbol	象征；象征符号	Transmission	传承
Symbolism	象征主义；象征意义	Urban(Contemporary) legend	都市传说；当代传说
Synchronic	共时性	Variant	异文；变体
Syncretism	交融；文化融合	Verbal	（口头）言语的
Taboo	禁忌	Verbal art	言语艺术
Tattoo	纹身；刺青	Verbal tradition	言语传统
Tale-type index	民间故事类型索引	Version	版本

后　　记

　　2019年初冬，在接受北京师范大学萧放教授的建议，并经多次讨论之后，我开始着手准备这本《民俗研究十讲》的汇编与写作。然而，随后暴发了"新冠病毒"疫情。原以为可以按计划在夏天继续到北师大交流，完成这个集子的整理，因为其中的内容大多都是过去几年在北师大等学校讲过的，但事与愿违。无疑，2020年是人类多灾多难的一年。其间，我曾有过放弃此书稿的念头，但在萧放教授的鼓励和催促下，终于在此岁末完成了这项任务，也算是为这特别的一年留下一段特别的回忆。

　　由于当初讲座多是对话性的，也常有与学生的互动，甚至有许多激烈的讨论，而在编写这个集子时要以文字形式展示给更多的同行，为此，我较多地引用了一些曾发表过的文字表述。尽管有些话题曾以论文形式发表过，但在此完全以新的结构和内容做了调整和补充。又因篇幅所限，许多话题的论证、事例和引用文献有所删减，可能会造成一些读者在理解上的不顺畅，还请有兴趣的读者参阅相关的完整论文。同时，也希望这里的话题能够吸引更多人对民俗产生或增加兴趣，加入民俗学研究队伍。

　　此时，我的感受是除了感激还是感激。首先，我要感谢萧放教授这些年对我的支持，在许多理论观点上的交流与分享。我也感谢北京师范大学社会学院朱霞教授、鞠熙教授、贺少雅博士，文学院杨利慧教授对我多方面的关注和鼓励。感谢北师大的多位学生，他们对本书中的许多观点的质疑和讨论使得我有机会修正自己的观点。此外，在过去的几年

后 记

里，还有许多同仁对书中的不同章节有过非常有益的建议与批评，使我在多方面得到进步，在此难能列出他们每个人的名字，但其中必须要特别感谢的是：北京大学高丙中教授、陈泳超教授；日本神奈川大学周星教授；中国社会科学院安德明研究员、吕微研究员、户晓辉研究员；中央民族大学邢莉教授、林继富教授、王卫华教授；中国传媒大学王杰文教授；辽宁大学江帆教授、周福岩教授、邵凤丽教授；山东大学张士闪教授、刁统菊教授；中国海洋大学李扬教授；华东师范大学田兆元教授；温州大学黄涛教授；华中师范大学刘守华教授、黄永林教授、陈建宪教授、孙正国教授；中山大学刘晓春教授、王霄冰教授、宋俊华教授、蒋明智教授、邓启耀教授、熊迅教授；广西师范大学岑学贵教授、覃德清（已故）教授；云南大学董秀团教授、罗瑛教授；云南师范大学黄龙光教授；南京农业大学季中扬教授；南方科技大学王晓葵教授；山西师范大学高忠严教授；河南科技大学程安霞教授；青岛科技大学张成福教授；长江大学桑俊教授。感谢翻译过我的论文的桑俊、王继超、惠嘉，这本集子中有些章节保留了他们的翻译。这些年里，中美民俗学界的交流对我的学术思想也有很大影响，其间，中国民俗学会的前会长刘魁立、朝戈金以及现任会长叶涛都对我有诸多帮助，深表感谢！书中一些章节得到不同刊物的支持和发表，除了上面提到的同仁外，我还要特别感谢商务印书馆李霞、中国社会科学出版社吴丽平、《民族艺术》主编许晓明，她们帮助我完善了许多观点的表述。最后，我要感谢我的夫人和孩子，特别是在这一年里，他们为我完成这个集子的编写给予了极大的支持。当然，书中的错误与失误都是我本人的。

张举文

2020 年仲冬

于美国俄勒冈崴涞河谷兰竹阁